Gebrauchsanweisung
für Dubai und die Emirate

Felicia Englmann

Gebrauchsanweisung für Dubai und die Emirate

PIPER
München Berlin Zürich

www.cpibooks.de/klimaneutral

Mehr über unsere Autoren und Bücher:
www.piper.de

ISBN 978-3-492-27641-2
3. Auflage 2017
© Piper Verlag GmbH, München 2014
Karte: cartomedia, Karlsruhe
Satz: le-tex publishing services GmbH, Leipzig
FSC-Papier: Munken Premium von Arctic Paper
Munkedals AB, Schweden
Druck und Bindung: CPI books GmbH, Leck

Inhalt

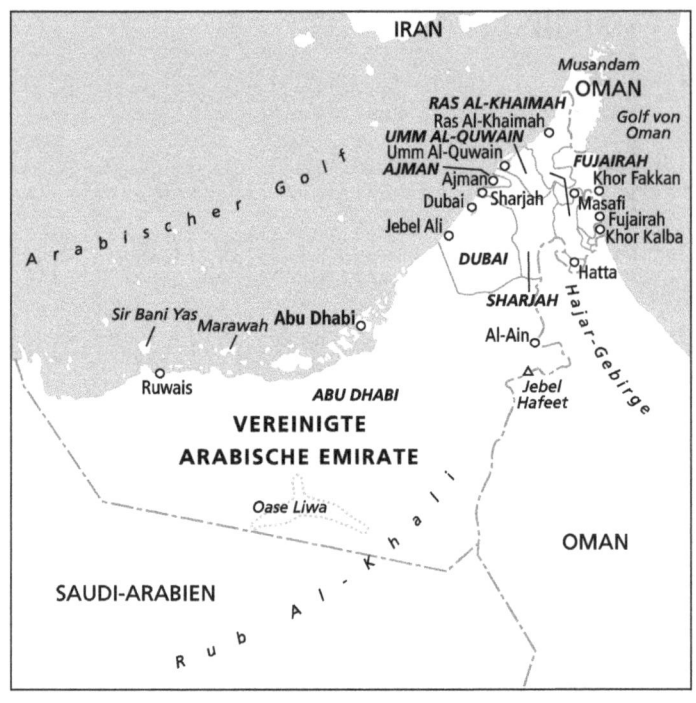

IRAN

Musandam

OMAN

RAS AL-KHAIMAH
Ras Al-Khaimah

Golf von
Oman

UMM AL-QUWAIN
Umm Al-Quwain

AJMAN
Ajman

FUJAIRAH
Khor Fakkan

Dubai
Sharjah

Masafi
Fujairah
Khor Kalba

Jebel Ali

A r a b i s c h e r   G o l f

DUBAI

Hatta

SHARJAH

Sir Bani Yas
Marawah
Abu Dhabi

Al-Ain

Ruwais

ABU DHABI

Jebel
Hafeet

VEREINIGTE
ARABISCHE EMIRATE

Hajar-Gebirge

Oase Liwa

R u b   A l - K h a l i

OMAN

SAUDI-ARABIEN

Willkommen im Übermorgenland

Goldgräberstimmung in der Wüste. Unermesslicher Reichtum, himmelsstürmende Visionen und Bauprojekte, die die Welt noch nicht gesehen hatte: So machte Dubai Ende der Neunzigerjahre weltweit Schlagzeilen. Alles war möglich in Dubai. Nichts wie hin! Wer in dieser Zeit nach Dubai reiste, brauchte den Mut zum Neuen, die Neugierde auf realen Größenwahn und bisweilen Beruhigungsmittel, um all die Eindrücke zu verarbeiten. Die Stadt brummte nicht vor Leben und Lebenslust, sie schrie, schrie aus vollem Hals, 24 Stunden am Tag. Künstliche Inseln werde man bauen, die größte Pyramide aller Zeiten, das höchste Haus der Welt, Lagunenlandschaften mitten in der Wüste.

Orientalische Exotik trifft westlichen Wirtschaftsaufschwung. Zehntausende hat es jährlich im großen Goldrausch des 20. Jahrhunderts an den Golf gezogen, weil sie dort ihr Glück und ihr Vermögen machen wollten, und das gewonnene Geld zum Teil auch gleich wieder ausgaben und vor lauter Lebensfreude verfeierten. Das Lebensgefühl in San Francisco, Los Angeles und Sacramento in den 1840er- und 1850er-Jahren muss ganz ähnlich gewesen sein. Es tanzt sich stets umso ausgelassener, wenn unter der eilig gebauten Tanzfläche unermessliche Schätze lagern, die man nur zu heben braucht. Wen interessierte schon das Morgen, wenn das Öl, das schwarze Gold des wilden Ostens, verbraucht ist?

Niemand dachte, dass die Stadt jemals in Schwierigkeiten kommen könnte. Dass die Vereinigten Arabischen Emirate dann doch kein Land der unbegrenzten Möglichkeiten sind, zeigte die Finanzkrise. Nach einer kurzen Phase der Weltuntergangsstimmung und des Weltschmerzes aber hat sich die Metropole am Golf bestens erholt und ein wenig ihres Größenwahns abgestreift. Allerlei Visionen sind im Sande verlaufen, und man spricht nur noch ungern darüber. Lagunen in der Wüste? War da was? Quatsch. Das ist nur Angeberei. Das Leben geht auch ohne sie weiter.

Die Stadt tanzt seitdem immer noch, aber sie groovt mehr. Man hat gelernt, Unsinn als solchen zu erkennen und als solchen dennoch zu schätzen. So ist Dubai von der Goldgräbermetropole zu einem schicken Erwachsenenspielplatz geworden, auf dem es alles gibt, was Erwachsenen Freude macht: von der Naturerfahrung bis zur künstlichen Schneewelt, von einer Wasserrutsche durch ein Haifischbecken bis zum käuflichen Sex für jede Spielart, vom Shopping bis zum Sternerestaurant. Wie es eben gefällt.

Wer heute in die Vereinigten Arabischen Emirate reist, sollte drei Dinge unbedingt in seinem Gepäck haben: Sonnencreme, eine Kreditkarte und Geduld. Alles andere lässt sich vor Ort organisieren. Das Limit ist nur der Himmel, sagen die Dubaier – und lehnen sich erst mal zurück, weil morgen auch noch ein Tag ist, an dem das Wachstum der Stadt wie von selbst weitergeht.

Diese neue Gelassenheit hat der Stadt gutgetan. Sie bringt die Vielfalt Dubais zur Geltung. Diese blüht wie eh und je. Auch Abu Dhabi, die Hauptstadt der Vereinigten Arabischen Emirate, steht in voller Blüte. Die fünf kleineren Emirate holen gerade auf. Die Emirate sind ein Mosaik aus Kulturen und

Entwicklungsstufen, aus urbanen Wunderwelten und kargsten Wüstenlandschaften. Wie die Emirate ist auch dieses Buch ein Mosaik, zusammengesetzt aus ganz unterschiedlichen Begegnungen, Stimmungen, Beobachtungen und Ereignissen. Die Emirate sind bunt, so bunt wie die Vielfalt ihrer Bewohner und ihrer unterschiedlichen Lebensentwürfe, wie der Gegensatz zwischen Meer, Stadt und Wüste, wie der zwischen den armen und den reichen Emiraten. Erst zusammen ergeben sie ein Bild. Das Bild vom Übermorgenland.

Wüste, Meer und Metropolen –
Die Vereinigten Arabischen Emirate

Arabeske: Mit der Abra in die Zukunft

Nur ganz leicht schaukelt der kleine Kahn bei seiner Fahrt über den Creek, jenen Meeresarm, der Dubai in zwei Teile zerschneidet. Dunkelbraun und wenig lockend ist das Wasser hier zwischen den Vierteln Deira und Bur Dubai. Alle Passagiere bleiben daher gerne auf der sicheren Pritsche sitzen, wenn die *Abra*, der kleine Fährkahn, über die finsteren Fluten schippert. Die meisten Fahrgäste sind Männer, haben die Ellbogen auf die Knie gestützt, die dunklen Gesichter gesenkt, den Blick auf das Sonnenfunkeln über dem Wasser gerichtet oder ein paar Zentimeter unter die Oberfläche, in die Tiefen, wo die zerborstenen Träume mancher Einwanderer dem Meer entgegentreiben. Die Männer kommen von der Arbeit oder sind auf dem Weg dorthin und nutzen die paar Minuten der Überfahrt für einen Moment Ruhe.

Die Touristen an Bord heben den Blick, drehen sich hierhin und dorthin, fotografieren eifrig und schaffen es doch nie, das 360-Grad-Panorama um die Abra herum richtig einzufangen. Es sind gleißende Hochhäuser, das historische Kaufmannsviertel Bastakiya, der Regierungssitz des Scheichs, der *Souq* mit seinen schmuddeligen Außenwänden, die kleine Uferpromenade von Shindagha, die Kormorane auf den modrigen Holzpfählen, betoncharmante Hotels aus den Siebzigerjahren, der Gewürzmarkt, das Parkhaus im Stil eines Perlenhändlerpalasts, die hölzernen *Dhows* (altbewährte Fährschiffe), bereit für die Überfahrt in den Iran, hoch aufgeladen mit Kühlschränken, Autoreifen, Saftpaletten und Mikrowellen. Es sind der Stau an der Uferstraße und wieder die Hochhäuser, in deren glänzenden Fassaden sich die ganze Szenerie noch einmal spiegelt. Ein lebendiges Diorama der Stadt zwischen übermäßig Konserviertem, Überlebtem und Übermorgenland, voller Visionen eines besseren Morgen, durch das sich leicht schaukelnd die Abra bewegt und mit Dieselqualm und Tuckern darauf aufmerksam macht, dass dies eine ganz profane Überfahrt ist und kein Sightseeingtour.

Die Abras sind die Verbindung zwischen den beiden ältesten Vierteln Dubais, und mögen sie auch mit keuchenden Motoren ausgestattet sein, so sind sie doch archaisch geblieben. Aus Holz gezimmert, dunkel verwittert, mit niedriger Bordwand, zielstrebig gerecktem Vorsteven und einem kleinen Sonnendach über der Sitzfläche. Nur Schwimmen wäre altertümlicher. Und doch sind die Abras keine Folklore, sondern mittendrin in der summenden Millionenmetropole, eine geliebte Tradition, die es erst möglich macht, in wenigen Minuten von Vorgestern nach Übermorgen zu fahren, und dies ganz wörtlich.

Die Abra-Station in Bur Dubai liegt direkt am Souq, dem alten Markt, ein paar Gehminuten von dem aus Lehm gebauten ersten Scheichsitz entfernt. Hier wird zwar beim Einsteigen nicht gedrängelt, aber hektisch kann es schon werden. Pro Kahn gibt es nur 20 Sitzplätze, und auf den nächsten mag man nicht warten, sodass die Männer sehr zielstrebig auf die wackeligen Planken steigen und sich niederlassen, während die Besucher fragen, ob das auch die richtige Abra sei – und überhaupt, weshalb ihnen meist die schlechten Plätze an den Ecken und Stirnseiten bleiben. Wer trödelt oder innehält, um Fotos zu machen, wird vom Bootsführer zurechtgewiesen, denn die Abra-Überfahrt ist keine Spaßreise, sondern der schnellste Weg, um von einem Ufer zum anderen zu gelangen. Es gibt natürlich den ewig verstopften Autotunnel in Shindagha und die neuen Brücken im Landesinneren, zu denen man erst durch enge Straßen hinstauen muss, aber den Umweg über diese Wunder der Infrastrukturentwicklung macht niemand, der nur von hier nach dort möchte. Einen Dirham kostet die Fahrt, und wer die runde Münze nicht von selbst bereitlegt oder gar nur einen Schein dabeihat, wird schon wieder zurechtgewiesen, in Hindi oder Urdu oder gebrochenem Englisch, welche Sprache der Bootsführer eben gerade sprechen mag. Die zufällig auf der Abra versammelten Fahrgäste sind ein Querschnitt der Stadt: überwiegend Einwanderer aus Asien, ein paar weiße Gesichter, ganz selten ein einheimischer Emirati, der sich aus Lust an der Tradition an Bord begibt oder aus Bequemlichkeit lieber zwischen den Einwanderern sitzt und die Zeit der Überfahrt nutzt, um mit dem Handy zu telefonieren oder auch nur darauf herumzutippen. Es ist üblicherweise das neueste Smartphone-Modell, das aus der Hemdtasche gezogen wird.

Die Einheimischen erwecken den Anschein, als wäre das Schiffchen eine Wartebank am Flughafen und als wäre dieses Panorama eine weiße Wand. Doch gerade sie können sich daran erinnern, wie es hier gestern noch ausgesehen hat – vor dem Bau der Hochhäuser, des Parkhauses, der Siebzigerjahrebetonbauten, als der Creek die Lebensader einer Stadt war, die kaum Zukunft hatte, damals, vor dem Öl. Sie leben im Heute, wo der Creek seine Bedeutung als Achse der Stadt verloren hat und die Megaviertel mit ihren Megabauten nicht einmal in Sichtweite sind. Und sie fahren auf der Abra, weil sie ein Morgen planen für die Viertel am Creek – besonders weiter oben im Landesinneren –, trotz der Krise von 2008, die einige der Entwicklungspläne in den Creek gewaschen hat. Eine Zukunft mit noch mehr glitzernden Megabauten und einer neuen Brücke, die im Volksmund »Dubai Smile« heißt. Auch sie wird die Abras nicht ersetzen. Noch nicht. Auch unter ihren lächelnden Bögen werden einige weitere Träume und Visionen Richtung Meer treiben. Gestern, heute, morgen – im Creek fließt alles ineinander, und die Abra fährt darüber hinweg, neuen Ufern entgegen.

Der Sand der Zeit

Dubais Wurzeln reichen so tief in den Wüstensand, dass niemand mehr weiß, was der Name der Stadt eigentlich bedeutet. Die erste Siedlung entstand schon während der Bronzezeit am heute so emsig befahrenen Creek, aber ob sie seitdem ständig bewohnt war, ist fraglich. Wie überhaupt so vieles in der Geschichte der heutigen Emirate, die weit zurückreicht und doch so sehr vom Sand der Zeit verweht wurde, dass wenig von ihr erhalten geblieben ist.

In dieser Region ist das auch wenig überraschend, denn Sand und Salz machen den größten Teil der Landschaft aus. Im Süden, wo sich heute das größte Emirat Abu Dhabi erstreckt, besteht die Küste aus weitläufigen Salzmarschen, Mangrovenwäldern, Lagunen und vorgelagerten Inseln im flachen Wasser; im Hinterland wellen sich Sanddünen, die bis zu 300 Meter hoch werden – das »Leere Viertel«, wie es bis heute heißt, da es außer Sand und Hitze dort nichts gibt. Mit Ausnahme der großen und fruchtbaren Oasen Liwa und Al-Ain, die der Trockenheit trotzen. In den nördlichen Emiraten zieht sich ein Ausläufer des Hajar-Gebirges quer durchs Land, mit kleinen Quellen und Wasserläufen, wovon die nordöstlichen Küstenebenen profitieren, in denen Plantagenwirtschaft möglich ist. Dennoch sind über 80 Prozent der emiratischen Landfläche Wüste.

Sieben Emirate mit jeweils gleichnamiger Hauptstadt verteilen sich auf diesem Gebiet, das etwa so groß ist wie Bayern, Baden-Württemberg und das Saarland zusammen. In den drei größeren und reicheren Emiraten Abu Dhabi, Dubai und Sharjah leben etwa 85 Prozent der emiratischen Bevölkerung. Die kleineren Emirate Fujairah, Ras Al-Khaimah, Umm Al-Quwain und Ajman stehen sowohl bei Fläche als auch bei der Bevölkerungszahl, dem Pro-Kopf-Einkommen und der Entwicklung hinten an. Ajman, das kleinste Emirat, ist nur ein bisschen größer als das Stadtgebiet von Frankfurt am Main, dafür leben im Vergleich dazu nur halb so viele Bürger in Ajman.

Keine frühen Hochkulturen, keine legendären Herrscher, keine mittelalterlichen Großtaten sind in der emiratischen Geschichtsschreibung belegt. Die archäologischen Funde sprechen von nomadischen Hirten, die seit 8000 vor Christus gelegentlich vorbeizogen. Auf den Inseln vor Abu Dhabi haben sie ihre Spuren hinterlassen, ebenso am Jebel Al-Buhais, einem Berg in Sharjah. Eine etwas stetigere Besiedelung der Region verraten die Zeugnisse von der Bronzezeit an, etwa ab 3000 vor Christus. »Hafit-Kultur« nennen Forscher diese Siedler, nach dem Jebel Hafeet, einem Berg im Landesinneren. Bienenstockförmige Gräber aus Stein haben die Siedler dort hinterlassen, ein paar Scherben und Werkzeuge, die davon zeugen, dass es keine reichen Menschen waren, die sich in die Wüste wagten, keine wohlorganisierten wie in den benachbarten Reichen: dem der Sumerer im heutigen Irak, der Perser, der Ägypter und dem Reich Magan im heutigen Oman. Nicht einmal vergleichbar mit dem lebhaften Handelsplatz Dilmun im heutigen Bahrain, etwas den Golf hinauf. Einfachheit prägte das Leben der frühen Siedler, Wassermangel, Hitze, Armut. Daran würde sich auch in den kommenden Jahrtausenden wenig ändern.

Den Hafeet-Leuten folgten die Umm-An-Nar-Leute, benannt nach der Insel Umm An-Nar vor der Küste Abu Dhabis, wo eine britische Expedition in den Sechzigerjahren erstmals runde steinerne Grabmonumente aus jener Zeit fand. Auch in der Nähe des Jebel Hafeet, im Ortsteil Hili der Oasenstadt Al-Ain, wurden 1959 solche Gräber entdeckt, dazu Lehmhäuser und ein kleines Fort. Eine Oryxantilope und ein Händchen haltendes Paar sind als Relief über einem der Grabeingänge eingemeißelt, auf der Rückseite des Baus ist ein koitierendes Paar verewigt. Das kleine Steinbild ist leicht zu übersehen, denn gemessen an dem, was die Schauplätze antiker Hochkulturen an archäologischen Wunderwerken zu bieten haben, ist der Archäopark von Hili so bescheiden wie die Menschen, die einst die dort zu bestaunenden Gebäude errichteten. Für die modernen Emiratis ist das Steinbild aber eine Ikone geworden, zeigt es doch, dass ihre Kultur genau wie alle anderen der Region Jahrtausende alt ist, dass man liebevoll miteinander umgegangen und dass das kahle Land einst weithin von Tieren wie der mächtigen und heute seltenen Oryxantilope bewohnt worden war. Die archäologischen Funde aus der Bronzezeit, mögen sie auch noch so bescheiden sein, haben viel für das Selbstbewusstsein und Selbstverständnis der jungen emiratischen Nation getan, die sich dank der Funde nun auf eine Tradition berufen kann, die mehr war als nomadisches Leben oder elendes Hausen in aus Palmwedeln geflochtenen Hütten.

So sollte es nämlich die nächsten Jahrtausende über weitergehen. Während anderswo Hochkulturen kamen und gingen, blieb das Leben am Golf entbehrungsreich und einfach. Bewässerungssysteme, wie sie die Hili- und Umm-An-Nar-Leute schon benutzt haben, wurden nahezu unverändert weiterverwendet. Auch das Dromedar, das einhöckerige Kamel, ist ein Erbe aus der Umm-An-Nar-Zeit: Es wurde vor 2500 Jahren domestiziert und zum wichtigsten Nutztier der Region. Von Milch und Fleisch des Kamels, von Fischen und Meeresfrüchten, von Datteln und Getreide lebten die Leute an der Golfküste mehr schlecht als recht, sie aßen zudem Heuschrecken – so sich Schwärme in ihre Gegend verirrten – und Reptilien. Von kleinen Eidechsen, den *Dhub*, die verspeist wurden, könnte Dubai seinen Namen haben, oder sogar von den Heuschrecken, deren Gekrabbel *yadub* genannt wird. Vielleicht wurde aber auch erst der Dubai Creek (*Al-Khor*) nach den Kriechtieren benannt und dann die Stadt nach dem Creek.

Die frühen Emiratis hinterließen keine schriftlichen Zeugnisse, sodass niemand wirklich weiß, wer sie waren und was sie dachten, was ihnen wichtig war und woran sie glaubten. Nur Scherben und Klingen im Sand, zahllose Tonöfen, ein paar Gräber und ein paar Ortsnamen, deren Herkunft und Bedeutung niemand mehr kennt, erinnern an sie und erzählen ein wenig von ihrem entbehrungsreichen Leben als Siedler in einer der kargsten Regionen der Erde. Sie gründeten keine Königreiche und keine Imperien, bauten keine Paläste und Weltwunder, sondern lebten in Clans und Stämmen von dem Wenigen, das ihnen die Natur anbot.

In Al-Dur, heute im Emirat Umm Al-Quwain gelegen, befand sich die wohl größte Siedlung in der Antike. Ihre Bewohner lebten luxuriös in Steinhäusern, handelten mit Perlen, die sie vor der Küste fanden, leisteten sich Trinkgläser und andere Luxuswaren aus Ägypten, dem Römischen Reich und Syrien, und verehrten in einem Tempel eine Sonnengöttin. In der Siedlung Dibba, in der östlichen fruchtbaren Küstenebene am Arabischen Meer, beteten mehrere Tausend Menschen zum archaischen Gott Bajir.

Die traditionelle Kultur entwickelte sich im Lauf der Jahrhunderte nur wenig weiter. Im Mittelalter kamen Fremde und ließen sich um das Jahr 600, vielleicht auch schon früher, auf der fruchtbaren Insel Sir Bani Yas vor der Küste von Abu Dhabi nieder. Etwa 50 Männer waren es. Sie bauten Steinhütten und eine christliche Kirche. Diese gilt als die älteste bekannte Kirche der Region, und Ausgrabungen belegen, dass das Kloster auf Sir Bani Yas auch ein Gästehaus für Pilger und Reisende beherbergte, die sich auf dem Weg vom Schatt Al-Arab im Norden des Golfs in Richtung Indien befanden. Vermutlich war es eine nestorianische Gemeinde, eine in der Spätantike entstandene christliche Gemeinschaft des Orients, die sich hier ansiedelte, aber sie war nicht gekommen, um zu bleiben. Nur etwa 150 Jahre lang lebten die Mönche auf der Insel, bauten auf dem benachbarten Eiland Marawah sogar eine zweite Kirche, bevor sie diesen Außenposten der Christenheit wieder aufgaben. Über tausend Jahre sollten seine Ruinen danach im Sand ruhen.

Während das mittelalterliche Kloster sich in Auflösung befand, erlebte eine andere Religion ihren nachhaltigen Siegeszug in der Region: der Islam. Im Jahr 630, zwei Jahre vor seinem Tod, schickte der Prophet Mohammed erst ein Schreiben und dann Sendboten in den Oman und von dort in die Gegend der heutigen Emirate, um den Stämmen die neue Religion zu verkünden. Schnell wurde diese angenommen – doch nicht von allen und auch nicht dauerhaft. In Dibba beschloss der regierende Scheich Laquit bin Malik Al-Azdi, zur alten Religion zurückzukehren, und fand schnell zahlreiche Anhänger. Eine islamische Armee unter der Führung des Kalifen Abu Bakr bereitete dem ein Ende – 10 000 Ungläubige lagen nach der Schlacht erschlagen in der Ebene von Dibba. Ihre Gräber seien noch heute zu sehen, erzählen die Leute.

Islamische Geschichtsschreiber haben die Namen der Mitwirkenden und den Verlauf der Schlacht aus der Ferne dokumentiert, ebenso wie islamische Gelehrte und Reisende aus anderen Regionen die Nächsten sind, die uns die historischen Städte und Siedlungen der heutigen Emirate nennen. Nur lassen sich die Namen mittlerweile kaum noch Städten zuordnen. Sie sind vergessen, verweht, vergangen.

Dibba und die östliche Hafenstadt Julfar leuchten aus diesen Beschreibungen heraus, die Perlenbänke sind genannt, aber kein König, kein Herrscher über das wilde, scheinbar nutzlose Land. Im Jahr 1095 hielt der Geograf Abu Abdullah

Al-Bakri den Ort »Dibei« (Dubai) als Erster für erwähnens-
wert, aber auch nicht mehr. Das mächtige Julfar, von dem so
lange und so oft geschrieben wird, ist verweht, denn vermutlich ist es nicht identisch mit dem Julfar, das heute bei Ras
Al-Khaimah auf der Landkarte eingezeichnet ist, sondern
wanderte über die Jahrhunderte von hier nach da und dort,
wie ein Nomade in der Wüste, der nichts als seinen Namen,
seinen Stolz und sein Erbe mit sich trägt.

Während im Oman und im Jemen Kriege tobten, Städte
erobert und zurückerobert wurden, blieb es einigermaßen
ruhig an der Golfküste, von gelegentlich anlegenden Flotten
und durchziehenden Armeen und Stammeskriegern abgesehen. Im Norden etablierte sich der Stamm der Al-Qawassim
mit einem Händchen für den Handel und die Perlenfische-
rei, im Süden die Bani Yas, die in den Oasen von Liwa und
der Küstensiedlung Abu Dhabi Landwirtschaft betrieben. Der
Legende nach wurde Letzteres mit seiner Süßwasserquelle von
Beduinen der Bani Yas entdeckt, die Oryxantilopen bis zur
Wasserstelle nachgingen, weshalb Abu Dhabi »Vater der
Gazelle« bedeutet. Ob dieses Märchen 500 oder 5000 Jahre
alt ist, weiß nur der Sand. In Jumeirah zwischen Abu Dhabi
und dem Dubai Creek wuchs ebenfalls ein Handelsstützpunkt
heran, der später, wie Julfar, wieder untergehen sollte.

An der Küste von Fujairah, etwas südlich des Schlachtfel-
des von Dibba, bauten die Bewohner um das Jahr 1450 eine
Moschee aus Lehm und einen Wachturm. Diese haben überdauert, und das Gotteshaus ist heute das älteste der Emirate.
Die deutlich größere und auch ältere Moschee an einem jener
Orte, die zu ihrer Zeit den Namen Julfar trugen, ist untergegangen, als die Siedlung Julfar weiterzog.

1580 wies der venezianische Kaufmann Gasparo Balbi auf
den Perlenhandelsplatz Dubai hin. Die großen Geschäfte aber
machten Europas Kaufleute damals mit dem Gewürzhandel,
mit Indien und den Ländern der Seidenstraße, von denen sie
kostbare Stoffe bezogen. Überregional interessant wurde die

Golfregion erst wieder im 17. Jahrhundert, als das portugiesische Weltreich dort Stützpunkte errichtete. Der Seeweg im Golf war eine wichtige Handelsverbindung geworden, da sie Indien mit dem Ende der Seidenstraße verband. Briten, Niederländer und Portugiesen segelten vermehrt durch den Golf.

Die Portugiesen erschienen in Gestalt des Eroberers Alfonso de Albuquerque an der Golfküste. Seine Mission lautete, dort ein Netz von Forts und Befestigungen zu errichten, das portugiesische Schiffe und die Seehandelsroute zwischen dem Osmanischen Reich und Indien sichern sollte. Die Al-Qawassim und sogar Händler waren wenig begeistert, ebenso wenig wie andere Stämme der Region. Dennoch zeigten sie Interesse an den voll beladenen Handelsschiffen. Bald schon wurde die Gegend »Piratenküste« genannt, auch von den Briten, Franzosen und anderen Mächten, die nach den Portugiesen ihre Claims am Golf absteckten.

Mit den Einheimischen gingen die portugiesischen Siedler – wie überall, wo sie auftauchten – wenig zimperlich um, und doch war ihre Herrschaft nicht von Dauer. Schon im 17. Jahrhundert gaben sie ihre Außenposten wieder auf, und die Emiratis lebten weiter wie zuvor. Julfar blieb ein wichtiger Handelshafen und Perlenfischerstützpunkt und war so etwas wie das Dubai der frühen Neuzeit: der Motor für die Wirtschaft in der Region. Aus Palmwedelhütten wurden feste Häuser. Als der Hafen schließlich versandete, entwickelte sich Ras Al-Khaimah zur bedeutendsten Siedlung, und die Händler vom Stamm der Al-Qawassim wurden immer reicher. Doch auch die Bani Yas bauten sich die ersten steinernen Paläste – kleine Sandburgen im Vergleich zu Schlössern wie Versailles, aber mächtige Trutzbauten in einer Region, in der seit Jahrhunderten die meisten Menschen in Zelten und Hütten lebten.

Die Briten schickten Kriegsschiffe nach Ras Al-Khaimah und Sharjah, zerstörten 1819 die Stadtbefestigungen und die Flotte, was das vorläufige Ende der Handelsmacht der Al-Qawassim bedeutete. Das Scheichtum Ras Al-Khaimah zerfiel; es entstanden die kleinen Emirate Ajman, Fujairah und Umm Al-Quwain. Die Briten hatten gewonnen, aber indirekt auch die Bani Yas, die jetzt die Vormachtstellung übernehmen konnten.

Ab 1820 schlossen die lokalen Stammesoberhäupter, die Scheichs, nach und nach Verträge mit den Briten. Sie akzeptierten Großbritannien als Schutzmacht und verzichteten im Gegenzug darauf, britische Schiffe zu kapern oder die Briten in der Region sonst wie zu belästigen. So wurde aus der »Piratenküste« die »Vertragsküste« (englisch *Trucial States*). Dubai und Abu Dhabi stellten sich von Anfang an gut mit den neuen Herren.

Die unbedeutende Fischersiedlung Dubai – ein paar Hütten, ein Scheichhaus aus Sandlehm, ein Fort aus Korallen und ein paar Hundert Einwohner – wuchs erst zum nennenswerten Handelsposten heran, als 1833 die Beduinen und Bauern vom Stamm der Bani Yas in den Oasen von Liwa Streit bekamen. Worum es im Detail ging, ist längst vergessen. Vielleicht wirklich nur um des Nachbars Ziege. Vielleicht auch schon bewusst darum, welche Familien vom Stamm der Bani Yas in Zukunft welche Machtsphären beherrschen sollten. Jedenfalls wanderte eine größere Beduinengruppe von Liwa nach Dubai und vertrieb auch gleich den Scheich der dort ansässigen Clans, obwohl er vom selben Stamm war. Die knapp 1000 Neuankömmlinge riefen Dubai als eigenes Scheichtum aus, unabhängig vom benachbarten Abu Dhabi. In Dubai herrschte jetzt ein Scheich aus der Familie Al-Maktoum (aus Liwa eingewandert), in Abu Dhabi einer aus der Familie Al-Nahyan. Daran hat sich bis heute nichts geändert.

Mit den Neuankömmlingen vergrößerte sich nicht nur die Bevölkerungszahl Dubais beträchtlich, auch der Reichtum wuchs. Die neuen Herren der Stadt riefen den Hafen als Freihandelszone aus – was ebenfalls bis heute gilt – und lockten so zahlreiche Kaufleute aus dem Iran an die arabische Seite der Golfküste, die dadurch Unmengen an Steuern sparten. Mit den persischen Kaufleuten der zweiten großen Einwanderungswelle kamen neue Gerichte, neue kulturelle Impulse und eine neue Architektur an den Creek. Windtürme, die eine sanfte Brise einfangen und ins Innere eines Hauses leiten, gelten heute als Ikonen der traditionellen Golf-arabischen Bauweise. Diese kamen allerdings erst um 1900 mit den Persern nach Dubai.

Die britische Schutzmacht hielt sich in stammesinternen Angelegenheiten zurück und sah davon ab, die ärmlichen Scheichtümer zu kolonisieren. Der Perlen- und Sklavenhandel in den Siedlungen, Kamele und Datteln sowie der Persienhandel waren für das Imperium nicht interessant genug, um sich zu engagieren. Nicht einmal für Bildung, Infrastruktur oder medizinische Versorgung der Einwohner. Diese waren jetzt ärmer denn je, denn seit der Erfindung der Zuchtperle und der Abschaffung der Sklaverei (in weiten Teilen der Welt) waren ihnen wichtige Einnahmequellen verloren gegangen. Die Emiratis aßen wieder gegrillte Heuschrecken und Eidechsen, wie in der Frühzeit und im Mittelalter. Britische Kriegsschiffe kreuzten im Golf. 1937 unterschrieb der Scheich von Dubai einen Prospektionsvertrag mit Großbritannien, in der Hoffnung, der Not ein Ende zu bereiten. Nach Erdölfunden in Saudi-Arabien, Bahrain und Kuwait hoffte man, auch hier auf den schwarzen Schatz zu stoßen. Der Zweite Weltkrieg kam dazwischen, die Länder am Golf blieben in ihrer Isolation. Während die Sowjetunion und die USA ihre Raumfahrtprogramme auflegten, gab es in den *Trucial States* keine befestigten Straßen, keinen elektrischen Strom (außer aus Generatoren), keine weiterführenden Schulen, kein modernes Staatswesen.

Erst 1950 eröffnete das erste Krankenhaus in Dubai. Geschätzte 70 Prozent der Bevölkerung konnten nicht lesen oder schreiben, als 1958 vor der Küste von Abu Dhabi das erste Öl entdeckt wurde. 1966 wurden die Exploratoren auch vor der

Küste Dubais fündig. Die emiratische Ölzeit begann, und die globale Kolonialzeit endete. Großbritannien sah sich nicht in der Lage, die Länder am Golf weiter zu halten, sie zu schützen oder gar zu regieren. 1966 beschloss es deshalb auf eigene Initiative den Rückzug als Kolonial- und Schutzmacht der Region. Was zugleich bedeutete, dass die Öleinnahmen auch nicht in der britischen, sondern in den arabischen Kassen landeten. In den Kassen der Herrscher, die sich von den fremden Förderfirmen für das Öl bezahlen ließen.

Abu Dhabis Scheich Zayed bin Sultan Al-Nahyan (1918 −2004), auf dessen Herrschaftsgebiet die größten Ölreserven lagen, war ein kluger, weitsichtiger und auch unbeugsamer Herrscher, dessen Politik und Verhandlungsgeschick die Emiratis heute vieles zu verdanken haben. Er und seine Stammesgenossen wehrten mit britischer Hilfe in den 1950er-Jahren feindliche Übernahmeversuche des Oman und Saudi-Arabiens um die Oasenstadt Al-Ain ab und verbaten sich, dass fremde Firmen dort nach Öl suchten. Nach den Ölfunden auf seinem eigenen Gebiet ließ Zayed die Prospektoren und Vermarkter regelmäßig bei sich antanzen und achtete sorgfältig darauf, ordentlich bezahlt zu werden. Statt jedoch nur sich und seinen Günstlingen Paläste zu bauen, investierte der Scheich in Infrastruktur und spendierte seinen eigenen Leuten großzügig Häuser, Land, Baugrund, medizinische Versorgung und Bildung. Die anderen Scheichs taten es ihm nach.

Zayed war ein Mann des Friedens und sah, dass man nur gemeinsam weiterkommen konnte, jetzt, wo die Region von Großbritannien unabhängig werden würde. Er war eine Integrationsfigur und brachte 1968 alle Scheichs und Emire der *Trucial States* sowie aus Bahrain und dem Oman zusammen, um über die Zukunft der Region zu sprechen. Auch Dubais Scheich Rashid bin Saeed Al-Maktoum, in dessen Palast das Treffen stattfand, war einer derjenigen, die auf eine gemeinsame Zukunft drängten. Am 27. Februar 1968 verkündeten die Scheichs, dass man einen neuen Staat gründen werde: die Union Arabischer Emirate.

Zayed und Rashid verhandelten über den neuen National-staat. Die Scheichtümer der Bani Yas würden darin wieder vereinigt sein. Sie arbeiteten eine gemeinsame Verfassung und damit eine gemeinsame Zukunft aus. Am 2. Dezember 1971 wurde die Union besiegelt. Auch die Nachfahren der Al-Qa-wassim und ihre Scheichtümer schlossen sich an: Sharjah, Umm Al-Quwain, Ajman und Fujairah. Ras Al-Khaimah unterschrieb den Unionsvertrag einige Wochen später, im Jahr 1972.

Der 2. Dezember ist heute der Nationalfeiertag des jungen Staates, der sich seit seiner Gründung vom Entwicklungsland zu einem der reichsten und fortschrittlichsten Länder der Welt entwickelt hat. Die Emirate freuen sich mittlerweile über ein Wirtschaftswachstum von jährlich etwa vier Prozent und haben auch die Finanzkrise von 2008, als es herbe Einbrüche im Tourismus und vor allem in der Baubranche und bei den Immobilienpreisen gab, bestens überstanden. 38 Prozent des Bruttoinlandsprodukts von 339 Milliarden US-Dollar wurden 2011 durch den Ölexport erwirtschaftet. Pro Kopf gerechnet, stehen die Emirate laut der Tabelle der Weltbank damit glo-bal auf Platz acht, einen Platz hinter den USA. Auf Platz eins befindet sich das Emirat Katar. Deutschland belegt Platz 17.

Nach dem Ölexport sind Bankwesen, Handel und Touris-mus die anderen starken Standbeine. Der steigende Ölpreis trägt das Seine zu Stabilität und Wachstum bei, wenn auch die wirtschaftlichen Schwierigkeiten in China und Indien, den wichtigsten Handelspartnern der Emirate, den Auf-schwung derzeit etwas bremsen. Das Bankwesen in den Emiraten gilt als eines der stabilsten der Welt, vom Öl ist noch genug vorhanden, und der Immobilienmarkt hat sich gesund-geschrumpft. Dass den Emiratis das Öl irgendwann ausgehen wird, haben sie selbst schon bemerkt. Deshalb nutzen sie die Segnungen des schwarzen Goldes, um nicht mehr nur in Infrastruktur und gutes Leben, sondern auch in die Ansiedlung von Zukunftsbranchen und Bildungszentren zu investieren. Die Zukunft der Emirate hat gerade erst begonnen. Ein Boomstaat, bestehend aus Boomtowns, gebaut auf dem Sand der Zeit.

Arabeske: Burj Khalifa

Händchen haltende indische Paare, Portugiesisch plappernde Frauen, deutsche Touristen, ein schreiendes Kleinkind, eine Großmutter im Sari, die sich an der Wand platt auf den Boden setzt. Alleinstehende Männer, die Selfies knipsen. Ältere arabische Männer, die wortlos an dem Getümmel vorbeischreiten, hinein in den klimatisierten Bereich. Das Interessanteste an der Aussichtsterrasse auf dem Burj Khalifa ist der Menschenmix und die Art und Weise, wie jeder für sich versucht, die einmalige Erfahrung aufzusaugen, mitzunehmen, zu konservieren. Man steht schließlich nicht jeden Tag auf dem höchsten Gebäude der Welt. Wenn auch nicht auf seiner Spitze in 828 Metern, aber immerhin »At the Top«, einem Stockwerk mit Rundumpanorama in 452 Metern Höhe.

Die Aussicht ist überraschend unspektakulär. An den meisten Tagen liegt so viel Staub und Dampf in der Luft, dass der Blick nicht einmal bis zum anderen Wahrzeichen Dubais, dem 15 Kilometer entfernten Hotel Burj Al-Arab reicht. Die Fahrt auf die Terrasse des Turms ist, gemessen am Aussichtsergebnis, eigentlich eine Enttäuschung, aber das würde niemand so sagen, der oben im Getümmel steht, denn die Aufregung reißt jeden Besucher mit, bei der Jagd nach dem schönsten Blick und dem besten Souvenirfoto. Dabei geht es weniger um das Panorama als vielmehr um das Wissen, gerade auf einem silbrig glänzenden Weltwunder zu stehen, zusammen mit all den anderen, mit denen man eben in der Schlange stand, durch glänzende Gänge zum edel gedimmten Lift schlurfte und begleitet von heroischer Musik in der recht vollen Kabine hinauffuhr.

Zu den Rekorden, die der Burj Khalifa derzeit hält, gehören: höchstes frei stehendes Gebäude der Welt, Gebäude mit den meisten Stockwerken, schnellste Aufzüge der Welt, Gebäude mit dem höchsten Restaurant, Nachtklub und Wohnbereich; überhaupt höchstes Ding, das die Menschheit je gebaut hat. Man muss es sich innerlich vorsagen, wenn man da oben im Getümmel steht, über den dunstverhangenen Golf und auf der anderen Seite in die staubige Wüste blickt und bei der Aussicht über die Hochhausschlucht der Scheich-Zayed-Road vergeblich versucht, die weiter entfernten Häuser am Creek oder die Skihalle auszumachen.

Jaja! Ein Superlativ der Superlative ist dieser Burj Khalifa – mehr Dubai geht nicht. Seit der Megaturm 2010 eröffnet wurde, musste das Burj Al-Arab, zuvor das Wunder der Wunder, demütig in dessen Schatten treten. Dabei hätte dieses neue Wahrzeichen der Wahrzeichen seine Erbauer fast in den Ruin gestürzt, wäre um ein Haar zum Denkmal der Hybris einer Boomtown geworden.

Wenige Monate vor der Eröffnung ging den Erbauern, einer zu einem Drittel staatlichen Immobilienholding, das Geld aus. Die internationale Finanzkrise ging nicht einmal an Dubai spurlos vorüber. Die Druckwelle, die beim Platzen der hiesigen Immobilienblase entstand, hätte fast das neue Wahrzeichen umgerissen.

Finanzielle Hilfe in Milliardenhöhe kam aus dem Nachbaremirat Abu Dhabi, das vernünftiger gewirtschaftet und sich nicht verhoben hatte an überdimensionierten Immobilienträumen. Dank der Hilfe des großen Nachbarn wurde das Weltwunder nicht nur fertig, sondern auch noch rechtzeitig eröffnet. Es heißt jetzt nicht wie geplant Burj Dubai (Dubai-Turm), sondern wurde nach dem großzügigen Geldgeber benannt: Scheich Khalifa bin Zayed Al-Nahyan, Sohn des Staatsgründers Zayed, Herrscher von Abu Dhabi und Staatsoberhaupt der Vereinigten Arabischen Emirate. Der Turm ist dadurch auch ein Wahrzeichen aller Emirate geworden, ein Symbol des gemeinsamen Himmelsstrebens, der gemeinsamen Interessen, Träume und Visionen ebenso wie ein Denkmal des bereits Erreichten.

Und doch ist der Burj Khalifa ein Monument, das sich entzieht. Steht man an seinem Fuß an der Promenade vor dem Einkaufszentrum, ist er eine schwindelig machende, silbern flirrende Himmelsleiter, die gar kein Ende zu haben scheint. Die Perspektive von unten fordert die menschlichen Sinne ebenso heraus wie die elektronischen, denn die Sucher der kleinen Kameras können das Wunder kaum einfangen. Wie soll es nur auf ein Foto passen und dann auch noch seine wahre Größe verraten? Von etwas weiter weg betrachtet, von der Umgehungsstraße Emirates Road oder vom Jumeirah Beach aus gesehen, ragt die Nadel weit über die Skyline hinaus, aber nur, wenn sie die Sonne nicht gerade so reflektiert, dass sich die gleißende Fassade im Himmel auflöst.

Ist der Turm echt oder nur ein Spiegelbild, eine Fata Morgana, wie sie zu einer Wüstenstadt passen würde? Die aus dem Nichts auftaucht, die Sinne verwirrt, um dann wieder zu verschwinden, bevor man sie begreift? Womöglich reißt auch deshalb der Strom einheimischer Besucher auf der Aussichtsplattform nicht ab. Selbst die Emiratis müssen sich der tatsächlichen Existenz dieses Wahrzeichens versichern. Mit auf den Rücken verschränkten Armen aus dieser Höhe auf die eigene Stadt herabblicken und leise nicken. Gütig über die tobenden Horden hinwegsehen. Zurückdenken an die Zeit, als an derselben Stelle nur Wüste war. Diese alte Zeit – sie liegt erst ein paar Jahre zurück. Das ist das eigentliche Wunder.

Dubai – City of Light

Die Stadt Dubai benimmt sich wie eine typische kleine Schwester. Ein wenig lauter als die Große, vorwitziger, wilder, zeigefreudiger, verantwortungsloser und auch sorgloser. Dafür wird sie geliebt wie eine kleine Prinzessin. Nur nicht von der großen Schwester, Abu Dhabi, der Hauptstadt des größeren, reicheren und auch unspektakuläreren, weil solideren Emirats. Und genau darauf beruht die Rivalität der beiden Städte und Emirate. Dort das große, bedächtige Abu Dhabi, das Finanz- und Verwaltungszentrum mit all seiner Gewichtigkeit und Nachhaltigkeit, hier das quirlige Dubai mit seinem Hang zu Superlativen, zum Übertriebenen, zu kurzfristigen Hypes und flüchtigen Freuden.

Die Hauptstadt Abu Dhabi mag im Aufholen begriffen sein, aber Dubai ist immer noch der Popstar unter den sieben Emiraten, hat weltweit die meisten Fans, bekommt die größte Aufmerksamkeit in den Medien, sammelt die meisten Statussymbole und Sensationen. In keiner anderen Stadt der Emirate gibt es mehr Bars und Restaurants, größere Shoppingmalls, saftigere Parkwiesen oder wildere Nachtklubs. Allein dafür muss man Dubai schon lieben, ob man dort lebt oder nur zu Besuch ist. Gelegentlich trifft beides zu, denn viele Bürger Dubais sind nur Einwohner auf Zeit.

Das Emirat hatte im Herbst 2016 mehr als 2,6 Millionen Einwohner und wächst mit einer jährlichen Rate von fünf Prozent. Jeden Monat kommen 7000 neue Bürger dazu, Neugeborene wie Zugereiste. Bis 2030 sollen es 5,2 Millionen Einwohner werden. Die allermeisten dieser Menschen, etwa 85 Prozent, leben in der gleichnamigen Hauptstadt. Weitere 35 000 in der Hafenstadt Jebel Ali, die mit Dubai inzwischen so verwachsen ist, dass kaum ein Unterschied besteht. Dann gibt es da noch die Bergenklave Hatta und verschiedene landwirtschaftliche Siedlungen – der Rest ist Wüste.

Die einheimischen Emiratis sind hier, wie auch sonst in der

Region, in der Minderheit. Nur etwa zehn bis 15 Prozent der Bevölkerung haben einen emiratischen Pass. Noch weniger sind Araber, denn auch ehemalige Sklaven und Einwanderer der zweiten und dritten Generation können lediglich mit Mühe und gegen große Widerstände emiratische Pässe bekommen. Sie nennen sich *Locals* oder *Nationals*, Einheimische, das trifft es am besten, denn ob sudanesischer, pakistanischer, indischer oder Golf-arabischer Abstammung, Local ist man, wenn man alteingesessener Dubaier ist.

Dagegen steht ein Heer an Zuwanderern der ersten Generation, der *Expats*. Mehr als die Hälfte der Bevölkerung Dubais sind Expats aus Südasien, vor allem aus Indien und Pakistan, auch aus Sri Lanka und Bangladesch. Denn die indischen Händler kamen in der ersten Hälfte des 20. Jahrhunderts in einer zweiten Einwanderungswelle nach den persischen Kaufleuten. Nach dem Ölfund warben die arabischen Emiratis verstärkt indische und pakistanische Arbeiter und Fachkräfte an, um das Land aufzubauen. In den ersten Jahren des Booms verdreifachte sich so die Bevölkerungszahl ausschließlich durch Zuzug, vor allem aus Südasien. Außerdem kamen britische und andere westliche Experten aus verschiedensten Branchen in die Stadt, und seit der Jahrtausendwende verstärkt Hauspersonal von den Philippinen, das inzwischen knapp 3 Prozent der Bevölkerung ausmacht.

Nicht zuletzt dadurch erwarben sich die arabischen Emiratis den Ruf, dass Arbeiten und Bildung nicht so ganz ihr Ding seien und sie sich lieber zurücklehnen und den neuen Reichtum genießen würden, statt beim Aufbau ihres Landes tatkräftig mit anzupacken. Die Expats unken, dass ohne sie und das Öl die Emiratis immer noch auf ihren Kamelen hocken würden. Das ärgert die Emiratis, weil darin mehr als nur ein Quäntchen Wahrheit steckt. Gerne stellt man sich in Dubai daher selbst als fleißig und innovativ dar und bezichtigt hinter vorgehaltener Hand die Einwohner der anderen Emirate der Zaghaftigkeit (Abu Dhabi), Rückständigkeit (Ras Al-Khaimah, Fujairah, Umm Al-Quwain), der Faulheit (Ajman), des Nachahmens und der Kundenabwerbung (Sharjah) sowie generell der Langweiligkeit. In den anderen Emiraten gelten die Dubaier daher als aufgeblasen, angeberisch und verschwenderisch. In die Malls und Restaurants Dubais fahren die anderen Emiratis natürlich trotzdem gerne, weil es eine indiskutable Tatsache ist, dass sie größer, schöner, spektakulärer sind als anderswo im Land. Auch deshalb reisen (noch) die meisten Urlauber nach Dubai und nicht nach Ras Al-Khaimah. Ganz abgesehen davon, dass Dubai natürlich auch bei der Auswahl, Quantität und Qualität der Hotels die anderen Emirate hinter sich lässt.

Das Vorurteil des Westens, Dubai ruhe sich auf seinem Öl aus, stimmt dagegen nicht. Nur noch etwa 30 Prozent der Dubaier Wirtschaftskraft kommen aus dem Öl. Im Jahr 2013 erreichte das Emirat Dubai sogar einen neuen Höchststand im nicht-erdölbezogenen Außenhandel: mit einem Gesamtvolumen von umgerechnet 260 Milliarden Euro. Die größten Handelspartner sind Indien und China. Das liegt einerseits daran, dass die Ölreserven knapper werden, andererseits an der Wirtschaftspolitik des Herrscherhauses Al-Maktoum, das die Tradition des Freihandelshafens aus dem 19. Jahrhundert mit ins neue Jahrtausend genommen hat. Fakt ist dagegen, dass das Öl 80 Prozent des öffentlichen Sektors finanziert, der wiederum in diversen Bauprojekten wie auch internationalen Investments tätig ist. Er ist aber auch zuständig für die Versorgung der einheimischen Emiratis, die vom Staat Gesundheitsvorsorge, Altersvorsorge, Bauplätze und gelegentlich Häuser, in letzter Zeit verstärkt Bildung spendiert bekommen, um in Zukunft selbstständig zu sein. In gewisser Weise ist es also wahr, dass sich die emiratischen Dubaier auf dem Öl ausruhen.

Die Metro, der Flughafen, die breiten Straßen, die klimatisierten Bushäuschen, die sauberen Freizeiteinrichtungen, die Sicherheit und die Lebensqualität in den neu entwickelten

Vierteln kommen natürlich allen Einwohnern und Besuchern der Stadt zugute. Die Stadt, in der die Einheimischen zur Minderheit geworden sind, ist jedoch kein Schmelztiegel und auch kein Multikultizirkus. Beides will sie nicht sein, wollte sie nie. Sie ist eine Stadt der vielen Parallelgesellschaften, die genau deshalb funktioniert, weil diese Gesellschaften ausgesprochen verschieden sind und sich nicht wirklich mischen, nicht mischen wollen. Da jeder seinen Raum und seine Existenzberechtigung hat, fällt es leicht, sich im öffentlichen, gemeinsamen Raum mit Respekt und Toleranz zu begegnen. Dubai ist bunt, so bunt sogar, dass jeder gelernt hat, die Eigenheiten des anderen zu ertragen. Denn wem es zu bunt wird, der zieht sich in seine eigene Lebenswelt zurück. Emiratis bleiben dabei unter Emiratis, Inder unter Indern, Pakistanis unter Pakistanis, Europäer unter Europäern. Jeder hat seine Viertel, seine Straßenzüge, seine bevorzugten Supermärkte, seine Lokale. In den Malls und den Geschäftsvierteln treffen sich dann alle wieder, ebenso im Stau der Rushhour.

Leicht scheint das Leben in dieser Stadt, voller Möglichkeiten scheint die Metropole zu sein. Die Goldgräberstimmung des vergangenen Jahrhunderts hat sich etwas abgekühlt, dennoch sucht jeder, der dort lebt, nach dem großen Glück, dem Geschäft und dem Erfolg oder dem Spaß des Lebens. Die wenigsten Einwanderer haben die Absicht, für immer zu bleiben. Dubai ist nicht das, was New York früher war, kein gelobtes Land, um einen Neuanfang zu wagen. Sondern eine Transitstadt, in die man für zwei, drei Jahre geht, um dann weiterzuziehen: nach Hongkong, Johannesburg, Singapur oder in die neuen Wirtschaftsmetropolen Chinas. Oder ganz einfach wieder nach Hause, nach Karatschi, Islamabad, Dhaka, Pune oder Surat – die Taschen voller Geld. Große Teile des Nachtlebens widmen sich daher dem Knüpfen neuer Kontakte, dem Öffnen neuer Möglichkeiten.

Abgesehen davon, dass die Emiratis gar nicht wollen, dass sich Expats in ihre Gesellschaft integrieren, versuchen es die meisten Expats auch gar nicht erst, da sie sich lediglich als Einwohner auf Zeit fühlen. So entsteht in Dubai ein Lebensgefühl echter Internationalität, in der niemand seine Herkunftsidentität aufgibt, sondern die dubaierische einfach mit dazubekommt. Dubaierisch sein heißt aufstiegsorientiert und fleißig zu sein, aber genauso lebensfroh, höflich und tolerant den anderen gegenüber und gebührend respektvoll vor der einheimischen Kultur. Diese schwebt wie ein unsichtbarer Schirm über der Stadt, mit ihrem Konservativismus und Händlerkapitalismus, dem gemäßigten Dresscode, den unablässigen Rufen der unzähligen Muezzine. Dubaierisch zu sein heißt, satt zu sein und doch immer hungrig, nach neuen Chancen, Attraktionen und Zerstreuungen. Skihalle, Megahochhäuser, künstliche Inseln in Palmenform, Riesenspringbrunnen, ein Jachthafen so groß wie eine Kleinstadt – alles, was geht, findet man in Dubai. Dubaierisch sein heißt, das Beste aus allen Welten, die sich dort treffen, herauszufiltern und zu genießen, jeder seinen eigenen Hedonismus zu leben, seine eigene Form des Glücks zu suchen, manchmal auch ganz bewusst auf Kosten der Umwelt und der sozial Schwachen.

Denn, in der Tat, diese gibt es auch in dem glücklichen, satten Dubai. All die Dienstboten und Niedriglohnarbeiter, die in winzigen Quartieren hausen und sich von dem ohnehin knappen Gehalt jeden Cent vom Mund absparen, manchmal nur, um ein Rückflugticket nach Hause bezahlen zu können, was Jahre dauern kann. All die gescheiterten Glücksritter Südasiens, die eigentlich ein Riesengeschäft machen wollten und jetzt als Pizzaboten mit Mofas durch den Stau kreuzen, gefangen zwischen Zukunftslosigkeit in Dubai und völliger Hoffnungslosigkeit in der Heimat; die Möglichkeiten abwägend und in ihrem Zustand verharrend, da eine Verbesserung nicht in Sicht scheint. Die Frauen, die in den Straßen des Apartmentviertels Mankhool oder einschlägigen Bars anschaffen, weil sie dort mehr verdienen als beim Putzen, wo sie der Hausherr womöglich unbezahlt belästigt hat. All jene also, für die ihr Traum von Dubai nicht aufgegangen ist. Die lebenslustige Stadt spuckt sie aus, hat keinen Platz mehr für sie, denn Scheitern ist nicht Teil des Konzepts am Golf.

Wer auf ganzer Linie scheitert, wer arbeits- oder gar obdachlos wird und betteln gehen würde, den sammeln die Behörden ein und schicken ihn umgehend in sein Heimatland zurück. Die Boomtown hat keinen Platz für Verlierer, die offen sichtbar wären und die Bürger daran erinnern würden, dass es im Leben auch Misserfolge gibt. Offiziell ist nämlich auch der Pizzabote erfolgreich, denn immerhin hat er Arbeit, die er zu Hause in Dhaka sicher nicht hätte, und wenn, dann zu einem deutlich schlechteren Lohn – so rechtfertigt Dubai seinen Niedriglohnsektor. Weil Dubai eine Erfolgsstadt ist, eine selbst ernannte Stadt des Lichts, in der auch die Schattenseiten noch hell ausgeleuchtet werden, um mit der gewohnten Leichtigkeit darüber hinwegzugehen. Nicht, dass die anderen Städte am Golf das nicht genauso handhaben würden, aber Dubai wird dies am häufigsten vorgeworfen, vom Ausland gleichermaßen wie von den Nachbaremiraten. Kein Wunder, denn das Dubaierischste am Dubaierischen ist ja gerade, mit sich selbst und seinen Vorzügen so sehr zu prahlen, sich selbst in ein so gutes Licht zu rücken und die anderen damit so erfolgreich auszustechen, dass es nur natürlich ist, Kritik zu ernten.

So ist sie eben, die kleine Schwester Dubai: auch mal zickig, wenn man genau hinsieht und die laute und lustige Attitüde beiseiteschiebt. Dass sie damit durchkommt liegt daran, dass sie einerseits mit ihren hochglänzenden Oberflächen blendet und mit ihrem Lärm dröhnt, andererseits aber so liebens- und lebenswert ist, dass es leichtfällt, nur ihre Sonnenseite zu sehen.

Arabeske: Auf einen Kaffee im Emirates Palace

Zarte Klänge wehen durch den Saal. Ein *Oud*-Spieler lässt traditionelle arabische Melodien aus seinem Zupfinstrument perlen, in Konzertqualität, aber nur wenige beachten den Meister seiner Kunst. Seine Musik ist eine Farbe im Mosaik, mehr nicht. So wie der Duft der Lilien, das gurrende Lachen der Gäste in der Champagnerbar, die Sonnenflecken auf dem Boden vor dem Fenster Fragmente der Atmosphäre in der Lobby des Emirates Palace Hotel bilden. Sie ist die hinterste von mehreren Lobbys in dem weitläufigen Luxushotel, das zugleich Tagungszentrum, Veranstaltungsstätte, Treffpunkt und halb öffentlicher Repräsentationspalast ist.

Der Emirates Palace an der Küste von Abu Dhabi ist ein Hotel wie kein anderes – ließ zumindest die internationale PR erfolgreich verbreiten. Drei Milliarden Dollar hat das Emirat sich den Bau kosten lassen, um ein erstes Superluxushotel hinzustellen und damit den Anschluss an Dubai zu schaffen. In den Suiten ist das Dekor des Porzellangeschirrs farblich auf die Innenausstattung abgestimmt. Jeder Herrscher eines Golfstaates hat hier seine private Suite, dauerhaft als Geschenk vor- und freigehalten von Abu Dhabi, das zeigen will, dass in seinem besten Haus immer für alle ein Platz frei ist. Der Palast ist aber auch ein Palast des Volkes, jedem Bürger und Besucher zugänglich, der nur schauen, eine der wechselnden oder dauerhaften Ausstellungen besuchen oder in der hintersten Lobby einen Kaffee trinken möchte.

Le Café nennt sich das Lokal und macht sich damit fast gemein mit all den Coffee-to-go-Läden und ihren Pappbechern und Zuckertütchen draußen in der Stadt. Welche Selbstironie. Ist der Coffeeshop im Emirates Palace doch ein Kaffeehaus der Extraklasse, das einmalige Ansichten und Ausblicke bietet. Schon dass ein erstklassiger Oud-Solist dort an einem gewöhnlichen Wochentagsmittag spielt, ist Luxus. Dazu die Sessel mit ihren hochgezogenen Lehnen aus sandfarbenem Leder, die Rauchglastische und die Stuckaturen. Gedämpftes Licht, gedeckte Farben, arabische Ornamente im Teppich, alle in den Farben der Wüste gehalten. Die Champagnerbar in derselben Lobby bietet alles, was eine Champagnerbar in Moskau auch hat, der Coffeeshop jedoch wartet mit *Camelccino* auf: Cappuccino mit Kamelmilch, in dessen Schaum mit Dattelsirup ein Kamel gemalt ist; serviert in einer zierlichen Porzellantasse mit Goldrändern und zarten floralen Ornamenten, die die Sandfarbe des Teppichs aufnehmen. Marmorsäulen mit vergoldeten Palmblattkapitellen tragen eine güldene Rotunde, die ebenfalls in Palmblättern mündet, denselben wie am Tischbein, nur um das Zigfache vergrößert. Alles passt zusammen, erdrückt den nicht Luxusgewohnten fast mit seiner schweren, ostentativ zurückhaltenden Pracht.

Dazu eine Praline aus Kamelmilchschokolade in Gestalt eines kleinen Kamels. Mehr Kamel geht nicht bei einem Kaffee. Der Kuchen dazu kommt auf ebenso güldenem Geschirr und ist meist sichtbar mit Blattgold belegt und stets so reichhaltig mit Marzipan, Butter und Schokolade gemacht und mit so aromatischen Früchten bestückt, dass das Gefühl entsteht, es wäre ein Kuchenkonzentrat, für das jemand die dreifache Zutatenmenge eines herkömmlichen Kuchens in ein einziges Stück verarbeitet hat.

Ein zarter Räucherwerkduft streift die Nase. Es ist nicht das schwere Parfum des emiratischen Tischnachbarn, der sich gerade mit einem Geschäftspartner trifft, es ist ein Hotelboy, der mit einem Räucherfässchen durch die Lobby geht und darauf wartet, herbeigewunken zu werden, um den Gästen den Duft zuzuwedeln.

Und es geht noch mehr Kamel: beim *Camelburger*. Der ist aus gehacktem Kamelfleisch, mit Kräutersalat auf einem Vollkornbrötchen angerichtet und mit scharfer Mayonnaise gewürzt, dazu Kroketten aus Kichererbsenmehl sowie scharf eingelegte Oliven und Gemüse. Das ist kein Scherz, das ist eine echte Delikatesse, die im Emirates Palace erfunden und seitdem gerne und oft kopiert wurde. Sie wird, im Gegensatz zu draußen, in diesem Coffeeshop nicht beworben, sondern versteckt sich ganz hinten auf der Karte bei den herzhaften Snacks.

Hotelboys in gedeckten Livreen verscheuchen jene Gäste, die versuchen, von solchen Wundern Fotos zu machen, ohne selbst etwas bestellt zu haben. Nur Gucken ist hier erlaubt, und Staunen natürlich. Wenigstens das Quietschen von Turnschuhsohlen auf dem Marmorboden erinnert noch daran, dass es eine Welt jenseits des Palasts gibt.

Abu Dhabi – Vater der Nation

Was in Dubai oft nur glänzt, ist in Abu Dhabi massives Gold. Die Stadt ist reich, sie ist mächtig, sie ist entsprechend gediegen, so zumindest lautet der Ruf Abu Dhabis, als würde die wirtschaftliche und politische Verantwortung für das Land sie zu einem besonders artigen und vorbildlichen Verhalten zwingen. Hier, im flächenmäßig größten Emirat, liegen 90 Prozent der bisher bekannten Ölvorkommen der Emirate. Die Scheichs von Abu Dhabi sind damit nicht nur die wohlhabendsten, sondern auch die mächtigsten, denn sie stellen den Präsidenten der Emirate, und ihre Stadt ist die Hauptstadt des jungen Nationalstaats. In Abu Dhabi seien die Scheichs reicher und die Frauen tiefer verschleiert als in Dubai, heißt es, und der Spaß eine Rarität.

War es in der frühen Neuzeit noch der blühende Handelsplatz Ras Al-Khaimah, der als schärfste Konkurrenz Abu Dhabis im regionalen Wettbewerb um die bedeutendste Stadt galt, so ist es seit dem Familienkrach von 1833 Dubai. Eigentlich sind sie Schwesterstädte, von Angehörigen desselben Stammes gegründet, und doch wegen der Rivalität der beiden Stammesgruppen und wie so viele Schwestern immer auch

Konkurrentinnen. In puncto Unterhaltungswert, Besucher-
zahlen, Wahrzeichen und internationale Aufmerksamkeit ist
Abu Dhabi während des Ölbooms deutlich hinter Dubai
geblieben, konnte den natürlich gegebenen Größen- und
Reichtumsüberschuss nicht ausspielen – oder wollte es gar
nicht.

Während das Emirat vergleichsweise riesig ist, ist die Küs-
tenstadt Abu Dhabi mit ihren vorgelagerten Inseln kleiner als
Dubai. Mit 650 000 Einwohnern ist die Stadt Abu Dhabi etwa
so groß wie Trier, den Speckgürtel der Umgebung dazuge-
nommen kommt die Metropolregion auf knapp 1,5 Millionen Bewohner. Das sind so viele wie in München. Im ganzen Emirat leben knapp 2,5 Millionen Menschen, so viele wie
im Emirat Dubai, nur auf die 17-fache Fläche verteilt. Der
Großteil ist Wüste. Durch sie verläuft auch die Grenze zu den
Nachbaremiraten. Doch nicht am Sandmeer, sondern am
Mittelstreifen der Überlandstraße ist die Grenze zu erkennen:
In Abu Dhabi ist dieser grundsätzlich mit Palmen begrünt, in
Dubai nicht. Scheich Zayed soll auf die Begrünung bestanden
haben, so lautet eine Abu Dhabier Legende, er fand die Palmen einfach schön und wollte den Bürgern diesen Luxus gönnen. Jede der Palmen auf dem Mittelstreifen muss künstlich
bewässert werden – aber was der Scheich wünscht, ist Gesetz.

Die weitläufige Oasenstadt Al-Ain im Landesinneren ist
äußerst beliebt, da es dort weniger heiß ist als an der Küste
und weil das Leben hier vergleichsweise ruhig und beschau-
lich abläuft. 600 000 Bewohner haben Al-Ain und die unmit-
telbare Umgebung der Stadt, ähnlich viele wie Düsseldorf.
Im Sommer kommen noch ein paar hinzu, denn dann ziehen
Emiratis gerne in ihre Sommerfrischehäuser nach Al-Ain, wo
die trockene Luft erträglicher ist als der Dampf in der Hauptstadt.

Noch ruhiger, beschaulicher und auch einfacher ist es in
Orten wie Baniyas, Ruwais oder auf den vorgelagerten Inseln.
Am ruhigsten und beschaulichsten ist es in den Liwa-Oasen

tief im Süden mit ihren etwa 50 Dörfern. Hier leben vor allem Landwirte. Doch auch hier hat die neue Zeit längst Einzug gehalten. Vier- und Fünfsternehotels locken Gäste an, die ein bisschen am einfachen Leben in Liwa schnuppern und die Freiheit der Wüste atmen möchten, ohne auf den gediegenen Luxus zu verzichten, für den Abu Dhabi steht.

Das Verhältnis zwischen Emiratis und Expats fällt im Emirat Abu Dhabi, auch wegen der Landwirtschaft in Liwa, etwas günstiger für die Einheimischen aus. Immerhin knapp 20 Prozent sind es im gesamten Emirat. In der Stadt Abu Dhabi ist das Verhältnis vergleichbar dem in Dubai, und der Mechanismus ist es auch. Auf den Ölfeldern, auf den Baustellen, im Einzelhandel, in haushaltsnahen Dienstleistungen – die Jobs dort sind ausschließlich mit Expats besetzt.

Die große Schwester beobachtet ihre lebenslustige Nachbarstadt Dubai mit Argusaugen und deren Projekte mit kritischem Blick. Als geschmacklos und übertrieben hatte sie etwa das innen quietschbunte Hotel Burj Al-Arab bezeichnet, als unnötig die große Skihalle, als dekadent die übergroßen Einkaufszentren mit ihrem architektonischen Schmuck und den Marmorböden, als Firlefanz das Autodrom. Vom Burj Khalifa mal ganz zu schweigen. Dubai diese ganzen Wunder und Rekorde einfach zu überlassen war noch nie der Stil Abu Dhabis. Vielmehr versuchte man, dem eigenen Ruf der Bedächtigkeit gerecht zu werden und ganz ähnliche Dinge langsamer, vernünftiger, nachhaltiger und hochwertiger zu entwickeln als die Nachbarn. Das Burj Al-Arab in Dubai war nur so lange das berühmteste Hotel des Mittleren Ostens, bis das Emirates Palace in Abu Dhabi eröffnete. Anstatt einer Skihalle baute Abu Dhabi eine Eislaufbahn (die groß angekündigte eigene »Snow World« wurde nie fertiggestellt). Anstatt eines Autodroms, auf dem reiche Söhnchen und späte Buben ihre Supersportwagen ausfahren, legte man den Yas Marina Circuit an, auf dem echte Formel-1-Rennen stattfinden. Während Dubais zwei kleinere Spaßbäder langsam ihren Neuheitsreiz einbüßen, baute Abu Dhabi das Spaßbad mit den größten Rutschen, die die Region je gesehen hatte. Während Dubais überambitioniertes Opernhaus- und Kulturviertelprojekt im Sand der Finanzkrise verlief, errichtete Abu Dhabi ein Nationalmuseum, eine Filiale des Louvre und ein Guggenheim Museum. Den edelsten und hochpreisigsten Beach Club der Region hatte Abu Dhabi schon. Doch Dubai wäre nicht Dubai, wenn es nicht nachgezogen hätte: Während sich die Eröffnung des neuen Museumsquartiers immer wieder verschob, plante, baute und eröffnete Dubai ein neues Opernhaus.

Die Hauptstadt schlägt ihre kleine Schwester dennoch regelmäßig, wenn es um die Klasse und Qualität ihrer Projekte und Entwicklungspläne geht. Um zu zeigen, was wirklich wichtig ist, baute Abu Dhabi nicht wie Dubai die größte Mall Arabiens, sondern die spektakulärste und teuerste Moschee der Region. Hier liegt der größte persische Teppich der Welt und wölbt sich die weltweit höchste Moscheekuppel; nur die Moscheen in Mekka und Medina sind noch größer. Ein Wink auch an die saudischen Nachbarn – in deren Staatsgebiet Mekka und Medina liegen –, dass mit den Emiraten zu rechnen ist. Zu Ehren des Staatsgründers trägt der Bau seinen Namen: Scheich-Zayed-Moschee.

Ihrem Image als vergleichsweise religiöse, konservative Stadt wird Abu Dhabi dadurch einmal mehr gerecht. Fast zeitgleich mit der Moschee eröffnete hier allerdings auch eine der spektakulärsten Bars der Emirate, unter der futuristischen, halb durchlässigen Dachkuppel des Yas Hotel an der Formel-1-Rennstrecke. Es ist ja nicht so, dass die Leute in Abu Dhabi keinen Spaß haben wollen, aber eben alles mit Maß und Stil. Genau wie beim Shoppen. Vergnügungsparkähnliche künstliche Souqs wie in Dubai verkneift man sich hier und schlägt bei der Traditionspflege einen anderen Weg ein: An der Stelle, an der sich einst der Zentralmarkt befand, steht jetzt ein Einkaufszentrum, dessen moderne Innenarchitektur die traditionellen Marktbauten zitiert und mit in die Zukunft führt, statt sie zu imitieren. Der spektakuläre und zugleich dezente Bau stammt von dem Londoner Architekturbüro Foster + Partners. Diese internationalen Stararchitekten werden Abu Dhabis Gesicht nachhaltig prägen. Das Viertel Al-Raha, das Nationalmuseum sowie zwei Hochhäuser neben dem Central Market stammen auch von ihnen. Ebenso die Ökostadt Masdar City, welche die erste CO_2-neutrale Stadt der Welt werden soll und Hauptsitz der Internationalen Organisation für Erneuerbare Energien (*International Renewable Energy Agency* – IRENA). Windtürme gibt es dort auch, aber keine nachgebauten wie in manchem Dubaier Hotelresort, sondern weiterentwickelte, welche die Tradition zitieren und mit neuer Funktionalität aufwarten.

So setzt Abu Dhabi ein Zeichen, wohin es seine Entwicklung zu lenken gedenkt, und hat auch seine Argusaugen auf die andere Seite des Golfs schweifen lassen, wo man in der Nähe von Teheran an einem ähnlichen Projekt einer umweltverträglichen Stadt arbeitet. Aber eben nicht mit dem Design aus Norman Fosters Büro. Eine Metro wird Masdar mit Abu Dhabi verbinden, eine Schnellbahn die Hauptstadt mit Dubai. Ob der Mittelstreifen der Straße nach Masdar danach mit Palmen begrünt ist – man wird sehen. Für das Projekt »Metro Abu Dhabi« sind immerhin 100 Milliarden US-Dollar aus dem öffentlichen Haushalt vorgesehen.

Abwarten, zusehen und es dann besser machen als alle anderen: Das ist Abu Dhabi. Einheimische meinen, dass die Hauptstadt Dubai schon längst überholt hat, was den Boom angeht. Denn in Abu Dhabi war die Entwicklung zwar langsamer und unspektakulärer, dafür aber nachhaltiger. Das Wertige, das Bürgerliche, die gemütliche Mittagspause beim Kaffee, der Spaziergang an der Uferpromenade: So sieht das Leben in Abu Dhabi aus. Wer schnelle Unterhaltung, riesige Malls und Menschenmassen erleben will, fährt rüber nach Dubai. Die allerschnellste Unterhaltung hat man aber, wiederum wie ein Ausrufezeichen, nach Abu Dhabi gebaut: den Indoorvergnügungspark »Ferrari World« mit der schnellsten Achterbahn der Welt. Dubai, das bis dahin eine der schnellsten und höchsten Wasserrutschen des Planeten hatte, die Jumeirah Sceirah, hat diese einige Monate nach der Ferrariparkeröffnung geschlossen. Zum Unmut der Stadtentwickler Abu Dhabis bleiben die meisten Urlaubsgäste trotzdem noch in den Dubaier Resorts und unternehmen nur Tagesausflüge in die Hauptstadt. Eine Flut von Luxushotels in Abu Dhabi soll Gäste von Dubai abwerben. Sie versprechen Ruhe, weiße Strände und Ausblicke auf Mangrovenwälder.

Damit die ganze Welt weiß, wohin die Reise der Stadt und des Emirats gehen soll, hat Abu Dhabi den Entwicklungsplan 2030 aufgelegt und darin verkündet: »Abu Dhabi wird eine zeitgenössische Erscheinungsform einer arabischen Stadt sein, in der die Bürger in einer gesunden gegenseitigen Nähe leben, handeln und aufblühen. Abu Dhabi wird weiter an seiner Praxis des maßvollen Wachstums festhalten, dabei eine nachhaltige Wirtschaft widerspiegeln statt eines unkontrollierten Wachstums. Abu Dhabi wird die natürliche Umwelt und die sensiblen Ökosysteme an der Küste und in der Wüste respektieren und sich daran anpassen. Abu Dhabi wird seine Rolle und seinen Status als Hauptstadt offenbar machen. Abu Dhabis städtisches Gefüge und seine Infrastruktur werden Werte, das soziale Gefüge, die Kultur und alles andere seines arabischen Gemeinwesens fördern.«

Auch hier existiert kein Schmelztiegel der Kulturen, ganz bewusst nicht, noch weniger als in Dubai. Abu Dhabi schützt seine Wurzeln, fördert noch mehr als die anderen Emirate die traditionelle Landwirtschaft (weil sie dort allerdings auch häufiger vorkommt), die Falknerei und die Zucht von Saluki-Jagdhunden; besinnt sich noch stärker auf die Reste des kulturellen Erbes, der Handwerkskünste, investiert am meisten von allen Emiraten in Museen und die Restaurierung alter Scheichpaläste und Forts in der Hauptstadt sowie in Al-Ain, der Heimatstadt Scheich Zayeds. Abu Dhabi kann dies auch deshalb, weil es das reichste Emirat ist. Aber es hätte von dem Geld natürlich auch das allerallerhöchste Haus der Welt bauen können.

Das restaurierte Erbe der Emirate, das in Al-Ain zu bewundern ist, außerdem der wirklich schöne Tiergarten, der gerade mit viel Geld und Hightech erweitert wird, sollten eigentlich auch zum Standardausflugsprogramm eines Dubai-Urlaubs gehören. Weil Al-Ain aber zum Emirat Abu Dhabi gehört, preisen die Dubaier Touristiker vor allem ihre Ausflüge nach Hatta als beste Option im Inland an, der eigenen Inlandsenklave. Natürlich ist deren Bergwelt mit den Süßwasserpools ausgesprochen sehenswert, aber das Heritage Village kann es nicht mit den historischen Plätzen in Al-Ain aufnehmen. Die Touristiker in Abu Dhabi vermeiden es im Gegenzug, Ausflüge nach Hatta über die Maßen zu bewerben. Konkurrenz sogar beim Erbe und den Naturschönheiten, obwohl sie gemeinsam sind und allesamt sehenswert.

Worum auch immer sich der Streit in der Oase von Liwa einst gedreht haben mag, der 1833 die 900 Beduinen von Liwa nach Dubai wandern ließ, er scheint in den Herzen der Emiratis anzuhalten. Womöglich ging es tatsächlich darum, wer die bessere Ziege hat – der, dessen Ziege größer ist, oder der, dessen Ziege mehr Milch gibt. Die Wahrscheinlichkeit, dass es sich so abgespielt haben könnte, wird dadurch bekräftigt, dass kein Emirati die Konkurrenz zwischen Dubai und Abu Dhabi ernsthaft zugeben würde, sondern stets darauf verweist, dass man schließlich vom selben Stamm sei, vereint in einer Nation, vereint in einer Kultur und im Streben nach einer gemeinsamen, wunderbaren und prosperierenden Zukunft. Die Spalter, so sagt man mit einhelliger Bani-Yas-Zunge, säßen in Sharjah: die Leute vom Stamm der Al-Qawassim.

Arabeske: Nach dem Regen

Die Welt ist wieder in Ordnung. Auf dem Rasen an der Corniche von Sharjah sitzen Familien und trinken Tee aus Thermoskannen. Auf der Promenade fluten die Menschen hin und her. Jogger und Walker, Spaziergänger und Radfahrer, Paare und Familien. Manch einer bleibt stehen und blickt hinaus auf das anthrazitfarbene Wasser der Lagune, zum anderen Ufer, wo die Laternen der Promenade sich als gelbe Tupfen spiegeln und die Reflexionen der Hochhäuser schillernde Blockstreifen in die leichten Wellen weben.

Die Skyline ist jedoch nur die Zugabe an diesem Abend. Die Vorstellung gibt das Leben selbst. Auf dem Parkplatz vor der Moschee spielen zwei Mannschaften sechsjähriger Buben Fußball. Die größeren Jungs lassen Hip-Hop aus dem Handy scheppern und tanzen cool dazu. Die Mädchen, die sie beeindrucken wollen, tun so, als würden sie die Jungs nicht bemerken. Ein greises Ehepaar sitzt Händchen haltend auf einer Parkbank, sieht sich in die Augen und lächelt sich an. Kinder mit Kettcars fahren Schlangenlinien um die Spaziergänger. Auf der Terrasse des Al-Shaabiya-Cafés ist kaum mehr ein Platz frei, vor der Eisdiele Baskin-Robbins parken Autos in zweiter Reihe. Es ist Wochenendstimmung auf der Corniche – an einem Montag. Weil die Welt wieder in Ordnung ist.

Die Bewohner Sharjahs holen an diesem Abend nach, was sie am Wochenende verpasst haben, denn da haben zwei Tage lang Regen und Gewitterstürme gewütet. Stadt und Stimmung waren abgesoffen. Ein paar Verkehrstote hat es gegeben, ein alter und besonders beliebter Laubbaum, einer der wenigen im Zentrum, ist umgestürzt. Regen in der Wüste ist ein Segen, aber für die Menschen in Wüstenstädten ist er jedes Mal ein kleiner Weltuntergang, nach dem das Leben einen Neuanfang macht.

Am Morgen nach dem Regen saßen die Alten von Sharjah noch feixend unter den Markisen vor den Häusern –

sicher vor den letzten Schauern – und amüsierten sich über die Jungen und die Ausländer, die bei diesem Hundewetter vors Haus mussten. Wer draußen geparkt hatte, inspizierte sein Auto und die Lachen, in denen es eventuell abgesoffen war; und fuhr es dann zum Waschen, denn mit dem Sturm war auch der Sand gekommen. Die Autowäscher, die in jedem Parkhaus und jedem Supermarktparkdeck der Emirate auf Kundschaft warten, machen das Geschäft des Jahres.

Jetzt am Abend ist die Stadt schon fast wieder trocken. Kinder kacheln mit BMX-Rädern durch die letzten Pfützen, und alle genießen, was es nur in der Nacht nach einem Regen gibt: Der Park duftet nach Erde und frischem Gras, eine schmeichelhafte Feuchtigkeit weht über die Lagune, nimmt etwas Meergeruch mit, der sich irgendwann mit dem verlockenden Duft des Donutladens mischt. Die Hitze hat sich noch nicht zurück getraut in die Stadt, als sanfter Hauch streicht die Luft um die Palmenstämme. Wer diesen Abend nicht nutzt, weiß nicht, dass es davon nur einen im Jahr gibt, immer im Frühling, wenn der einzige oder auch letzte große Regen gefallen ist, es schon warm genug ist, um draußen zu flanieren, und noch nicht zu heiß, um das Leben nicht in vollen Zügen genießen zu können. Wenn in zwei Tagen die Blümchen hervordrängen, die der Regen hervorgelockt hat, ist es schon wieder zu heiß für die Menschen.

An diesem einen Abend beginnen Liebesgeschichten und zweite Frühlinge. Hier werden neue Träume geboren und alte Sorgen begraben. Sogar die mageren Stadtkatzen bekommen zur Feier des Tages ein paar Happen aus den Picknickkörben zugeworfen, statt sie später im Müll suchen zu müssen. In so einer Nacht ist alles möglich. Der Muezzin ruft zum Gebet, es ist Viertel nach acht. Mehr Menschen als sonst gehen spontan in die Moschee. Weil die Welt im einzigen Gewittersturm des Jahres nicht untergegangen ist.

Sharjah und Ajman – Weniger ist mehr

Die Vereinigten Arabischen Emirate wurden von Familienclans gegründet und werden von Scheichfamilien regiert. Kein Wunder also, dass die einzelnen Emirate wie eine Familie sind. Die Schwestern Dubai und Abu Dhabi haben noch vier Cousinen und einen Cousin – die kleineren Emirate.

Die größte Cousine ist Sharjah (sprich: »Schardscha«). Die gleichnamige Hauptstadt grenzt direkt an die Stadt Dubai. Und wenn man es nicht wüsste, würde man bei der Fahrt von Dubai nach Sharjah zunächst gar nicht bemerken, dass man in ein anderes Emirat gelangt. Man sieht es aber sofort an den niedrigeren Häusern und der vergleichsweise höheren Dichte an abgerockten Siebzigerjahrebauten und vollgeramschten Läden: Sharjah ist die kleinere, ärmere Cousine von Dubai. Die mit den abgetragenen Kleidern und der dicken Nerdbrille – die aber gebildeter ist als ihre reichen, hübschen Cousinen und deswegen erst recht von diesen verspottet wird. Kleiner bedeutet allerdings, dass auch in Sharjah noch knapp eine Million Menschen leben.

Es kursiert eine Karikatur in Dubai, die immer wieder in sozialen Netzwerken und an Schwarzen Brettern in Betrieben auftaucht. Zu sehen ist die Szene aus »König der Löwen«, in der Mufasa dem Welpen Simba die dunkle Zone zeigt. Darunter steht: »This is Sharjah. You must never go there.«

Für den Durchschnitts-Dubaier gibt es tatsächlich wenige Gründe, freiwillig nach Sharjah zu fahren. Denn böse gesprochen ist Sharjah die Vorstadt der Glitzermetropole Dubai. Mit günstigeren Mieten, ruhigerem Leben, viel bezahlbarem Wohnraum und etwas weniger Verkehr. Luxushotels und Nachtleben, Edelshoppingmeilen und rekordheischende Prestigeprojekte – Fehlanzeige. Noch böser gesprochen ist Sharjah eine Schlafstadt, in der nichts los ist und in der all jene wohnen, denen das Leben in Dubai zu teuer und zu hektisch ist. Schnarchah also.

Als Schlaf- und Vorstadt gesehen zu werden und als langweilig zu gelten ärgert die alteingesessenen einheimischen Sharjaris mächtig. Ihre Stadt ist 5000 Jahre alt, ihre Herrscherfamilie, die Al-Qasimi, stammen aus dem Geschlecht der Al-Qawassim, die über Jahrhunderte hinweg die Region als Händler und Krieger regiert und dominiert haben. Vor den neureichen Nachbarn Dubai und Abu Dhabi mit ihren aus der Wüste stammenden Scheichfamilien beugen Sharjaris nicht das Haupt, noch nicht. Die neu zugezogenen Bewohner tun es dennoch mit Selbstverständlichkeit. Auch in Sharjah stellen sie die Mehrheit der Bevölkerung, denn hier liegt der Ausländeranteil bei geschätzten 85 Prozent.

Alles scheint in Sharjah im Vergleich zu Dubai etwas kleiner: der Creek, der Hafen, der Flughafen, die Einkaufszentren, der Luxus, die Hochhäuser. Das Einzige, worin Sharjah Dubai einst übertraf – das Verkehrschaos und der Dauerstau –, ist inzwischen durch stadtplanerische Klugheit in Gestalt von Tunnels, Kreisverkehren, aufgestelzten Stadtautobahnen, Verkehrsleitsystemen und anderen Finessen überwunden.

Lahm und langweilig sei es in Sharjah, tönt es überheblich aus Dubai. Kultiviert und gepflegt sei es in Sharjah, tönt es stolz zurück, und viel näher dran am wahren arabischen Leben. Und wie um dem lebenslustigen Dubai eins auszuwischen, sind die Alkoholgesetze in Sharjah deutlich strenger als in der Nachbarstadt. Gelegentlich werden Exempel statuiert, um klarzumachen, was man in Sharjah für gutbürgerlich arabisch hält. Es ist nämlich verboten, in Sharjah alkoholisiert in der Öffentlichkeit zu erscheinen – das schließt auch das Fahren in einem Taxi mit ein. Immer wieder wird erzählt, dass Sharjaher Taxifahrer alkoholisierte Fahrgäste von Dubai aus nicht zu deren Heimadresse in Sharjah fahren, sondern direkt zur Polizei. Dort bleiben die Zecher dann erst einmal in Gewahrsam. Und das wird teuer.

Tatsächlich hat Sharjah viel früher und vor allem effektiver als alle anderen Emirate begonnen, das eine, einigermaßen glorreiche Erbe der Vergangenheit zu konservieren und zu präsentieren, insofern hat der Konservativismus in Sharjah für die Region etwas Zukunftsweisendes. Die Museen Sharjahs waren schon spannender als die in Dubai, als der Boom begann; und sind es geblieben. Ein Stückchen Altstadt ist als Kunstquartier bewahrt, andere kleine historische Juwelen des alten Sharjah waren bereits liebevoll hergerichtet und für Besucher geöffnet, als sie in Dubai und Abu Dhabi noch Dornröschenschlaf hielten. Auch einen Flughafen hatte Sharjah schon, bevor in den anderen Emiraten überhaupt Öl gefunden wurde – in den 1930er-Jahren nutzte ihn die britische Protektionsmacht. Heute ist der neue Flughafen Sitz der ersten Billigfluglinie der Region und trotz der wachsenden Konkurrenz aus Dubai immer noch ein beliebter Luftfracht-Umschlagplatz.

Sharjah gefällt sich heute vor allem in der Rolle des Kultur- und Galerienemirats. Heritage-Bereich und restaurierte Kaufmannshäuser, ein herausgeputztes Fort, ein modernes Islam-Museum und ein weitläufiges, modernes Museum für moderne Kunst stehen für gediegene Bildungsbeflissenheit und liebevolle Traditionspflege. Es existieren noch ein Aquarium, ein Automuseum und, nicht zu vergessen, der Wildtierzoo, der inzwischen schon ein wenig in die Jahre gekommen ist. Das ist Sharjahs Problem: Man hat zu früh und zu klein angefangen. Das Wort Bescheidenheit gilt hier zwar auch nicht besonders viel, es ist im Gegensatz zu Dubai und Abu Dhabi aber zumindest bekannt, auch in der Landessprache.

Nun aber legen Dubai und Abu Dhabi mit eigenen Museumsprojekten nach, und wie nicht anders zu erwarten, sind diese schon rein architektonisch beeindruckender als die Museen in Sharjah. Mit Geld wird nun anderswo wettgemacht, was Sharjah aus Überzeugung begonnen hat. Es mag nur die Überzeugung gewesen sein, sich von den Nachbarn abgrenzen und einen eigenen Weg finden zu wollen, oder die Überzeugung, nicht in den Wettbewerb zwischen den Schwestern Dubai und Abu Dhabi einzusteigen, da man schließlich nicht ganz so eng verwandt ist.

Das Museum für Islamische Zivilisation ist in den Emiraten einzigartig (wenn auch nicht in der Region), und es krankt an demselben Problem wie auch das »Haus des Korans« in Bahrain und das Museum für Islamische Kunst in Katar: Es gibt nahezu keine Artefakte aus der eigenen Region. Daher kommen die Kunstwerke und Handschriften aus Indien und dem Iran, Usbekistan und Syrien – aber nicht aus den Emiraten oder den anderen kleinen Golfstaaten. Dass sich das Islam-Museum von Sharjah in einem lang gestreckten Gebäude befindet, das 1987 als moderne Markthalle erbaut wurde, die sich ihrerseits das Natural History Museum in London zum Vorbild genommen hat, ist in der Tat einzigartig auf der Welt. Im Informationsfilm des Museums heißt es: »Große Herrscher fördern den Handel und die Entwicklung des Souqs, der sich immer noch im Herzen jeder islamischen Stadt befindet.« Auch wegen dieses Museums wurde Sharjah 2014 zur Islamischen Kulturhauptstadt erkoren.

In Sharjah haben die Herrscher der Al-Qawassim den neuen Zentralmarkt, auch Blauer Souq genannt, wie das Auge eines Sturms in die Wegkreuzung der wichtigsten Straßen gesetzt, die nun keine Kreuzung mehr ist, sondern ein System aus Kreisverkehren, Rampen, Kreuzungen und Flyovers, das auch das beste Navigationssystem aus dem Takt bringen kann. Das Schöne dabei: Wenn man sich in Sharjah verfährt, braucht man sich nur im Verkehrsfluss treiben zu lassen, man wird stets zum Blauen Souq zurückgestrudelt. Er hat etwas Magisches, dieser Bau mit den zwei lang gezogenen Tonnengewölben – zumindest als Landmarke zwischen dem unteren Creek und der Khalid-Lagune. Alles dreht sich um den Souq, in Wirklichkeit aber hat der Handel wenig Anteil an der Wirtschaft des Emirats Sharjah, auch wenn es nirgendwo sonst größere Ramschmeilen und Kruschtgeschäfte gibt. Öl und Gas sind hier immer noch die unbestrittenen Haupteinkommensquellen, der Tourismus spielt nur eine Nebenrolle, auch das Bank- und Bauwesen ist deutlich schwächer als in den anderen Emiraten. Sharjah ist kein Glitzer-, sondern ein Industrie-emirat, Old Economy, auch in diesem Sektor ist man hier traditionell. Etwa die Hälfte der (allerdings nicht besonders großen) Industrieproduktion der gesamten Emirate kommt aus Sharjah: Plastik- und Gummiwaren, Fiberglasprodukte und Rohrleitungen sowie industriell verarbeitete Lebensmittel wie Hühnerwürstchen, Kekse oder Ketchup. Wohl bekomm's!

Das Emirat Sharjah hat eine schüchterne kleine Schwester: das Emirat Ajman. Es liegt nördlich der Stadt Sharjah und ist seit dem Bauboom komplett vom Emirat Sharjah eingeschlossen, ähnlich wie Vatikanstadt von Rom. Eine Eingemeindung Ajmans nach Sharjah wäre verwaltungstechnisch und organisatorisch sinnvoll, ist aber praktisch und politisch genauso unmöglich wie eine Eingemeindung Liechtensteins in die Schweiz. Denn Ajman hat eine andere Geschichte als Sharjah, mit den Al-Nuaimi ein anderes Herrscherhaus – und natürlich eine ganz andere Kultur. Sagen zumindest die Leute in Ajman.

Das Emirat Ajman mit seiner gleichnamigen Hauptstadt bleibt unabhängig und ist, wie könnte es anders sein, stolz drauf. Das Verhältnis Ajmans zu Sharjah ist vergleichbar mit dem von Sharjah zu Dubai: Alles ist etwas kleiner und deutlich unspektakulärer, was die Einheimischen mal wieder mit den Argumenten kontern, man setze eben auf Bescheidenheit, man kenne noch den Wert des echten, authentischen Lebens, man könne auch mal abschalten, und man wolle gar nicht so ein Angeber sein wie der Nachbar, weil Weniger mehr ist. Und selbst, wenn man so viel Geld wie der Nachbar hätte, pfft, man wolle gar nicht so leben wie er. Das kommt einem bekannt vor. Die Emirate sind in vielem wie ein Apfelmännchen: Die Strukturen und Proportionen des Großen setzen sich im Kleinen immer wieder identisch fort.

Ajman könnte, wenn es sich zusammenreißen und seine gute Stube ein bisschen aufräumen würde, der Bade- und Erholungsort der Leute aus Sharjah werden. Lido di Sharjah. Einen unverbauten weiten weißen Strand hat Ajman schon, es müsste nun noch das gestrandete Schiffswrack weg und noch bessere Infrastruktur her – und damit ist nicht ein weiterer amerikanischer Schnellimbiss gemeint, denn davon gibt es schon welche. Außerdem noch ein paar Toilettenhäuschen und Eiskioske, an denen nicht die Softeiswerbung aus dem vergangenen Jahrtausend klebt. Etwas außerhalb des Zentrums entstehen gerade neue Luxushotels, die vormachen, wie man einen Beach Club aufzieht und dass Fünfsterneluxus auch hier seinen Platz hat. Vielleicht bekommt Ajman von den Hotels gar nichts mit, weil die Gäste ausschließlich in den Resorts bleiben, da in Ajman ansonsten weder etwas geboten wird noch etwas los ist. Jene stolzen Ajmanis, die dies lesen, sollten jetzt sehr tapfer sein, denn es muss einmal deutlich ausgesprochen werden: Ajman ist ein Kaff. Das kaffigste Emirat und die langweiligste Stadt an der gesamten Golfküste. So. Aber der Strand ist schön!

Wer jetzt kontert, dass doch die Stadt Kalba am Indischen Ozean das größte Kaff der Vereinigten Arabischen Emirate sei, stammt entweder aus Ajman und verteidigt seine Heimat oder war noch nie in Kalba. Beides ist entschuldbar. Kalba, jener entlegene Fischerort, ist trotzdem nicht halb so kaffig wie Ajman, denn Kalba punktet mit Bergen und Mangrovenwäldern und mit Fischern, die tatsächlich noch den einfachen, traditionellen Lebensstil pflegen. Von dem Nissan Patrol, mit dem sie nach Hause fahren, mal ganz abgesehen.

Kalba ist eine der vielen Exklaven des Emirats Sharjah. Kein anderes ist so zerpflückt wie dieses, was wiederum auf den schwindenden Einfluss der Al-Qawassim zurückzuführen ist, die aber nicht ein Fitzelchen Wüstensand kampf- oder diskussionslos aufgegeben haben. Ab 1905 waren Kalba und auch das etwas nördlich gelegene Dibba schon eigenständige Herrschaftsgebiete, 1953 kehrten sie allerdings unter den Schirm Sharjahs zurück. In der Exklave Dibba liegt der dornröschenschlafende Badeort Khor Fakkan, der trotz Containerhafen mit einer hübschen, gut erschlossenen und dennoch frei zugänglichen Bucht punktet. Die Einheimischen lieben diesen Ort, da sie dort weitgehend unter sich sind.

Diese im Grunde bescheidene, aber doch sehr lebenswerte Bucht steht für die Sharjaher Lebenseinstellung: anderen überlassen, was andere besser können, und es sich einfach nett machen.

Arabeske: Paradise Lost am Khor Kalba

Müde vom Tag liegen die Fischernetze ausgebreitet auf dem Sand. Manches Fischlein war zu klein, um von den Fischern aus den engen Maschen geerntet zu werden, und wird nun von der Sonne gierig verzehrt. Bis nur noch die Haut bleibt – silbern schimmernd auf dem stumpfen Sand – und der Geruch von Meer. Die letzten kleinen Boote tuckern durch die Lagune ihren Liegeplätzen entgegen. Manche sind schon eine Weile nicht mehr ausgefahren, schlafen so lange unter den aus Palmen geflochtenen *Barasti*-Hütten, bis jemand mit Lust auf Fisch sie wieder wachküsst. Emiratische Fahnen wehen über den Hütten, obwohl selten ein Fremder sich hierher verirrt, an den Khor Kalba am Indischen Ozean, einen ins Land greifenden Meeresarm direkt an der Grenze zum Oman.

Der Khor Kalba ist nicht wie der Creek von Dubai, der tief in die Wüste hineinragt, sondern ein sanftes, geschütztes Flachwasser parallel zum Meer, wo man die Boote an Land bringt. Eine Landzunge trennt den Khor vom Meer, und ein dichter, dunkler Mangrovenwald hat sich hier angesiedelt, aus dem manchmal ein weißer Vogel auffliegt. Über die dunklen Wasser des Khor führt eine Brücke. Sie endet im Sand. Von dort geht es auf unbefestigten Pisten weiter. Die meisten, die hier vorbeischauen, kommen ohnehin mit dem Geländewagen – und parken ihn bald. Denn nur spazierend lässt sich der Ort erfahren. Hier herrscht Stille, das Rauschen des Meeres ist allenfalls ganz vorne am Ufer zu hören, und nur wenn der Wind stark genug ist, singt er in den sonnengegerbten Blättern der Mangroven. Im flachen Wasser warten Schätze, die aufgehoben werden wollen: Muscheln. Einwanderer aus Südasien ernten sie manchmal, um ihre karge Tafel zu bereichern.

Die meisten Besucher gehen nur und genießen das warme Licht, das jetzt auf den Khor fällt, sein Wasser noch dunkler, die Mangroven noch grüner und den sandigen Boden golden aufleuchten lässt. Es sind Familien und Paare, die hier ein paar Minuten Gemeinsamkeit genießen. Ältere Männer, die ruhig aufs Meer hinausblicken. Jüngere Männer, die sich mit Cousins auf eine Zigarette treffen. Viele Einheimische leben hier, als wäre der Khor Kalba nicht nur ein Naturschutzgebiet, sondern auch ein Refugium jenseits all der Modernisierung. Ein Ort, an dem es lediglich die Natur und ein paar Fischer gibt, wie in den Zeiten vor dem Öl.

Kalba, der Ort, liegt nicht direkt am Khor, sondern etwas nördlich. Niedrige Häuser ducken sich in einen Palmenhain, überragt von der Bergkette des Hajar-Gebirges, das in die Halbinsel Musandam mündet und der Küstenebene einen kantigen Saum verleiht. Über diese Berge fließt jetzt das Sonnenlicht, lässt die schroffen Kämme und die Palmen als Scherenschnitte hervortreten, und sorgt dafür, dass die Häuser des Ortes und auch die etwas näheren Häuser der Fischer nicht mehr auszumachen sind. Diese Ansicht bot sich schon den ersten Siedlern, die hier an Land gingen oder vorbeizogen. Kalba ist aus der Zeit gefallen. Ist so, wie es ist. Ist sandig, riecht fischig und ist doch wunderschön und einzigartig – ein Schatz der Emirate, der eben gerade nicht erschlossen ist und wie eh und je so sein darf, wie er gewachsen ist. Von den Reifenspuren der Geländewagen mal abgesehen. Lange galt so etwas als rückständig, jetzt ist es eine Kostbarkeit, in vielen anderen Emiraten für immer verloren. Ihre Abgelegenheit hat die Siedlung gerettet. Am äußersten Zipfel des Landes bildet sie eine Oase in der Einheitswüste von Bau und Boom. Wenn man von hier aus eine Weile aufs Meer blickt, könnte Sindbad der Seefahrer mit weißen Segeln herangeweht kommen.

Aber ach – das kleine Paradies ist für die Menschen schon verloren. Seit Mai 2012 ist die Zufahrt über die Brücke gesperrt, das Fischen verboten, das erste Mal seit 8000 Jahren. Man müsse das einzigartige Ökosystem schützen, die besondere Eisvogelart, die es nur in diesem Küstenbereich gibt. Der Bau eines Ökotourismushotels in der Gegend steht an. Entscheidungen, die fern von Kalba getroffen wurden, in Abu Dhabi und in der Emiratshauptstadt Sharjah. Die Filiale von Kentucky Fried Chicken in unmittelbarer Nähe des Khor ist nur die Vorhut einer Zukunft, die sich nicht aufhalten lässt.

Umm Al-Quwain, Ras Al-Khaimah und Fujairah – Kleine Emirate mit großen Träumen

Im Dubaier Stadtviertel Jumeirah lebt eine kleine Kolonie Alexandersittiche. Die munteren grünen Papageien turnen in den Palmen und Hibiskusbüschen und sind ebenso niedlich und genauso wenig exotisch wie ihre Artgenossen, die sich in Bonn niedergelassen haben. Im Emirat Ras Al-Khaimah, einer der beiden entfernt lebenden Cousinen Dubais, ist es dennoch etwas Besonderes: Wenn dort das schroffe Gebirge steil zur palmenbewachsenen Küstenebene hin abfällt, eine Kurve der Küstenstraße zwischen Berg und Hain plötzlich den Blick auf die Straße von Hormus freigibt, in der Öltanker und Frachtschiffe im Konvoi schippern, und dann auch noch einer dieser grünen Kobolde krakeelend über die Straße fliegt – dann ist dies ein Moment genuiner Exotik.

Exotik. Das faszinierend Fremde, das Außergewöhnliche,

das Erstaunliche. Suchte man es nicht, könnte man seinen Urlaub auch am nächsten Baggersee verbringen, anstatt in den Orient zu reisen. Nicht allein Neugier und Lust auf Sonne ziehen die Reisenden in die Ferne, sondern auch die Sehnsucht nach Exotik. Nach dem anderen, um darin sich selbst zu sehen. Der Orient gilt für Europäer seit jeher als erreichbares Exotikziel, war schon vor Jahrhunderten Fernwehdestination, Phantasieland und Projektionsfläche für die eigenen Sehnsüchte. Orientalismus nennt man dieses Phantasiegebilde, gemalt von dem Niederländer Lawrence Alma-Tadema, erzählt von Karl May, verfilmt mit Liz Taylor in »Cleopatra«. Dass es das bauchtanzende Arabien des Orientalismus nie gegeben hat, hat sich mittlerweile herumgesprochen, aber ein bisschen Exotik darf dennoch sein.

Dubai ist auf seine ganz eigene Art exotisch, befriedigt es doch Sehnsüchte nach dem fernen Orient nur durch Inszenierungen. Wer ungeschminkte Exotik sucht, muss von Dubai aus in die nördlichen Emirate fahren – nach Umm Al-Quwain und Ras Al-Khaimah – oder über die Berge nach Fujairah am Indischen Ozean, dem eigensinnigen Cousin der Emiratefamilie. Dort findet man Fremdes und Befremdliches, nicht wie auf einem Gemälde von Alma-Tadema, eher wie auf einer hyperrealistischen Fotografie von Martin Parr.

Umm Al-Quwain (»Mutter zweier Mächte«) liegt nördlich von Ajman. Es besteht aus Wüste, aus Umm Al-Quwain City und dem Wohngebiet Al-Salama. Die Altstadt von Umm Al-Quwain sieht aus wie Dubai, wenn es dort kein Öl gegeben hätte: Flachbauten an Straßen voller Schlaglöcher, im Hafen gestapelte Fischreusen, uralte Mercedes mit stumpfem Lack, Schreibbüros für die Analphabeten, abblätternde Farbe, Wäscheleinen vor den Häusern. Zweite Welt. Der Strand an der Ortsspitze ist wahrlich einsam. Wo in anderen Städten am Golf Hochhäuser stehen würden, befindet sich nur ein staubiges Feld voller Büsche, und wo anderswo ein Scheichpalast steht, liegt zwar auch ein großes Anwesen mit hoher Mauer, aber es ist ein Staatsgefängnis. Der Zaun vor der einzigen Sehenswürdigkeit, der alten Stadtmauer, ist rostig und heruntergetreten, sodass man nur einsteigen braucht. Im Park vor der Mauer stehen kaputte Kinderspielgeräte, im dürren Gras liegen zerrissene Plastiksandalen. Wer die Ästhetik des Verfalls zu schätzen weiß, findet hier faszinierende Fotomotive und darf überrascht sein, wenn aus dem vermeintlich seit zehn Jahren geschlossenen Fotogeschäft jemand heraustritt und fragt, ob man vielleicht Filme kaufen möchte.

Umm Al-Quwain ist die Antithese zu Dubai. Alles, was Dubai besonders macht, fehlt hier, und es ist auch klar, warum: Umm Al-Quwain hat kein Öl und kein Gas zu verkaufen, es lebt vom Fischfang und vom Länderfinanzausgleich des Emiratebundes. Außerdem – Straßennamen wie King Faisal und eine neue Ladenzeile namens »Riyadh Centre« am Ortsrand verraten es – pumpt auch Saudi-Arabien Geld in das kleine Emirat und erntet dafür öffentliche Loyalität. Die Scheichfamilie Al-Mualla pflegt nicht nur gute Beziehungen zu Abu Dhabi, sondern auch zu Riad.

Die Altstadt Umm Al-Quwains bleibt dennoch ein Sanierungsfall. Sie ist den Einwanderern überlassen worden, während die Emiratis außerhalb neu bauen. Dass auch die Finanzkrise gewütet hat, sieht man auf den freien Sandflächen zwischen Umm Al-Quwain City und Al-Salama: Hier stehen in Beton gegossene Investitionsruinen, die einmal Villen hätten werden sollen. Die kantigen Rohbauten mit leeren Fensterhöhlen sehen aus wie Spielwürfel, von Riesen in den Sand geworfen und nach dem Ende der Partie liegen gelassen. So ist es ja auch tatsächlich. Umm Al-Quwain hat das Spiel um den Anschluss, um Reichtum und Aufschwung verloren.

Für Emiratis gibt es vor allem einen Grund, nach Umm Al-Quwain zu reisen: das Barracuda Resort. Diese Hotelanlage am Strand ist berühmt und berüchtigt für seinen Alkoholverkauf. Mit der Duldung des Herrscherhauses war das Barracuda jahrzehntelang der einzige Laden im gesamten

Land, in dem Alkohol für den Verzehr zu Hause legal gekauft werden durfte. Inzwischen hat er Konkurrenz bekommen vom Al-Hamra-Keller und dem Dolphin Duty Free im benachbarten Ras Al-Khaimah und Oscars Liquor Shop in Ajman. Der Alkoholgraumarkt kennt noch mehr Schlupflöcher, aber keines ist so sagenumwoben wie das Barracuda. Der Ausflug dorthin ist Kult für Junggesellenabschiede, neu Zugezogene, private Partyveranstalter. Und nach dem Shoppen mit einem Kofferraum voller Bierdosen und Schnapsflaschen verbotenerweise durch das strenge Sharjah zu fahren fühlt sich an wie ein Fallschirmsprung. Erwischt einen die Polizei, warten schon die Arrestzelle, eine Anzeige und eine Strafe von etwa 5000 Euro. Erwischen einen einheimische Erpresserbanden, die den Alkoholkäufern gezielt nachfahren und dann einen Unfall fingieren, um den Wagen zu stoppen, verlangen sie etwa 500 bis 2000 Euro dafür, dass sie nicht die Polizei holen.

Das Emirat Ras Al-Khaimah, unmittelbar nördlich des Barracuda Resorts, hat sich der familieninternen Aufholjagd nicht nur im Bereich Schnapshandel angeschlossen, sondern versucht, außer mit einem Containerhafen, Zementwerken und Steinbrüchen, aus denen das Material für Dubais künstliche Inseln kam, jetzt auch mit Luxustourismus zu punkten. Die Wunder Dubais, auch das Burj Al-Arab, stehen auf den Steinen und dem Beton aus Ras Al-Khaimah. Ebenso liegt hier der Bauch der Emirate, ganz im Norden und in der bergigen Exklave des ehemals mächtigsten Emirats: Nirgendwo gibt es mehr Landwirtschaft als hier. An den Bergen fangen sich die Wolken und entspringen Quellen, die Dattel- und Zitrusplantagen und sogar Gemüsefelder bewässern.

Die internationalen Fünfsternehäuser haben in jüngster Zeit wieder gebaut. Neue Malls bringen zwar nicht übertriebenen Luxus, aber einen Hauch weiter Welt in die Stadt, die obligatorische Eislauffläche inbegriffen. Das »Ice Land«-Erlebnisbad sorgt mit künstlichen Eisschollen und Pinguinen aus Pappe für wahre Exotik. Ras Al-Khaimah ist das gelungen, was in Umm Al-Quwain so drastisch fehlgeschlagen ist: sich neu zu erfinden als moderne Stadt und diese dann auch zu bauen, und zwar wie überall in den Emiraten nicht auf den Mauern der alten Stadt, sondern praktischerweise einige Kilometer weiter. Die Altstadt von Ras Al-Khaimah, einst Sitz der mächtigen Al-Qawassim, ist auch hier dem Verfall beziehungsweise den Einwanderern aus Südasien preisgegeben, das neue Ras Al-Khaimah besteht aus schicken Neubauten, die drum herum und entlang der Küste angelegt werden. An den bisher unverbauten Stränden ist Platz genug für neue Hotels jeder Preisklasse. Derzeit ist das Emirat ein Tipp für diejenigen, die weniger ausgeben wollen als in Dubai und die vor allem am Strand in der Sonne liegen möchten. Das Wasser ist sauber und die Lage immer noch ruhig genug, dass manchmal neugierige Karettschildkröten Badegäste begleiten, die quer durch eine der künstlich angelegten Buchten schwimmen.

Wenn der glänzende Kopf der Schildkröte aus dem Wasser auftaucht und tintenschwarze Augen den Schwimmer aus nur wenigen Zentimetern Entfernung mustern, ist dies einer der typischen Ras-Al-Khaimah-Momente: eine dezente Exotik des Augenblicks. Das nördliche Emirat bietet viele solcher Momente, die sich nicht aufdrängen, sondern gesucht werden wollen. Da sind die Ziegen, die in die Bäume klettern, um etwas Grün zu erhaschen. Die wundersamen Straßenrandcafés entlang der Truck Roads, in denen bärtige, knorrige Männer auf Plastikstühlen sitzen und sich anschweigen. Da sind die ehemaligen Piraten- und Schmugglerbuchten, von denen einige immer noch das Zeug zur Filmkulisse hätten. Da sind die Ruinen alter Festungen in Dörfern, die keinen Namen haben und an Straßen gelegen sind, die auf keiner Karte eingezeichnet sind. Da ist die magere Kuh, die mitten auf der Hauptstraße auf einer Verkehrsinsel steht. Unbewohnte Wadis, auf deren Grund sich Blümchen herumdrücken. Die diskrete Exotik Ras Al-Khaimahs erschließt sich manchmal erst beim Nachdenken über das Gesehene und Erlebte.

Wer in Ras Al-Khaimah urlaubt, bucht selbstverständlich einen Tagesausflug nach Dubai. Umgekehrt kommt dies eher selten vor. Es sind Naturfreunde und Archäologiefans, die es in das nördlichste Emirat zieht, aber meistens zieht es sie nur hindurch auf die Halbinsel Musandam, eine Exklave des Oman. Nirgendwo in der Region sind die Berge schroffer, die Schnorchelgebiete schöner und die Küsten wilder oder einsamer. Ob sie die lange Fahrt wert sind, muss jeder Naturfreund selbst entscheiden.

Eine andere Art von Exotik bietet das Emirat Fujairah, ebenfalls mit gleichnamiger Hauptstadt, von Dubai aus jenseits des Hajar-Gebirges am Indischen Ozean gelegen. Der Fortschritt scheint es noch nicht wirklich über die Berge geschafft zu haben, wohl aber in anderer Richtung der Ruf Fujairahs, besonders »ursprünglich« zu sein. Als Zeichen dafür gelten die freitags stattfindenden Stierkämpfe, der bunte Straßenmarkt im Dorf Masafi, die frisch sanierten Lehmforts und die mehr als 500 Jahre alte Moschee im besonders entlegenen Bauerndorf Badiyah.

So wie Fujairah sei Dubai vor 40 Jahren gewesen, schwärmen Sozialnostalgiker. In Fujairah sei die Welt noch in Ordnung, das Leben einfach und die Menschen ursprünglich, womit die Dubaier auf die bunten Wickelröcke anspielen, die manche Männer dort gerne tragen und die aus dem Oman kommen – der liegt von Fujairah aus auch kulturell näher als Dubai und Abu Dhabi.

Doch nach Fujairah zu fahren ist mitnichten eine Zeitreise, genauso wenig wie es ein Abstecher nach Umm Al-Quwain ist. Der Ausflug zeigt eine weitere alternative Entwicklungsmöglichkeit für eine Region mit ebenso wenig Öl wie Wasser. Das Emirat lebt vom Länderfinanzausgleich und dem Handel in den Häfen. Kürzlich hat es den Öko- und Ausflugstourismus entdeckt, denn die Strände bieten perfekte Tauchplätze und die unberührten Berge prima Mountainbikerouten. Die Einheimischen, die Winkerkrabben an den Stränden eingeschlossen, sehen dies mit Grauen, denn es scheint bald vorbei zu sein mit der Ruhe. Schon wurde beim Dorf Badiyah eine neue Mole angelegt, und die Bewohner fürchten, dass dort demnächst Jachten anstelle von Fischerbooten liegen könnten. Dass der Palmenhain gerodet würde, erzählt man den Bürgern dort seit Jahren, aber noch steht er wie seit Jahrhunderten an seinem Platz. Etwas weiter nördlich aber, vor dem als »Snoopy Island« bekannten Felsen, machen sich bereits Hotelresorts breit, ein gigantisches staatliches Resort ist angekündigt und wirbt in der Baubeschreibung außer mit der Lage auch mit den »freundlichen Bewohnern« des Emirats. Leichter Unmut macht sich bei den Einheimischen der an der Küste des Indischen Ozeans gelegenen Emirate breit, da man einerseits natürlich am Aufschwung teilhaben will, andererseits aber nicht bereit ist, die Filetstücke des Landes irgendwelchen über die Berge gekommenen Investmentheinis zu überlassen.

Die Bewohner dieser Küste geben sich gerne etwas trotzig. Wären Protest und Bürgerinitiativen gegen Großprojekte Teil der politischen Kultur, hier gäbe es sicher die meisten von ihnen. Die Stämme in diesem Landesteil sind mit den Herrscherhäusern von Dubai und Abu Dhabi nicht eng verwandt, daher ist die Verbundenheit gering, und die Exklaven von Sharjah und Ras Al-Khaimah haben ihre eigenen Unter-Scheichs. Kalba war einmal ein eigenes Emirat und will sich von der anderen Seite der Berge wenig sagen lassen. Dass die Regierung in Sharjah für die Hauptstadt nur einen der schicken neuen 75-Meter-Flaggenmasten bestellt hat, für Kalba und Khor Fakkan aber gleich zwei, ist mehr als nur eine Großzügigkeit. Die Exklaven sollen schon wissen, wo sie hingehören.

Die neue Filiale der emiratischen Mall-Kette »City Centre« in Fujairah fanden die Bürger aber dann doch gut, genau wie die staatlichen Entwicklungspläne der »Fujairah Mall«, die Hypermarket und Kinocenter in die Stadt bringen. Dass das Herrscherhaus Al-Sharqi gerade umweltfreundliche Hightechhäuser baut, um sie nach Fertigstellung ausgewählten Bürgern Fujairahs zu schenken, wird ebenfalls akzeptiert. Als neues Wahrzeichen der Stadt ist eine Prachtmoschee geplant, bezahlt hauptsächlich von Abu Dhabi. Ein anderes architektonisches Prestigeprojekt wäre von den Bürgern wohl als »zu dubaierisch« abgelehnt worden.

In Fujairah will man nicht prahlen, sondern in Ruhe sein Stückchen vom gemeinsamen Wohlstandskuchen verzehren. Mit Ursprünglichkeit hat dies nichts zu tun. Die neuen Wohnsiedlungen in Fujairah und den anderen kleinen Emiraten sind ebenso wenig ursprünglich wie die in Dubai. Die Altstädte dieser kleinen Emirate stammen ebenfalls aus den ersten Tagen der Zuwanderung und werden den Zuwanderern jetzt überlassen, da man anderswo schöner und neuer baut. Auf den Märkten gibt es weder Wunderlampen noch fliegende Teppiche zu kaufen. Ist etwa das traditionelle Leben bereits zerstört? Nein. Auch hier hat es das so nie gegeben, wie man es sich in den Träumen vom Orient vorstellt. Die kleinen Emirate sind keine Märchenländer. Sie zu besuchen hilft jedoch zu verstehen, was für ein Wunder Dubai tatsächlich ist.

Arabeske: Im Palast der Königin von Saba

Es war einmal eine wunderschöne Königin. Alle Könige der Welt verzehrten sich nach ihr. Sie war nicht nur schön, sie war auch reich, mächtig und klug und lebte im schönsten Palast der Welt. Ihr Name war Bilkis – die Königin von Saba. Wie mag ihr Palast wohl ausgesehen haben? Gebaut aus schneeweißem Marmor, ausgestattet mit Möbeln aus Ebenholz, blutroten Diwanen und mit goldenen Ornamenten an den Wänden? Niemand weiß es. Wo er stand, weiß in den Emiraten aber jedes Kind. In Shamal natürlich. Im Emirat Ras Al-Khaimah!

Das Navi kennt noch nicht einmal den Namen Shamal, geschweige denn die Adresse des königlichen Palasts. Mit dem Namen des nächstgelegenen Ortes Ras gefüttert, führt es selbstbewusst in eine Villengegend in der steinigen Küstenebene. Netter Versuch. Das eine oder andere Prinzesschen wird hier schon wohnen, hinter den hohen Mauern, den verschnörkelten Portalen, in den kleinen Türmchen mit ihren verspiegelten Fenstern.

Nach Shamal führen nur die zerknüllte alte Straßenkarte und eine Wegbeschreibung aus einem Reiseführer. Und das, obwohl mancher Patriot den Palast der Königin für die wichtigste archäologische Stätte des Landes hält, weil seine Legende so weit zurückreicht.

Die geschriebene Geschichte der Emirate beginnt demnach mit einem Märchen, das älter ist als »1001 Nacht«, viel älter. Einem Märchen, das in jenem Teil der Antike beginnt, über den wir kaum mehr wissen als wundersame Geschichten. Es ist das Märchen der Königin von Saba, jener sagenhaften, unermesslich reichen Herrscherin, die vor geschätzten 12 000 Jahren König Salomo den Kopf verdrehte. Die Bibel erzählt davon, der Koran, die äthiopische Sagenwelt – und die Leute im Emirat Ras Al-Khaimah.

Selbst dort gewesen, am Ort des Palasts, sind vermutlich die wenigsten, denn wenn man nicht wüsste, dass er da ist, man würde glatt daran vorbeifahren. Ein kleiner Felsenberg neben der Straße, eine Mauer mit zwei Durchlässen, ein steiler, steiniger Anstieg. Ziegen liegen im Schatten der Mimosenbäume und wundern sich über die Besucher. Von Palast keine Spur. Nur Steine, ein paar Mauerreste, verwehte Ausgrabungen. Hier soll die größte Königin ihrer Zeit gewohnt haben? Unmöglich ist das nicht. Bilkis, wie sie in Arabien heißt, war schon in der Antike so etwas wie eine Fata Morgana, war in Jemen, Äthiopien, am Golf und in der Levante ein Traumbild, ein Frauenarchetyp, den viele Gegenden des Nahen und Mittleren Ostens faszinierend finden. Genau wie die Königin Zenobia, Herrscherin von Palmyra im 3. Jahrhundert nach Christus. »Palast der Zenobia« nennen die einheimischen Emiratis deshalb die Ruinen auf dem Hügel. Das ist genauso wahr, genauso falsch, genauso sagenhaft.

In anderen Ländern hätte man an der Stelle einen Besucherparkplatz, ein Besucherzentrum, einen Souvenirladen und eine multimediale Saba-Experience gebaut. In Shamal aber blicken die Erwachsenen finster, wenn schon wieder Autofahrer mit zerknüllten Karten und verzweifelten Gesichtern durchs Dorf tuckern. Halbstarke Bratzen machen sich gelegentlich einen Jux daraus, von vorbeifahrenden Mofas aus Schmieröl auf die Scheiben der fremden Autos zu sprühen. Durch ein Loch in der Mauer können Besucher in das Gelände einsteigen. Ziegen grasen hier an den trockenen Büscheln zwischen den Steinen. Ein wenig Müll liegt herum. Es führt kein Weg hinauf, und oben ist für das Auge des Nicht-Archäologen nicht mehr als ein Haufen Steine erkennbar. Wer hat hier gelebt? Kann das je ein Palast gewesen sein? Die Aussicht auf die Ebene ist charmant. Der Hügel mit der Ruine behält seine Geheimnisse für sich.

Die wahre Geschichte des Ortes hat wohl weder mit Bilkis noch mit Zenobia zu tun, sondern allenfalls mit Macht. Vermutlich war das Gebäude auf dem Hügel kein Palast, sondern eine Festung der portugiesischen Eroberer, glaubt der emiratische Archäologe Dr. Hamad bin Seray. Der Ort wäre also ein Zeichen für den Untergang des alten Julfar – natürlich hat man da lieber die Märchenkönigin auf dem Hügel als die Machtpolitiker vor der Haustür und lebt damit glücklich bis an sein Lebensende.

Brüder, Freunde, Konkurrenten – Die Nachbarländer der Emirate

Mit den Vereinigten Arabischen Emiraten und ihren Nachbarländern ist es genauso wie mit den Emiraten untereinander: Es gibt die, denen man nähersteht, und die, die man noch nie mochte. Aber wenn es drauf ankommt, halten alle wie in einer Familie zusammen. Und dann gibt es da noch den reichen Onkel, den wirklich keiner mag, der aber immer das Festessen beim Familientreffen bezahlt – ohne den es also nicht geht. Wie in jeder Familie kommt es zu Streit und Konkurrenz, Neid und Profilierungsversuchen.

Dieser reiche Onkel auf der Arabischen Halbinsel ist das Königreich Saudi-Arabien. Es ist nicht nur das bevölkerungsreichste und flächenmäßig mit Abstand größte Land der Halbinsel, sondern auch der machtpolitische Hegemon und die dominierende Wirtschaftsmacht. Der große Onkel Saudi-Arabien und das Sultanat Oman besitzen als einzige Länder eine gemeinsame Landgrenze mit den Vereinigten Arabischen Emiraten. Wegen kultureller und regionaler Nähe können allerdings auch die anderen kleinen Golfstaaten als Nachbarländer zählen – Katar, Bahrain und Kuwait. Und der Iran, der auf der anderen Seite des Golfs genauso nah ist wie Katar, kulturell und politisch aber tatsächlich an einem anderen Ufer liegt.

Doch der Iran ist nicht Ziel des familiären Spotts und der kollektiv kultivierten Abneigung – es ist Saudi-Arabien. Saudis können tun, was sie wollen (und das tun sie ohnehin meistens), es missfällt den Emiratis. Das geht schon los, wenn die Saudis am Westzipfel des Landes über die Grenze kommen und sich in die Autobahn E11, die Emirates Road, einfädeln. 900 weitgehend schnurgerade Kilometer sind es zwischen den Städten Riad und Abu Dhabi. Wer hier mit dem Auto fährt und sich dabei an die Geschwindigkeitsbegrenzung von 130 Stundenkilometern hält, braucht dafür einen ganzen Tag. Das ist langweilig und unnötig, weshalb sich niemand an die Begrenzung hält. Am wenigsten die Saudis, finden die Emiratis. Saudis sind die schlimmsten Drängler, die schnellsten und rücksichtslosesten Fahrer überhaupt. Brettern die E11 entlang, blenden auf und bremsen nicht mal vor den weithin sichtbaren Blitzkästen.

Saudis tun alles, was Emiratis *niiieeee* tun würden, und schämen sich nicht einmal dafür: Sie drängeln sich an der Theke im Starbucks vor, klauen Wartenden die Taxis, lassen Nicht-Saudis grundsätzlich Türen auf die Nase fallen, plärren in Restaurants und Bars herum, betrinken sich sinnlos und bis zur Besinnungslosigkeit, quatschen Frauen an, kaufen unsinnigen, teuren Tinnef, sind zu dick, gehen zu viert nebeneinander durch die Malls, setzen sich nicht ordentlich hin, zeigen dabei unflätig ihre Fußsohlen ... Sie sind einfach ein grauenhaftes Volk, das überheblich auftritt, bewusst keine Manieren zeigt und Emiratis für unkultiviert hält, dabei aber einfach kein Verständnis für Umgangsformen hat. Die Saudis sind den Emiratis also das, was die Deutschen den Österreichern sind, nur mit dem Unterschied, dass man die Saudis sofort erkennt. Die saudischen Männer tragen anstatt eines weißen Tuchs ein rot-weiß gemustertes Tuch auf dem Kopf und haben derzeit bevorzugt einen Schnauzbart oder eine Kombi aus Schnauzer und Kinnbart wie ihr König. Am Dialekt erkennt man Saudis natürlich auch, das heißt, nur dann, wenn man nicht schon Reißaus genommen hat, als sie in Sichtweite kamen.

Saudis sind unbeliebt, und Hotels und Bars, in denen Saudis sich bevorzugt aufhalten, wie etwa das alte Fairmont, werden von Emiratis lieber gemieden. Doch anders als bei echter Fremdenfeindlichkeit kennt jeder Emirati mindestens einen Saudi, den er wirklich mag. Das Verbindende fällt dann deutlich mehr ins Gewicht als das Trennende, wenn auch das Trennende im Fall der Saudis schwerer wiegt als bei den kleinen Golfstaaten.

Saudi-Arabien lebt die wahabitische, besonders konservative Auslegung des Islam als Staatsreligion, was daher kommt, dass die Wahabiten das Königshaus einst an die Macht brachten und islamistischer Terror 1979 dazu führte, die beginnende Liberalisierung zu stoppen und die konservative Linie mit Härte zu halten. Besonders die saudischen Frauen bekommen dies zu spüren, indem sie staatlich, gesellschaftlich und religiös bevormundet werden, unter Schleierzwang stehen und trotz guter Qualifikation oft keine Arbeitsplätze finden, da sie nicht zusammen mit Männern arbeiten dürfen. Für sie ist ein Ausflug nach Dubai, ob mit Auto oder Flugzeug, ein Ausflug in die Freiheit, denn in Saudi-Arabien können Frauen nicht einfach so in ein Café gehen und sich unterhalten – sie müssen im Frauenbereich sitzen, und wenn es keinen gibt, haben sie ohne die Begleitung eines männlichen Vormunds keinen Zutritt. Die Restaurants, Cafés, Bars, die Kinos (in Saudi-Arabien verboten), die Parks, all diese Errungenschaften des liberalen Dubai sind ein echtes Vergnügen für saudische Gäste, auch für die vielen liberalen Männer, die sich mit ihren Frauen oder der Familie in der Öffentlichkeit ungezwungen bewegen möchten. Oder für junge saudische Männer, die mal so richtig einen draufmachen wollen, also zwei Bier trinken und fremden Frauen hinterhergucken.

Natürlich sind sie willkommen, auch wenn hinter vorgehaltener Hand stets die Worte »Saudis« und »Großkotze« gemurmelt und dabei mit den Augen gerollt wird.

Dasselbe tun übrigens Kataris, Kuwaitis und Bahrainis, wenn sie Saudis sehen. Emiratis gelten in diesen kleinen Golfstaaten als verschwendungssüchtige Prahlhänse. Kein Wunder bei den ganzen Prestigeprojekten. Kuwaitis, Kataris und Bahrainis haben dagegen nirgendwo einen besonders schlechten Ruf, außer dass sie als ein wenig provinziell gelten und man latent Mitleid mit ihnen hat, weil sie aus Dubaier Perspektive in stinklangweiligen Städten leben; und auch aus modischer Sicht gelten sie als etwas rückständig.

Die drei kleinen Golfstaaten sind ebenso wie die Emirate durch Öl und Gas reich geworden, haben mit dem Reichtum aber anders gehaushaltet. Katar setzt auf Nachhaltigkeit, Kultur, Qualität – oder das, was es dafür hält – und internationale Events wie die Fußball-WM (nachdem eine Olympiabewerbung gescheitert ist). Gepflegte Langeweile nennen die Emiratis dies. Bahrain hat seine fossilen Schätze schon nahezu aufgebraucht und ist im Niedergang begriffen, auch wegen des seit des »Arabischen Frühlings« offen stattfindenden religiös-sozialen Konflikts, in dem sich das sunnitische Herrscherhaus an die Macht über eine schiitische und dennoch unterprivilegierte Mehrheit klammert. Ohne saudische Sauf- und Shoppingtouristen, die jedes Wochenende in Horden das kleine Inselkönigreich stürmen, sähe es dort dunkel aus. Kuwait segelt dagegen gemütlich in die Zukunft, wobei es sich immer noch die Wunden des Golfkriegs leckt. Für Bewohner aller kleinen Golfstaaten ist ein Trip nach Dubai eine willkommene Abwechslung. Wäre Saudi-Arabien also Deutschland und die Emirate Österreich, die kleinen Golfstaaten wären das Burgenland. Schon nett, aber auch echt entlegen und irgendwie öde.

Trotz aller liebevoll gepflegten Vorurteile sind die Staaten der Arabischen Halbinsel politisch und wirtschaftlich eng vernetzt. Der 1981 gegründete Golfkooperationsrat GCC arbeitet an einer Währungsunion, die 2010 hätte umgesetzt werden sollen, tatsächlich allerdings im Zuge der Finanz- und Eurokrise ausgesetzt wurde. Die Emirate sind inzwischen aus dem Projekt ausgestiegen – offiziell mit der Begründung, dass sie es inakzeptabel finden, dass die neue arabische Zentralbank ihren Sitz in der saudischen Hauptstadt Riad haben soll. Man wollte die Bank nach Abu Dhabi holen, dem selbst erklärten Finanzzentrum der Region, und damit zudem ein erstes GCC-Organ in den Emiraten ansiedeln. Verwunderung löste dies nicht aus, denn den Saudis nichts zu gönnen, schon gar nicht das eigene Geld, ist Teil wohlkultivierter Animositäten. Daher erschien es als die natürlichste Sache überhaupt, wegen dieses saudischen Ansinnens aus der Gemeinschaftswährung auszusteigen. Das wäre in etwa so, als würde Angela Merkel aus Koalitionsverhandlungen aussteigen, weil sie den Tagungsraum nicht schön findet.

Der wahre Grund des Ausstiegs dürfte tiefer liegen, aber da die Regierungen in diesem Teil der Welt keine Transparenz zeigen müssen und dies auch nur tun, wenn sie möchten, ist die Ursache nicht ganz auszumachen. Als Erklärung reicht sinngemäß völlig: »Wir machen das nicht, weil die Saudis doof sind und alles an sich reißen.«

Der Oman hat in dem ganzen Gezerre eine Randposition, nicht nur wegen seiner geografischen Randlage im Süden der Arabischen Halbinsel. Mit Öl und Gas mäßig gesegnet, nahm der Oman einen langsamen Aufschwung und hat sich eine gewisse Gemütlichkeit bewahrt. Der exzentrische, scheue und menschenfreundliche Sultan Quabuus ibn Said regiert mit ruhiger, harter Hand und Sinn für Nachhaltigkeit. Der Wohlstand ist im Vergleich zu den anderen Staaten der Region (mit Ausnahme des Jemen) ein bescheidener, und zu den größten Prestigeprojekten zählten eine Prachtmoschee und ein Opernhaus. Omanis, die Superlative sehen wollen, müssen in die Emirate fahren.

Wie Saudis sind omanische Männer leicht zu erkennen, denn sie sind die einzigen Bewohner der Region, die anstatt eines Tuchs eine bestickte Kappe oder einen bunten Turban auf dem Kopf tragen. »Omanis sind schwarz«, flüstern Emiratis hinter vorgehaltener Hand, und meinen damit nicht nur die tendenziell dunklere Hautfarbe der Omanis, sondern auch die teilweise afrikanisch beeinflusste Kultur. Sansibar, die Gewürzinsel vor der Küste Tansanias, gehörte einst zum omanischen Herrschaftsgebiet. Omanis wären, bleibt man beim Ländervergleich, die Ostfriesen der Region: etwas wunderlich und anders, urtümlich und gemütlich, naturverbunden und vielleicht ein bisschen naiv. Doch wenn Emiratis Omanis belächeln, und sei es nur wegen der Kappen, dann liebevoll, denn der Oman ist ein Land voller Sagen, Wunder und Traditionen, die den Emiratis fehlen. Sindbad der Seefahrer soll aus dem Oman gekommen sein, genauer aus der Hafenstadt Sohar, nicht weit vom emiratischen Fischerort Kalba entfernt. Der beliebte weiße Weihrauch und der hochwertige Berghonig kommen von dort, und kaum irgendwo auf der Arabischen Halbinsel leben noch so viele Beduinen. Allein dafür lieben die Emiratis die Omanis.

Was all die Länder auf der Arabischen Halbinsel wie eine große Familie eint, ist nicht nur die geografische Lage, sondern die gemeinsame Kultur. Früher Nomaden, Sklaven- und Perlenhändler, heute Ölscheichs und Unternehmer, alle Staaten unter absolutistischer Herrschaft und in muslimischer Gesellschaftsordnung, Erben der Wüstensöhne – sie alle fühlen sich als Araber, wobei Araber hier im engeren Sinn »Bewohner der Arabischen Halbinsel« meint. Nordafrikaner und Bewohner der Levante sind aus der Perspektive dieser Araber nur sekundär arabisch, durch Sprache und Religion, nicht jedoch durch ihre Herkunft. Dies ist allerdings im Vorurteilskanon immer noch besser, als persisch zu sein. Perser sind die Leute von der anderen Seite des Golfs, die Bewohner des heutigen Iran. Von ihnen grenzt man sich ganz vehement ab, denn die Iraner haben einen anderen kulturellen Hintergrund, eine andere Geschichte und eine andere Sprache als die Araber, und darauf pochen sowohl Araber als auch Iraner selbst. Einen Iraner als Araber zu bezeichnen und umgekehrt ist eine herbe Beleidigung, bei der jeglicher Spaß aufhört. Iraner sind nicht Teil der arabischen Großfamilie.

In Dubai und den Emiraten sind sie es dann aber doch. Das älteste Viertel Dubais, Bastakiya, wurde von iranischen Kaufleuten errichtet und wird von Emiratis heute als eigenes Erbe bewahrt. Die Windtürme dürfen als typisch arabische Architektur in keinem Heimatmuseum und an keinem neoarabischen Eventgebäude fehlen. Iranische Einwanderer und Händler haben die Golfkultur auf der arabischen Seite sichtbar mitgeformt, ohne dass man davon viel Aufhebens machen oder die iranischen Einflüsse als fremd bezeichnen würde. Und was wäre der moderne Iran heute ohne die Emirate? Ohne großes Tamtam fahren jeden Tag Schiffe von den Emiraten in den Iran, beladen mit all jenen Gütern, die die UN-Sanktionen verbieten und die die Iraner trotzdem haben möchten: Kühlschränke und Autoreifen, Computer und Drucker, Saft im Tetrapack und Handys. Zurück kommen die Schiffe nicht leer, sondern mit Obst, Gemüse, Reis und Mehl. Der große kleine Grenzverkehr funktioniert hervorragend, und sogar auf den Namen des Meeres, das die Arabische Halbinsel und den Iran trennt, hat man sich inzwischen stillschweigend und inoffiziell gütlich geeinigt: Es ist der Golf. Weder der Arabische noch der Persische. Einfach der Golf. Weil man ja irgendwie doch zusammengehört.

Arabeske: Liwa und die Erinnerung an den vergangenen Tag

Der Sonnenaufgang in der Wüste trägt immer die Erinnerung an den vorherigen Tag in sich. War er sehr stürmisch, ist der Sand am nächsten Morgen anders als am Vortag. Gegen sechs Uhr geht die Sonne auf. Kühle streicht über die Dünen. Je mehr Wind über das Land gefegt ist, desto mehr weiche Stellen gibt es im Sand. Sie sind glatt, während die festen Stellen geriffelt sind. Wenn sich auf einer ansonsten gelben Düne besonders viel roter Sand angesammelt hat, ist die Düne an dieser Stelle besonders weich. Mit dem Jeep hier hindurchzufahren wäre keine gute Idee. Auch nicht mit einem Kamel hindurchzureiten, natürlich. Und wenn die Nacht stürmisch war, ist der Sonnenaufgang sanft und grau, als würde ein elektrischer Dimmer langsam nach oben gedreht, denn der Staub dämpft die Kraft der Sonne. An klaren Tagen zerreißt die

Sonne die Morgendämmerung mit einem dramatischen Gleißen am messerscharfen Horizont. Wenn weit im Osten Staub in der Luft liegt, sind die ersten Strahlen rot, ansonsten sind sie golden und schießen parallel zu den Dünenkämmen in den neuen Tag.

Die Dünen und ihre Täler verlaufen immer in Ost-West-Richtung, da in den Emiraten der Wind von Norden kommt und den Sand in seiner Richtung anhäuft. Die Nordseite der Dünen ist immer die härtere, die Südseite ist weicher und bildet an ihrem Fuß eine Kuhle, die besonders weiß ist. Die Beduinen wissen das alles, ebenso die Bauern in Liwa, jener tief in der Wüste liegenden Oase, aus der einst die Stämme auszogen, um Dubai und Abu Dhabi zu gründen. Den Sand zu lesen – diese Kunst haben die meisten Stadtbewohner inzwischen verlernt. Die Rub Al-Khali, das »Leere Viertel«, ist fern für sie, obwohl nur ein paar Stunden Autofahrt entfernt. Liwa klingt auch für die Städter nach der Verheißung einer fernen Vergangenheit. Mancher, der mit dem eigenen Erbe in Kontakt bleiben will, bucht ein Wochenende in einem der Luxushotels in der Wüste, dem Qasr Al-Sarab etwa, ein Stück weit von Liwa entfernt in den großen Sandkasten gezaubert, ein modernes Luxusresort im Stil einer historischen Burganlage.

Die Bauern aus Liwa liefern Obst und Gemüse dorthin, auch die Kamele für die Besucher zum Reiten und Streicheln sowie die Falken kommen von den Farmen aus der Gegend. Wenn der Sandboden bewässert wird, wächst so einiges darauf. Gerade der rote Sand ist fruchtbar, wissen die Bauern – er enthält Eisenoxid und andere Mineralien. Dass es daran liegt, mussten Forscher erst belegen, die Leute in Liwa wissen das seit Jahrtausenden. Auch, dass in den Ebenen zwischen den Dünenkämmen Salz liegt. Die Ebenen sind weiß und grau, darauf wachsen grüne Büsche und ein wenig Gras. Die Natur nutzt jeden Winkel der Welt. Spinnen graben kleine Löcher in die Dünen und verkriechen sich vor der

Hitze. Mäuse leben hier, kleine Reptilien, Schlangen und die gefürchtete Kamelspinne. Von dieser erzählen die Leute in Liwa gerne, um die Besucher zu erschrecken. Sie sagen dann, dass die Spinne so groß sei wie ein Pizzateller und 25 Stundenkilometer schnell rennen könne, also schneller als jeder Mensch. In die Oase verlaufen sich diese Riesenspinnen aber selten. Sie sind Geschöpfe der Wüste, nicht des modernen Lebens, das hier Einzug gehalten hat.

Der Staat fördert die Oasenkultur in Liwa. So hat er dort eine Modellfarm angelegt, um das traditionelle Leben zukunftsfähig zu machen. Sogar Fischzucht gibt es mitten in jener Wüste, die bis ins 20. Jahrhundert für die Europäer ein weißer Fleck auf der Landkarte war. Der Brite Wilfred Thesiger wagte als erster Europäer, sie mit einer Gruppe Beduinen zu durchqueren. Die Zeit der Karawanen ist vorbei, Liwa und das »Leere Viertel« sind und bleiben Sehnsuchtsorte. Die Herrscherfamilie von Abu Dhabi hat im Wüstenpalast Qasr Al-Sarab eine eigene Villa mit privatem Hubschrauberlandeplatz, für den Fall, dass sie einmal in die eigene Vergangenheit eintauchen und etwas Wüstenluft schnuppern möchte. Auch einen Teil ihrer familieneigenen volkskundlichen Sammlung haben die Scheichs hierher verlegt, um ihre Wüstenerfahrung stilgerecht genießen zu können.

Abends klettern zwar nicht die Scheichs, aber dafür Familien aus aller Welt, aber auch aus Abu Dhabi, Dubai, Katar und Saudi-Arabien mit großem Hallo auf die neben dem Hotel gelegene Düne, um den Sonnenuntergang zu bestaunen. Dabei wundern sie sich, dass es eine Dreiviertelstunde dauert, den Sandberg zu besteigen, der doch so nah aussieht. Die Leute in der Liwa-Oase wissen dies. Sie wissen auch, an welchen Abenden es sich lohnt, auf die Dünen zu klettern. Mancher Staub in der Luft macht den Sonnenuntergang langweilig. Anderer Staub macht ihn glühend rot. Je nachdem, wie der Tag war. Der Abend in der Wüste ist immer eine Erinnerung an den vorangegangenen Tag.

Die Macht der Wüste: Unter dem Pflaster – der Sand

So verschieden die sieben Emirate sind und so sehr sie darauf achten, sich voneinander abzugrenzen und eigene Profile zu schärfen – was sie verbindet ist das, wo augenscheinlich nichts ist: die Wüste. Sie ist in den Emiraten überall dort, wo es kein Meer und keine Brunnen gibt, also nahezu überall. Europäern entlockt dies gerne die Plattitüde, Dubai sei »auf Sand gebaut«, für Emiratis ist die Wüste dagegen etwas Archaisches, Magisches, Erhabenes und Ewiges. Die Moderne mit ihren Errungenschaften ist, gemessen an der Wüste, nur eine Erscheinung, etwas Brüchiges, das der Macht der Wüste nur ein paar Augenblicke lang etwas entgegensetzen kann. Aus jeder nicht versiegelten Ritze im Gehsteig kommt Sand hervor, jedes freie Grundstück ist ein Rechteck Wüste, auf dem sich zwar parken lässt, aber nur unter Aufwirbelung größerer Staubmengen. Jedes Pflänzchen, das nicht bewässert wird, zerfällt zu Sand und Staub, und der Wind trägt regelmäßig noch mehr Sand aus dem Landesinneren heran, der dann sogar an den Fenstern der höchsten Hochhäuser haftet und kleine Zeichnungen hinterlässt – Staubblumen statt Eisblumen. Nach solchen Sandstürmen holen die Dubaier Apotheker körbeweise Augentropfen und -salben hervor und stellen sie griffbereit auf die Ladentische.

Die Wüste ist und bleibt in den Emiraten allgegenwärtig. Sie gilt in den Städten als die Natur, die man zähmen muss, und liefert im wahrsten Sinne den Sand im Getriebe des Fortschritts. Jede Baufirma kennt ihn, die Reinigungsbranche verachtet und liebt ihn zugleich. Das Wüstenklima bestimmt den Alltag, auch den des Büromenschen. Es gibt kein Entkommen vor der Wüste, nicht einmal beim Radiohören, denn jeder Wetterbericht erinnert die Hörer daran, wo sie sind, auch im Winter: Das Wort für Temperatur ist in Emiratischen Wetterberichten *harara*, das bedeutet streng genommen Hitze und Fieber. Das neutrale Wort wäre *daraadscha*, aber die Temperatur in den Emiraten ist eigentlich nie neutral.

Das Klima bestimmt die Wüste, und die Wüste bestimmt das Klima in der Stadt. Die Pfadfinderweisheit, dass die Hitze in der Wüste trocken und daher angenehm ist, stellt sich schon als Blödsinn heraus, wenn man an einem heißen Dubaier Tag aus dem Flugzeug steigt. Man hat das Gefühl, als würde einem jemand ein nasses Saunalaken, das noch die Temperatur der Sauna in sich trägt, ins Gesicht schlagen. Die Luftfeuchtigkeit in den Küstenstädten kann bis zu 80 Prozent betragen. Nur im Landesinneren, mitten in der Wüste, glüht die berühmte trockene Hitze. Es gibt überhaupt nur zwei Jahreszeiten in Dubai: *Hot Season* und *Cold Season*, heiß und kalt. In der kalten Saison bleibt das Thermometer unter 30 Grad. Das sind die angenehmen Monate, zwischen Mitte Oktober und Mitte Mai. Ein wirklich unerträglich eiskalter Tag in Dubai hat zwölf Grad und einen frischen Wind, es ist also ein Tag, an dem man tatsächlich eine Jacke und geschlossene Schuhe braucht. Emiratis tragen dann Strumpfhosen, Steppjacken und sauertöpfische Mienen. Tage, an denen man nicht in *Dishdasha* und Sandalen aus dem Haus kann, sind keine guten Tage. Kühle Tage dagegen, um die 30 Grad, sind die besten Tage des Jahres. Die Stadt summt und brummt, die Strandbars und die Terrassen der Lokale sind voll.

In der Übergangszeit von der kalten zur heißen Saison kommen die meisten Kamelfohlen zur Welt. Der Wetterwechsel bringt wie überall auf der Welt auch Stürme. In diesem Fall sind es Sandstürme, Boten aus der Wüste, die verraten, dass jetzt bald Schluss ist mit den lustigen Tagen des Draußensitzens. Die heiße Saison ist temperaturmäßig nach oben offen und kann auch 50 Grad erreichen. Von einem heißen Tag spricht man in Dubai, wenn es mehr als 43 Grad und 80 Prozent Luftfeuchtigkeit hat. Ab 45 Grad setzen auch die Emiratis wieder sauertöpfische Mienen auf und stöhnen: *Kathir har!* (Viel heiß!), ein typisch dubaierischer Ausdruck.

In der heißen Saison verändern sich viele Details im täglichen Leben. An den öffentlichen Stränden werden die Duschen abgestellt, da das Wasser in den Leitungen so heiß wird, dass sich die Badegäste damit verbrühen könnten. Einige Outdoorbars und Klubs machen Sommerpause oder schließen zumindest ihre Terrassen. Alle Vögel haben tagsüber den Schnabel weit aufgesperrt und hecheln wie Hunde. Daher zeichnen Kinder, die in dieser Gegend aufwachsen, Vögel häufig mit offenem Schnabel. In den Parks verdorren jetzt die empfindlicheren Blütenpflanzen – in der nächsten Cold Season werden die Gärtner neue Pflanzen einsetzen. Die Mittagspausen für die Bauarbeiter werden verlängert. Nicht einmal ihnen mag man nun noch zumuten, den ganzen Tag in der Sonne zu schuften. Das will etwas heißen.

Auch das Autofahren wird zur Herausforderung. Wer draußen parkt, braucht dringend Schattenspender, die von innen an die Windschutzscheibe geheftet werden. Sonst heizen sich Steuerrad und Armaturenbrett so sehr auf, dass man sie nicht mehr anfassen kann. Im Mietwagen tut es auch eine große Papiertüte, die man über das Steuerrad stülpt. Das Navigationsgerät nimmt man mit, statt es im Auto zu lassen. Nicht etwa, weil es gestohlen werden könnte, sondern weil die Lithium-Akkus die Hitze nicht aushalten. Bevor man einsteigt und losfährt, lässt man das Auto vorkühlen – bei laufendem Motor wird die Klimaanlage auf volle Leistung gestellt. Für die besonders temperaturempfindlichen Fahrer gibt es Sitze mit Kühlung. Ringt sich ein Autohersteller durch, diese in einer regionalen Serie standardmäßig einzubauen, wird dies in der Fernsehwerbung groß durchs Land trompetet.

Die Emiratis lieben ihre Wüste, aber sie hassen auch die Hitze. Daher sind sie in den besonders heißen Wochen, wenn das Leben zum Erliegen kommt, gerne woanders. Wer im Land bleiben will, flüchtet in die Oasenstadt Al-Ain, wo es tatsächlich etwas kühler und vor allem weniger schwül ist. Kairo war bis vor dem Arabischen Frühling eine beliebte

Sommerfrische innerhalb der arabischen Welt, nun ist es Beirut, trotz aller Spannungen. Wer kann, verbringt den Sommer auch in der Schweiz, in München oder London – oder in Oregon.

Sommerhitze in den Emiraten heißt, dass der Wind keine Erfrischung bringt, sondern einem noch heißere Luft ins Gesicht bläst. Auch das Meer bringt keine Kühlung, denn es erwärmt sich auf 27 Grad, ein Bad ist also nicht wirklich angenehm. Die Außenpools der Hotels werden künstlich gekühlt, damit sie sich nicht auf 40 Grad aufheizen und Keimbrutstätten werden. Die Brise vom Meer, in anderen Regionen der Welt als frisch geschätzt, ist die schlimmste, denn sie bringt Dampf in die Stadt, der die Luftfeuchtigkeit auf ein Level steigen lässt, das man nur in Bangkok vermutet hätte. Verlässt man an einem solchen Dampftag das Haus oder das Auto, bekommt man nicht nur das nasse Saunahandtuch ins Gesicht geschlagen, die Brille oder Sonnenbrille läuft ebenfalls an. So, als ob man im deutschen Winter von draußen in eine Gaststätte kommt. Wie in Europa im Winter geheizt wird, wird in den Emiraten im Sommer gekühlt, daher ist es eigentlich logisch, dass bei Temperaturunterschieden von 25 Grad zwischen draußen und drinnen die Hot Season die Haupterkältungszeit ist, nur dass man sich nicht draußen, sondern drinnen erkältet. Sobald die Hot Season beginnt, laufen im Fernsehen Werbespots für Lutschtabletten gegen Halsschmerzen.

Ja, die Wüste mit ihrem Sand und ihrer Hitze ist lästig. Aber die Wüste ist auch das einende Erbe der Emirate, der gemeinsame Ursprung, die stete Erinnerung an das gemeinsame Erbe. Mag man auch in klimatisierten Häusern vor dem Fernseher sitzen, Cola mit Eiswürfeln trinken und dabei über die Hitze stöhnen, niemals wird ein Emirati ein böses Wort über die Wüste verlieren. Sie ist geliebtes Land, Sehnsuchtsort und auch Fluchtort, um der Moderne und dem Alltag zu entkommen. Die vielen Geländewagen in den Städten sind nicht nur Statussymbol und Bekenntnis zur Wüste, sondern werden tatsächlich oft genug genutzt, um auf abgelegenen Pisten oder in den Dünen die heimische Natur zu erfahren. Die Wüste ist auch ein großer Sandkasten, in dem sich Spaß haben lässt und in dem es echte Freiheit gibt. Junge Paare, die unbeobachtet knutschen wollen, fahren in die Wüste. Junge Männer, die sich mit ihren Kumpels hemmungslos besaufen wollen, ebenfalls. Andere haben Spaß beim »Dune Bashing«: mit dem Geländewagen durch die Dünen fahren wie die rasenden Dschinns, bis entweder alle Wagen im Sand stecken bleiben oder allen übel ist von der Schaukelei. Alternativ fährt man um die Wette oder versucht, eine besonders steile Düne hinaufzukommen. Wer es am weitesten schafft, hat gewonnen. Campen, grillen oder einfach nur die Sterne bestaunen, ohne Zivilisation, ohne Lärm und vor allem ohne Expats um sich herum – in der Wüste ist Platz für alles und jeden.

Die Wüste ist den Emiratis, was den Oberbayern die Alpen und den Mecklenburgern die Ostsee sind: geliebte Heimat. Natürlich gibt es noch den Golf und seine Strände als alternatives Freizeitziel, aber Seefahrerromantik wie in den Küstenstädten des Oman und des Jemen pflegen die Emiratis nicht. Ihre Tradition ist die beduinische, daher die Liebe zur Wüste und die verklärten Blicke, wenn Emiratis über die Oasenstädte im Landesinneren erzählen, über Liwa, Al-Ain, Hatta oder noch kleinere Orte wie Masafi oder Al-Dhaid. »Ach, da gibt es noch das einfache Leben«, schwadroniert man dann gerne. Kein Stadtemirati würde freiwillig in den Oasengärten Datteln ernten oder Ziegen füttern, aber im Vorbeifahren, aus dem klimatisierten Jeep heraus, sind Palmengärten, Ziegenherden und Kamelfarmen geliebte Erinnerungen an die »gute alte Zeit«, die wie in jeder modernen Metropole auch in den Städten am Golf glorifiziert wird. Mit dem Unterschied, dass diese »gute alte Zeit« erst eine Generation her ist und eigentlich gar nicht so gut, sondern hart und entbehrungsreich war. Als gemeinsamer Gründungsmythos ist das Beduinenleben jedoch für die Emiratis alternativlos und wird daher umso mehr verklärt, umso ärmlicher es tatsächlich war. Das Klischee vom stolzen, naturverbundenen Beduinen, der im Zelt lebt und mit seinen Kamelen durch die Wüste zieht und diese bezwingt, weil er und sein Stamm sie kennen wie niemand sonst, es ist zum Urklischee der Emiratis geworden, zum imaginierten gemeinsamen Vorvater. Ritualisiert wird von allen Emiratis der Verlust seines »einfachen Lebens« betrauert, mit einem Burger in der Hand und Straußenledersandalen an den Füßen.

Es gibt sie übrigens noch, die emiratischen Beduinen. Sie ziehen zwar kaum noch mit Karawanen durch das große Sandmeer, aber sie pflegen weiterhin ihre Kamele. Nicht zu weit von den Straßen entfernt, natürlich, denn die Zelte und Ställe sollen ja per Geländewagen erreichbar sein. Das große Sandmeer ist sogar für die Beduinen eher ein Sehnsuchtsort anstatt ein Wohnort. Beduinisches Leben ist bewusst gelebte Tradition statt Notwendigkeit und daher auch eine Form des Luxus in den modernen Emiraten. Die modernen Beduinen haben zumeist feste Häuser, sie verdienen Geld als Kamelzüchter und Farmer oder erhalten es auch vom Staat. Sie meiden den Trubel und verscheuchen Touristen, die sich fotografierend ihren Zelten nähern – es sei denn, die Besucher kommen mit einem Tour Guide auf einer Safari, denn dann haben sie dafür bezahlt, die Kamele zu streicheln. Stopps bei Kamelen sind bei Safaris ein Muss und auch deshalb sehr beliebt, weil man nach dem wilden Dune Bashing eine Pause für sich und seinen Magen gebrauchen kann. Der Tour Guide, meistens ein Inder oder Pakistani, erzählt dann die Geschichte vom stolzen Beduinen und der wunderschönen Wüste, und wenn man Glück hat, grinsen die Beduinen breit, auch für ein Foto.

Arabeske: Tauzeit für ein Weltwunder

Die Omanis. Die sind begeistert. Die Männergruppe aus Muskat steht vor der großen Panoramascheibe des »Ski Dubai« und lässt sich fotografieren. Sie sind den langen Weg nach Dubai gefahren, um etwas zu erleben, und da gehört ein Besuch der großen Wunder Dubais dazu – auch der Skihalle. Die Emiratis gehen inzwischen einigermaßen achtlos an diesem weltberühmten Monument der modernen Technik vorbei. Man sieht der Attraktion die Jahre an: Die Rodelkanäle sind innen ein wenig schwarz geworden, die künstlichen Felsen etwas angeschrammt und die Eisskulpturen der ersten Jahre ganz verschwunden.

Als »Ski Dubai« neu war, ballten sich Menschentrauben vor der Glasscheibe. Draußen 50 Grad, innen Minustemperaturen – das wollte jeder sehen. Mutige trauten sich auch hinein, und so kamen viele Emiratis zum ersten Mal in Kontakt mit Schnee. Warme Kleidung war und ist im Eintrittspreis inbegriffen: Skianzüge oder Mäntel und Stiefel. Da sah man dann weiße Dishdashas unter dem Mantel herausgucken und die Herren ihre Tücher um den Hals wickeln, weil sie natürlich zu eitel waren, das weiße Tuch gegen eine Mütze zu tauschen. Man sah Frauen ihre schwarzen Umhänge über die Skianzüge schlingen und kreischend durch den Eiskanal rodeln. Indische Väter lernten, wie herum man einen Schlitten zieht, und philippinische Buben, wie Schnee schmeckt. Das Skifahren war Nebensache, denn außer europäischen Expats konnte ohnehin niemand Ski fahren, und lernen wollte es eigentlich auch keiner. Den Schnee sehen, das wollte man.

»Ski Dubai«, ein Teil der »Mall of the Emirates«, war nur das erste Kälteparadies in der Region. Es folgten Eislaufflächen in allerlei anderen Einkaufszentren. Eine Schneewelt in Abu Dhabi wurde angekündigt, aber nie fertiggestellt – denn man fand heraus, dass ein Schneeparadies pro Land genügt. Inzwischen ist rund um »Ski Dubai« schon mehrmals umgebaut worden. Dort, wo einst ein eher hochpreisiges Speiselokal war, hat die Cheesecake Factory eine Filiale eröffnet, und die Hauptattraktion des Cafés Costa direkt an der Scheibe im ersten Stock ist nicht mehr die Aussicht auf die Piste, sondern dass es dort ruhig ist und man eine Stunde lang gratis im Internet surfen kann. Außer an Wochenenden bekommt man eigentlich immer einen Platz direkt an der Panoramascheibe. Die Einzigen, die noch hinausblicken, sind zumeist ältere Pauschaltouristen aus den USA. Sie sehen vor allem Kinder, die auf Schulausflug sind, Geburtstag feiern oder aus sonst einem besonderen Grund einen Ausflug in die Schneewelt unternehmen. Und sie sehen, wie eh und je, einige Expats, die ein wenig Ski fahren.

»Ski Dubai« lässt sich einiges einfallen, um Gäste anzulocken. Lebendige Pinguine etwa, die zu festen Zeiten im Schnee spazieren gehen und sich gegen Aufpreis von den Kindern streicheln lassen. Gegen noch mehr Aufpreis auch nur von einem Kind. Die Omanis draußen vor der Scheibe finden es großartig. Dann gehen sie weiter. Das einstige Weltwunder ist eine Nebenattraktion geworden. Auch das ist Dubai. Nirgendwo sonst haben Superlative und Wunder eine so kurze Halbwertszeit.

Emiratis, Expats und Besucher – Die Menschen in den Emiraten

Arabeske: Your Speak de Arabic!

Der Vorhang öffnet sich über einem Kabinettstück des Dubaierischen.

Kulisse: Die Auffahrt vor dem Hotel Ramada Jumeirah, beliebt bei arabischen Geschäftsleuten und russischen Familien, an einem gleißenden Dubaier Vormittag.

Personen: Ein älterer saudischer Geschäftsmann, seine beiden jungen Kofferträger hinter ihm. Die kräftige philippinische Portierdame. Eine europäische Touristin mittleren Alters.

Saudischer Geschäftsmann (zur Portierdame, in stark gebrochenem Englisch): Ich will ein Taxi. Ich will zu diesem Business... da, Dingensda, Business... äh, na, das eben!
Portierdame (in gutem Englisch): Taxi können Sie schon haben, der Herr.
Saudischer Geschäftsmann: Ja. Ich will jetzt zu diesem Geschäfts... äh, Business... Dingenszentrum (fuchtelt bedeut-

sam mit einer Sammelmappe aus Plastik. Junge Kofferträger schauen stolz in die Luft).

Touristin (in feinem Arabisch): Mein Herr, vielleicht kann ich helfen? Wo möchten Sie denn genau hin?

Saudischer Geschäftsmann (in forderndem Arabisch): Zum Geschäftsviertel natürlich!

Touristin: Also, möchten Sie vielleicht zum Souq? Da müssten Sie mit dem Taxi nach Deira oder Bur Dubai fahren. Das Messezentrum heißt hier Trade Center, genau wie das Hochhaus daneben. Wenn Sie ins Industriegebiet wollen, das heißt Al-Quoz Industrial Area. Es gäbe auch noch das Financial Center, das DIFC, falls Sie das meinen.

Saudischer Geschäftsmann (in wütendem Arabisch): Nein! Ich will auf keinen Fall zu diesem Messezentrum! Das Finanzding, das will ich! Das heißt aber auf Arabisch doch dasselbe wie das Messezentrum! So was aber auch!

Touristin (zur Portierdame, in feinem Englisch): Die Herren möchten zum DIFC.

Portierdame: Yep! (winkt Taxi heran)

Touristin (in feinem Arabisch): In Dubai sind alle Sprachen schwierig.

Der Geschäftsmann steigt maulend, ohne Dank und Gruß, vorne in das Taxi ein. Seine Kofferträger krabbeln feixend auf die Rückbank. Die Portierdame tippt an die Mütze und das Taxi fährt an. Nach einigen Metern bremst es scharf. Der Geschäftsmann springt heraus und läuft zur Szene zurück.

Saudischer Geschäftsmann (drohend mit dem Finger auf Touristin zeigend, in gebrochenem Englisch): SIE …! SIE …! Sie sprechen das Arabisch!

Touristin (in höflichem Arabisch): Ja, ich erlerne die arabische Sprache.

Saudischer Geschäftsmann (in Englisch): Das … GUT!

Portierdame: Yep! (lacht)

Der Geschäftsmann steigt wieder ein. Die Kofferträger auf dem Rücksitz zeigen den Damen durch die Heckscheibe des Taxis die Daumen nach oben. Der Vorhang fällt.

Dubaierisch – Das Esperanto des Mittleren Ostens

»Du kommst vom TECOM, fährst direkt über die SZR, erreichst die JBR, und parkst ganz am Anfang.« Alles klar? Dubai spricht gerne in Abkürzungen. Wichtig. Geschäftig. Keine Zeit zu verlieren. Ganze Sätze? Vermeiden! Yes, Mam!

Die Geschäftigkeit ist jedoch nur ein nebensächlicher Grund für den Telegrammstil. Je kürzer man sich ausdrückt, desto weniger kann man sich gegenseitig missverstehen. Abkürzungen, auf die sich alle geeinigt haben, versteht jeder, und das besser, als wenn man das Gemeinte in aller Länge aussprechen würde. Nachdem in Dubai jedermann fremd ist, musste man sich auf eine gemeinsame Sprache einigen, und man wählte die der einstigen Schutzmacht: Englisch. Aus diesem Englisch und dem Gebrabbel aller Zugereisten aus aller Welt ist eine neue Sprache entstanden: Dubaierisch. Das Esperanto des Mittleren Ostens.

Man lernt es in keiner Schule, sondern auf den Straßen Dubais, aus dem regionalen Privatfernsehen, der Zeitung und in jedem einzelnen Gespräch, das man in dieser Stadt führt. Diejenigen, für die Englisch Muttersprache ist, sind in der Minderzahl und werden im Zweifelsfall nicht verstanden. Eine irische Klangfarbe im Akzent, zu viele amerikanische Wörter, und das Gegenüber schaut freundlich, aber betrübt aus der Wäsche und antwortet »Yes, Sir« oder »Yes, Mam«, dabei den Kopf etwas zur Seite und rasch wieder zurückkippend, was »Ja« bedeuten soll, aber »keine Ahnung« heißt. Diese Kopfgeste hat es aus Indien ins Dubaierische geschafft. Doch man erkennt daran nicht nur Inder, da die Geste allgemein übernommen wurde.

Erkennt man die Herkunft eines Sprechers nicht beim Hinsehen, hilft ein Hinhören bei der Begrüßung. Filipinos sagen »Hello, Määääääm«, Inder »Yes, Mämm«, Pakistanis »Hello, Ma'am«, Einwanderer aus Nordafrika und der Levante neigen zu »Helloouu, Madame«, und Emiratis sagen im Zweifelsfall gar nichts, weil sie mit Ausländern nichts zu tun haben wollen. Tendenziell beginnen sie sehr förmlich mit: »Good day, Sir! Welcome!«

Wenn nach der Begrüßung ein hastig heruntergespultes »Where-you-from?« kommt, hat man beim Gesprächspartner eine echte Niete gezogen. Der will einem dann nämlich etwas verkaufen oder einen abschleppen. Das Gespräch wird anstrengend werden. Besser ist, wenn sich die Gesprächspartner mit Namen vorstellen – grundsätzlich mit Vornamen. Dies ist ein arabischer Standard, denn im Arabischen gibt es keine Anrede mit Nachnamen. Sogar der mächtigste Scheich wird sich mit Vornamen vorstellen (man wird ihn natürlich nicht so ansprechen, sondern mit »Your Highness«, »Eure Hoheit«). Im internationalen Business werden in Dubai Nachnamen gelegentlich verwendet, um internationale Höflichkeitsstandards zu erfüllen. Im Dubaier Alltag gibt es nur Vornamen. Das macht bei der internationalen Vielfalt der Nachnamen den Umgang deutlich einfacher.

Das Dubaierische liebt die Simplifizierung und hat alle Simplifizierungen, die es in den Sprachen seiner Einwanderer finden konnte, aufgenommen. Vermutlich aus Pakistan kommt die Sitte, überall dort einen Artikel zu verwenden, wo man keinen braucht, um ihn dann dort, wo die Grammatik ihn erfordert, wegzulassen. Damit man den Satz dann noch versteht, werden Personalpronomen eingefügt. Das hört sich dann so an: »The Merkel, she is the good chancellor of BRD, yes?« Oder: »We go to the Sharjah in car, no?«

Weil viele Sprecher des Dubaierischen nur einen geringen englischen Wortschatz haben, wird auch von denen, die einen besseren Wortschatz haben, möglichst einfach formuliert, um verstanden zu werden. Mengenangaben und Komparative sind die ersten Opfer des Dubaierischen. Der Komparativ etwa von viel, mehr, am meisten Schokolade geht so: *chocolate – much chocolate – too much chocolate.* Oder Hitze: *heat – much heat – too much heat.* Die majestätische Scheich-Zayed-Moschee ist also *too big* und nicht etwa *magnificent, most impressive* oder gar *awestriking* und *exhilerating.* Beim Einkaufen auf Märkten kommt es daher oft zu Missverständnissen. Wer »too expensive« sagt, sagt eigentlich gar nichts, erst bei »too much expensive« ist das Ende des Budgets erreicht. Die Party ist vorbei, wenn es »too much late« ist. *Much* und *too much* gehören zu den wichtigsten Dubaier Formulierungen, treffen sie doch auf fast alles zu, was in Dubai steht, geht und zu kaufen ist. Superlative, wohin man auch hört. Bei alldem hat es ein weiteres Adjektiv auf die Liste wichtiger Worte geschafft, ein schwieriges sogar: *complimentary.* Gratis. In einem Land, wo es wenig geschenkt gibt, lohnt sich dieses Wortungetüm. Das britische *free* wäre für Handtuchbenutzung am Pool oder Gratisparken zu banal.

Dubaierisch verzichtet praktischerweise gleich auf die meisten Verben. Fast alle Sätze lassen sich auch ohne Verb sagen. Man muss schwierige Verben also weder lernen noch verstehen, um in Dubai klarzukommen. »Guten Tag, die Dame, möchten Sie vielleicht einen Schal kaufen?« heißt also: »Yes, Mämm, Pashmina, Mämm!« Wer je durch einen Souq gegangen ist, wird diesen Satz nie wieder vergessen können.

»Entschuldigung der Herr, wo geht es hier zum Burj Khalifa, bitte?« heißt: »Sir, Burj Khalifa?« Präpositionen kann man nämlich auch meistens weglassen. Wichtige Verben sind im Grunde nur *want, clean, work* und *go.* Und *love.* In Dubai liebt man alles. Das Essen, die Hitze, den Strand, den Ausflug, das Gedränge in der Mall, die brüllenden Kinder, alles. Meckern und sich Beschweren gilt nicht, und Larmoyanz ist das, was das Dubaierische nicht vorsieht. In Dubai ist alles möglich, daher ist auch alles »no problem«. Wenn etwas wirklich nicht geht oder ganz schlimm ist, bleibt immer noch die Verneinung: »Coffee machine no work« oder »No love the food, it too much spicy.« »Room no clean« heißt dagegen, dass man nicht will, dass heute das Zimmer gemacht wird, denn in Dubai gibt es keinen Schmutz. »You want the no clean today, Mämm? No problem!«

Nomen sind ebenfalls auf ein Minimum reduziert. *House* etwa ist alles, worin man wohnt, daher hört man von Hochhauswohnungsbewohnern gerne den Satz: »My house on the floor 37.« Jede Unterkunft ist ein *hotel*, jedes Lokal, ob Imbiss oder Sterneküche, ist *restaurant*, und alle Gebäude sind *building*, ob Lagerhalle oder Burj Khalifa.

So brammeln sie dahin, die Dubaier aller Länder, und die zweite Generation lernt ihr Englisch von den Eltern in genau dieser Art und Weise, manchmal mit mehr, manchmal auch ganz ohne Verben. Das gilt für die einheimischen Emiratis genauso. Die meisten lernen in der Schule ein ausgezeichnetes Englisch. Wenn sie im Alltag mit Ausländern sprechen, sind dies Verkäuferinnen, Chauffeure, Hausmädchen oder anderes Personal, das wiederum kein gutes Englisch spricht. So haben die Emiratis wenig Gelegenheit, ihr Englisch zu üben, denn untereinander sprechen sie Golf-Arabisch. Es ist eine zweite Variante des Dubaierischen, in der allerlei Vokabeln der Einwanderer gefärbt und bereichert und weit genug vom Hocharabischen entfernt sind, um schon fast als Geheimsprache durchzugehen. Das Arabische kennt keinen Unterschied zwischen e und i, keinen zwischen o und u, keinen zwischen k und g, kein f und kein p. Ein frei stehendes Haus mit eigenem Grundstück heißt *willa* (Einwanderer brauchen dieses Wort nicht), ein Cola-Getränk heißt unabhängig vom Hersteller *bibbsi*, ein Rechner *kumbjutir* und ein größerer Laden *subirmarkit*. Es gibt arabische Vokabeln dafür, die aber niemand benutzt, und so wird auch aus der *hafilah* der *otobus*, aus der *bitaqa* die *card* und aus der *rúchsah* die *license*. Das klingt nicht nur schick und modern, sondern wird auch von allen verstanden.

Elemente des klassischen Arabisch gehen dagegen verloren – der Dual etwa, ein Kasus des Nomens, der die Anzahl zwei bedeutet, etwas sehr Schickes, mit dem man sich sehr gewählt und gebildet ausdrücken kann. In Dubai ist der Dual völlig out. Zwillingstürme heißen deshalb *abraj* anstatt *burjan*, und wenn die Metro in zwei Minuten kommt, steht auf der Anzeigentafel der falsche Plural anstatt des Duals, also *daqa-iq* anstatt richtig *daqiatayn*. Emiratis werden sauer, wenn man sie darauf hinweist, und sie behaupten, dass der Dual blöder Bildungsunsinn ist.

Emiratis trauen Ausländern nicht zu, Arabisch zu sprechen oder zu verstehen, und sie erwarten es auch nicht. Sprachkurse zur Integration von Einwanderern gibt es nicht. Es reicht, wenn diese ein paar Brocken Dubaierisch sprechen. Wer Arabisch lernen will, kann in einem staatlichen Kulturzentrum einen kleinen Konversationskurs belegen oder in einer privaten Sprachschule Unterricht nehmen. Es ist auch nicht nötig, Arabisch zu lernen, weder für Geschäftsleute noch für Einwanderer der dritten Generation. Es ist aber ausgesprochen praktisch, denn wenn die Emiratis sich in Gegenwart von erkennbar Fremden sicher fühlen, trompeten sie munter herum, was die Fremden eigentlich nicht verstehen sollten. Wer es doch versteht, hat einen guten Vorteil. Wer dann auch noch antwortet, ist direkt mit den Emiratis im Gespräch, denn die müssen sich dann erst mal entschuldigen und »Izayik?« (Wie geht es dir?) sagen, fragen, wo man herkommt und dies und das, was die Höflichkeit eben gebietet.

Arabisch ist eine Sprache, die von Haus aus laut gesprochen wird. Einige der Kehllaute lassen sich nur mit einigermaßen Kraft aussprechen, und laut zu reden ist Teil der arabischen Kultur, auch in Ägypten oder im Libanon. Hohe Gesprächslautstärke ist ein Ausdruck von Lebensfreude und Zufriedenheit, sich noch viel lauter zu begrüßen ein Zeichen der Freude und gebotene Höflichkeit, wenn die Freude mal nicht ganz so groß ist. Wie in Europa sucht man auch in Arabien gerne nach der Nation, die am lautesten redet: In Deutschland hat man die Italiener und in Italien die Römer als Schreihälse ausgemacht, in den Emiraten sind es, wie könnte es auch anders sein, die Saudis. Saudis wiederum betonen, dass sie besonders leise reden (was halb-objektiv betrachtet sogar stimmt), und finden, dass die Bewohner der kleinen Golfstaaten, allen voran die Emiratis, den größten Rabatz machen.

Eine typisch emiratische Männerbegrüßung etwa geht so: »Sadiiiiiiq! Salam Aleikum!« (Freund, grüß dich!) Antwort: »Alekim Salam, Saaadiiiqii!« (Grüß dich, mein Freund!) – »Ahlan!« – »Ahlan wa sahlan!!!« – »Ahlan biik!« (Hallo-hallo!!!) Dies lauter werdend mehrmals abwechselnd wiederholen. Küsse werden ausgetauscht. Dann: »Kiiifack?« (Wie geht es dir?) – »Hamdulillaaaah! Izayyyik?« (Geht Gott sei Dank so, wie läuft's bei dir?) – »Hamdulillah! Shuuu achbar?« (Geht Gott sei Dank so. Was gibt's Neues?) Der Erste erzählt dann irgendetwas, meistens vom Onkel oder dem Cousin. Antwort, sehr laut, dabei dem Gegenüber auf den Oberarm greifend: »Wallaaaaaaah! Leeeeeeeeeesch?« (Bei Gott. Warum?) Der Erste erklärt etwas, leiser werdend und sehr oft das Wort »yani« benutzend. Es bedeutet wörtlich »ich meine«, ist aber ein Füllwort wie »äääh«. Die Antwort, aufgeräumt: »Ai-wa« (Aha).

Dazu kommt die statusorientierte arabische Gestik: ausgebreitete Arme bei der Begrüßung, dann wechselseitig ausgetauschte Küsse. Bei Männern von etwa gleichem Status und Alter: rechts und links auf die Wange, dazu ein lascher Händedruck (ein fester Druck oder sogar ein Schütteln gelten als aggressiv und unangenehm). Bei Männern unterschiedlichen Standes, aber enger Verbundenheit etwa durch die Familie: ein Händedruck und ein Kuss auf die Nase des Höherstehenden. Der Höherstehende küsst nicht, sondern berührt den

Niedrigstehenden während dessen Kusses mit der linken Hand an der rechten Schulter. Bei sehr großen Standesunterschieden küsst der Niedrigstehende dem Höherstehenden die rechte Schulter oder berührt diese nur mit der Stirn – eine wichtige Demutsgeste in der emiratischen Männergesellschaft. Der Höherstehende akzeptiert sie wiederum durch eine Berührung des anderen an dessen rechter Schulter. Bei Männern, die sich nicht nahestehen und auch keine Standesunterschiede betonen wollen oder müssen, tut es auch ein lascher Händedruck oder einfach eine Berührung der offenen Handflächen aus maximaler Distanz.

Unter Frauen gibt es dieses Hierarchieverhalten ebenfalls, aber weniger ausgeprägt. Wenn emiratische Frauen und Männer sich begrüßen, berühren sie sich traditionell nicht, sondern legen die rechte Hand aufs Herz, und die Frau schlägt die Augen nieder. Ein direkter Blick in die Augen des Mannes ist eine Aufforderung: zum Flirt ebenso wie zum Streit.

Nur unter Männern oder nur unter Frauen gibt es im eigentlichen Gespräch dann sehr wenig Distanz. Man tippt sich beim Reden gegenseitig mit dem Zeigefinger auf die Brust, um das eigene Argument zu verstärken. Der erhobene Zeigefinger ist keine Verstärkung, sondern wird ziemlich schnell gezückt, wenn es darum geht, etwas zu erklären oder dem Gesagten Bedeutung zu verleihen. Alternativ dazu kann man das Gegenüber auch am Handgelenk greifen oder eine Hand auf dessen Oberarm legen.

Alle Satzfetzen und Gesten sind universal einsetzbar, am besten in der emiratischen Ein-Wort-Kommunikation. Zusätzlich zum überbordenden arabischen Sprachschatz, der voller Floskeln und bunter Bilder steckt, gibt es für den Alltag diese praktische Ein-Wort-Kommunikation. Sie wird auch von Einwanderern verstanden, daher ist sie eine willkommene und praktische Ergänzung zum Dubaierischen Esperanto. »Hamdulillah« ist eines der meistgesprochenen Worte und bedeutet »Gott sei Dank«. Es passt als Antwort oder Kommentar eigentlich immer. Wenn es nicht passt, passt »mashallah« (mit Gott): Man sagt es im Sinne von »Gott erhalt's«, wenn man etwas Schönes sieht, hört, erfährt, bekommen hat, genießt. »Mashallah« sagt man zu einem putzigen Kind ebenso wie vor dem Essen, beim Betrachten von schönen Blumengestecken oder wenn man der Freundin ein Kompliment zu ihren neuen Ohrringen macht. Wer »mashallah« sagt und etwas bewundert, bedeutet damit, dass er ehrlich bewundert und nicht neidisch ist. Wer etwas bewundert und dabei nicht »mashallah« sagt, will das Bewunderte eigentlich für sich haben. Emiratis fühlen sich dann eventuell verpflichtet, es dem Bewunderer zu schenken, oder sind beleidigt, weil der Bewunderer ein so teures Geschenk erwartet. Ein Kompliment ohne »mashallah« ist also nichts wert und ein Ausdruck von Neid und Böswilligkeit, auch wenn das Kompliment in englischer Sprache formuliert ist. Man sagt also angesichts eines Säuglings richtig: »Such a cute baby – mashallah!«

Nicht zu verwechseln sind allerdings »mashallah« und »inshallah«. »Inshallah« ist nicht bekräftigend, sondern entschuldigend und bedeutet »mit Gottes Willen«. Wenn aber Emiratis sagen: »Inshallah, we do it!«, dann bedeutet dies, dass sie es nur tun werden, wenn Gott sie wirklich dazu zwingt. Also: nein. Wenn jemand »inshallah« sagt, kann man das eben Gesagte, Angekündigte und Versprochene direkt wieder vergessen. Man muss aber genau hinhören, ob das Wort nicht doch »wahllah« war, denn dies heißt »mit Gott« und bedeutet eine starke Bekräftigung. »Wallah! We do it!« – das ist eine echte Zusage.

Das wohlige »Wahllah!« wiederum ist nicht zu verwechseln mit dem scharfen »Yálla!«, einem weiteren Allzweckwort nicht nur der emiratischen, sondern der gesamten arabischen Welt. Es ist ein Imperativ und bedeutet stets eine Beschleunigung aus der aktuellen Situation heraus und kann neutral »Schneller!« bedeuten, ebenso wie »Hau ab!« oder »Lass uns gehen!«. Die Umkehrung von »Yálla!« ist das schneidende

»Ta-ali!« und ertönt häufig sehr laut und bedrohlich aus dem Mund arabischer Eltern. Es bedeutet aber nicht »Ich werde dir gleich den Kopf abbeißen!«, sondern einfach »Komm her!«.

Nicht falsch zu verstehen ist auch das oft aus dem Mund von Frauen zu hörende »Helloouuu!«. Es ist kein Gruß und sollte auf gar keinen Fall mit einem freundlichen »Hello!« beantwortet werden, sondern es bedeutet »süß« im Sinne von »niedlich«. Es mag noch so laut gesagt werden, es ist kein Gruß, denn der lautet knapp »'allo« und wird nur am Telefon verwendet, dort aber gegenseitig mindestens fünfmal, bevor man dann schließlich in die »Ahlan!«-Gesprächsschleife einfädelt.

Weder vor »yálla« noch vor »ta-ali« sollte man Angst haben, denn sie sind immer noch lieb gemeint. Anzeichen dafür, dass die Laune kippt, sind die Worte »schißma« oder (für Männer) »schißmu«. Wenn diskutierende Emiratis »schißmu« sagen und mit dem Kinn leicht in die Richtung eines Mannes deuten, reden sie gerade ziemlich schlecht über diesen und verwenden anstatt seines Namens oder einer anderen Bezeichnung die Formulierung »wie-heißt-der-gleich«, auch wenn sie seinen Namen kennen. Dem anderen den Namen oder eine freundliche Bezeichnung zu verweigern ist für Emiratis schon eine der schlimmsten Beleidigungen, die es gibt, denn Schimpfworte zu verwenden ist verpönt. Wer sich als »schißmu« bezeichnet hört, kann eigentlich direkt einpacken, weil er glatt verschissen hat.

Eine noch perfidere Beleidigung kann es sein, jemanden »habibi« oder »habibti« (für Frauen) zu nennen. Eigentlich sagt man das zu seinem Liebling, herablassend bezeichnet man damit allerdings einen Menschen, den man nicht ernst nimmt, für einen beschränkten, unschädlichen, aber lästigen Idioten hält. »Habibi« verweigert die Augenhöhe, entweder weil man verliebt aufschauen oder weil man überheblich hinabblicken möchte. Wer unvermittelt »habibi« genannt wird, kann also auch einpacken. Polizisten »habibi« zu nennen ist keine gute Idee, auch wenn diese nach längerer Diskussion eventuell damit angefangen haben, »habibi« zu sagen. Diese Art der subtilen, an den abgründigen Wiener Charme erinnernden Beleidigung haben sich auch Einwanderer angewöhnt. Ein Kellner, der »habibi« zum Gast sagt, hat ihm eventuell ins Essen gespuckt, weil es vorher eine Diskussion gab, die mit dem Satz »No Sir, the chicken too much spicy for you!« begonnen hat und ihn veranlasste, einfach etwas anderes zu bringen, als man bestellt hatte. Und die schließlich mit dem kategorischen Negativ eskalierte: »No habibi, the chicken, it's finished!«

»Finished« − nicht mehr vorrätig, aus, fertig, vorbei, Schluss − ist erstaunlicherweise ebenfalls eines der häufigsten Wörter in Dubai. In der Stadt, in der laut Herrscher nur der Himmel die Grenze ist, muss man offenbar deutlich verbale Grenzen ziehen, um den eigenen Platz zu bestimmen. Arabische Emiratis sagen mit derselben Bedeutung laut »Challas!« und klatschen dabei die Handflächen aneinander, als müssten sie sich Mehl von den Händen abklopfen. Einwanderer, die schon länger da sind, sagen mit derselben Geste »Challas! Finished!«, und neue Einwanderer nur »Finish!«. Es ertönt, wenn man mit dem Essen fertig ist, obwohl sich der Tisch noch vor Speisen biegt, wenn der Geduldsfaden reißt (dann heißt »Challas!« so viel wie das italienische »Basta!«), wenn etwas ausverkauft oder der Tank leer ist, man keine Lust mehr auf etwas hat, wenn man dem Gegenüber das Wort abschneiden oder auch eine ganze Diskussion beenden will. »Challas« ertönt auch, um Eskalationen zu vermeiden. Jemand sagt »Challas!« − Ende der Diskussion. Kurz und bündig.

Die bewährte Ein-Wort-Kommunikation begünstigt zudem die Entstehung und Verwendung von Abkürzungen. Sie sind Ein-Wort-Ortsangaben, die man auch dann versteht, wenn der fremde Akzent des Sprechers noch stark ausgeprägt ist. JBR, »dschäi, bi, ar«, und SZR kann jeder verständlich

sagen – »Jumeirah Beach Road« und »Sheikh Zayed Road«
nicht unbedingt, zumal man dann schon wieder sagt »The
Sheikh Zayed Road«. Und was TECOM ausgeschrieben
heißt, will eigentlich niemand wissen.

Arabeske: Ihrem Mann wird das gefallen!

»Madame, kommen Sie herein! Sehen Sie sich das neue Look-
book an! Und die ersten neuen Modelle haben wir auch da!«
Die Verkäuferin Lobna scheint selbst ganz begeistert von der
neuen Kollektion. Pink und Magenta sind diesmal die Trend-
farben bei Nayomi, einem Lingerie-Label aus Saudi-Arabien,
das in den gesamten Golfstaaten Filialen in Einkaufszentren
betreibt. Auch in den großen Dubaier Malls wie der »Mall of
the Emirates«.

Lobna zeigt ein Negligé mit magentafarbener Spitze und
Blumenmuster. »Wäre das nichts für Sie? Wir haben es auch
in großen Größen. Oder hier – vielleicht dieses?« Das knappe
Satin-Babydoll ist mit gelber Spitze verziert, der freie Rücken
mündet in einer transparenten Tüllrüsche. »Möchten Sie es
anprobieren?«

Was bei Nayomi mitten im Laden hängt, läuft in Deutschland unter Reizwäsche und wird maximal hinten im Laden
angeboten, wenn die Kunden an den Reihen praktischer
Baumwollschlüpfer und Blümchen-BHs vorbeigezogen sind.
Nicht so in Dubai – hier werben die Dessous-Boutiquen
offensiv mit ihren heißen Höschen, die sie auch als solche
anpreisen. Was dort hinten im Laden hängt und als Reizwäsche gilt, also knappe, transparente Matrosenüniförmchen
oder Slips mit offenem Schritt, würde kein deutscher Wäsche-
laden mehr führen. Atemberaubende Negligés, knallfarbene
Spitzen-BHs, Stringtangas mit Perlen, Dessous mit Glitzer
oder kleinen Kettchen, in Dubai sind sie selbstverständliche
Kleidungsstücke, die auch selbstverständlich gekauft werden.

Die libanesische Popsängerin Cyrine Abdelnour, selbst studierte Modedesignerin, ist Markenbotschafterin für die sexy Nayomi-Kollektionen. Für noch erotischere Kreationen hat Nayomi 2013 eigene Filialen, die »Soiree« heißen, eröffnet – dort finden Kundinnen auch Pasties und sinnliche Düfte. Die im Boudoirstil eingerichteten Shops haben Ehepaare als Zielgruppe. Sowohl Nayomi als auch Soiree bedienen explizit nicht den Luxusmarkt, sondern das Mittelpreissegment. Sexyness soll erschwinglich sein.

Es sind die praktischen Baumwollschlüpfer, die hinten in den Läden hängen oder in den Supermärkten im Zehnerpack angeboten werden, denn die zu kaufen ist in Dubai peinlich. Wer stolz ist, trägt eine Tüte aus den zahlreichen Lingerie-Boutiquen vor sich her.

Lobna kommt mit in die Kabine und hilft beim Anprobieren. Sofort fällt ihr auf: »Sie haben Ihren BH gar nicht richtig eingestellt! Wenn Sie Push-up wollen, müssen Sie die Träger kürzen. Wie sieht denn das aus…« Lobna weiß, was Frauen und Männer wünschen, und berät eingehend. Auch Diättipps hat sie parat, und holt noch ein anderes Babydoll herbei, das die soeben entdeckten großen Problemzonen besser kaschiert. »Dieses hier, das wird Ihr Mann mögen«, sagt sie, »das ist wirklich sehr sexy. Und sehen Sie hier, das habe ich Ihnen noch mitgebracht: schöne Hauskleider. Die haben wir derzeit im Angebot. Das wird ihm gefallen!«

Lobna hat recht. Die bodenlangen Hauskleider mit Spaghettiträgern und tiefem Ausschnitt sind aus schwarzem Satin, mit Spitzendetails und einem Schlitz vorne – bester Boudoirstil. Welchem Mann würde das nicht gefallen? »Nehmen Sie die Hauskleider ruhig noch dazu«, ermuntert Lobna, als die Wahl auf das pinke Babydoll fällt. »Die sind im Angebot. Machen Sie was aus sich. Das wirkt Wunder, Sie werden schon sehen.«

Lobna berät Kundinnen genauso, wie eine Dessousverkäuferin in New York ihre Kundinnen beraten würde, nur dass man als Besucherin in Dubai nicht damit rechnen würde; und auch nicht mit Lobna – denn Lobna trägt ein pinkfarbenes Kopftuch. Die meisten ihrer Kundinnen sind muslimische Frauen, die es schätzen, von einer muslimischen Verkäuferin bedient zu werden. In Saudi-Arabien, der Heimat von Nayomi, dürfen erst seit Kurzem Frauen in Wäscheläden arbeiten, was einer der Gründe ist, warum saudische Frauen ihre Wäsche gerne im Ausland kaufen, etwa bei einem Ausflug nach Dubai.

In der »Mall of the Emirates« liegen die Nayomi-Boutique und Kashka, eine Boutique für Kopftücher, lediglich ein Stockwerk voneinander entfernt. Bei Kashka sind die Verkäuferinnen genauso freundlich und professionell. Mit flinken Fingern huscht die junge Verkäuferin durch die Massen an Tüchern und zieht ein schwarzes Seidentuch mit azurblauem Rand hervor. »Dieses hier, das passt schön zu Ihren Augen und ist trotzdem dezent«, sagt sie und sucht weiter. »Oder dieses hier, probieren Sie dieses mal an, das sieht erst angezogen richtig gut aus.« Auch sie hat recht. Das Kopftuch, das auf den ersten Blick ein spießiges Blumenmuster hat, entwickelt eine erstaunliche Dynamik, wenn man den langen Schal so anlegt, wie es gerade modern ist, denn der Blumendruck ist genau darauf abgestimmt. »Nehmen Sie es, das sieht sehr gut aus«, sagt die Verkäuferin. »Ihrem Mann wird das gefallen!«

Keine der Verkäuferinnen fragt, ob die Kundin überhaupt einen Mann hat oder ob sie das Kopftuch nur kauft, weil sie einen schlechten Haarschnitt kaschieren muss. Es geht darum, gut und gepflegt auszusehen und die Mode mitzumachen, ob sexy im Schlafzimmer oder züchtig in der Öffentlichkeit. Kopftuch und sexy Wäsche schließen sich nicht aus, sie gehören zusammen. Man trägt so selbstverständlich Kopftuch, wie man mit einer Nayomi-Tüte durch die Mall spaziert.

Emiratis – Die Minderheit im eigenen Land

Alle Emiratis sind reich, sammeln Autos und trinken Tee aus goldenen Tassen. Jeder Mann hat vier Ehefrauen, die er abwechselnd verprügelt und mit Echtschmuck behängt. Die Mädchen werden im Alter von 15 Jahren verheiratet, die Jungs gehen auf ein Internat in England, und im Sommer fahren alle für vier Wochen nach München, wo sie die Stadt leer kaufen und dann im Zimmer des Fünfsternehotels ein Lagerfeuer anzünden.

So sind sie, die Emiratis ... nicht! Aber die Klischees halten sich hartnäckig, denn die Emiratis entziehen sich gerne der engeren Bekanntschaft mit Nicht-Emiratis und tragen damit dazu bei, dass sich Klischees nicht nur halten, sondern verstärken.

Das Emiratische des 21. Jahrhunderts ist als Kultur und Sprache ein Mischwerk. Der Emirati als Mensch ist es nicht. Denn so tolerant, offen, gar freizügig es im öffentlichen Raum der Emirate zugeht, so streng sind – noch – die sozialen Regeln der einheimischen Gesellschaft. Emiratis im engsten Sinne sind nicht alle emiratischen Staatsbürger, sondern nur diejenigen ohne Migrationshintergrund. Einwanderer der zweiten, dritten oder vierten Generation mögen emiratische Pässe haben und Locals sein, als »echte« Emiratis gelten sie allerdings nicht. Arabische, einheimische Emiratis werden diesen Zuwanderernachfahren nicht widersprechen, wenn diese sich als »Locals« bezeichnen und sich damit von Neu-Einwanderern, den Expats, abgrenzen. Aber sollten sich emiratische Staatsbürger pakistanischer, indischer oder libanesischer Abstammung als Emiratis bezeichnen, wird ihnen definitiv widersprochen werden. Eine Ausnahme gilt im allgemeinen Konsens gerade noch für die Nachfahren der Iraner der ersten Einwanderungswellen. Mancher geht als »iranischer Emirati« durch. Denn aus Sicht der Emiratis *wird* man nicht Emirati. Emirati *ist* man. Und Emirati ist nach dem Selbstverständnis einheimischer Emiratis nur, wer arabisch ist und aus einem der emiratischen Stämme kommt, den Bani Yas etwa. Ungefähr 200 000 solcher »echten Emiratis« leben in Dubai.

Weniger als eine Million Bürger sind dies in den Emiraten; sie sind eine viel zitierte, aber auch privilegierte Minderheit im eigenen Land. Und sie sind eine Minderheit, die sich mit harscher Konsequenz von der Mehrheit abgrenzt, um sich selbst und ihre Lebensweise zu schützen, und die dabei eine ganz neue Lebensweise erschaffen hat, nämlich die der selbst gewählten Isolation an der Spitze und als Elite einer Klassengesellschaft mit wenig Aufstiegsmöglichkeiten.

Die Emiratis bilden die unbestrittene wie unantastbare Oberschicht der Gesellschaft, obwohl nicht alle von ihnen reich sind. Hungern oder sich um die eigene Existenz sorgen muss aber auch niemand von ihnen, denn die Scheichs sorgen für die Emiratis. Vordringlich sogar. Bildung, Ausbildung, Gesundheits- und Altersvorsorge sind für alle Emiratis kostenlos. Steuern müssen sie auch nicht bezahlen, aber das muss niemand in den Emiraten. Neu vermählte Ehepaare aus nicht reichen Familien bekommen vom Staat Geldzuschüsse oder Wohnhäuser zur Hochzeit spendiert. Bei der Vergabe von Jobs in Ministerien, Behörden, Verwaltung, Polizei und Streitkräften werden emiratische Bewerber bevorzugt eingestellt. Nur die Jobs, für die es keine geeigneten emiratischen Bewerber gibt, werden mit anderen Locals oder Expats besetzt. In privaten Firmen, die von Emiratis geführt werden, ist dies oft genauso. Von diesen Vorrechten profitieren auch Einwanderer mit emiratischen Pässen, und vom guten Gesundheitswesen alle Menschen in den Emiraten, denn die Erstversorgung in den staatlichen Krankenhäusern Dubais ist für alle kostenlos, auch für Arbeiter und Touristen. Für schwierigere Fälle, die Fachärzte oder auch Behandlungen im Ausland erfordern, übernimmt der Staat die Kosten, allerdings nur für Bürger mit emiratischen Pässen. Weil der Medizintourismus teuer ist, siedelt Dubai gezielt Privatkliniken und Spezialisten im Emirat an und gewährt diesen Steuervorteile – dabei spart das Emirat einerseits Kosten und lockt andererseits Medizintouristen aus anderen Golfstaaten an. Die Krankenhauskette Saudi German Hospitals, die in Dubai eine Filiale betreibt, ist ein Beispiel dafür: Unter saudischer Leitung und mit vielen deutschen Ärzten hat man sich arabische Patienten als Zielgruppe ausgesucht und geht damit in Konkurrenz zu Privatkliniken in Deutschland, die sich auf einfliegende arabische Patienten spezialisiert haben.

Als Besucher Dubais glaubt man, eher in einer deutschen Rehaklinik oder in der Münchner Fußgängerzone mit Emiratis ins Gespräch kommen zu können als in Dubai. In Dubai scheinen die Emiratis einerseits unnahbar, und andererseits gibt es im Alltag auch nahezu keine Berührungspunkte zwischen Emiratis und Touristen. Wer zu Besuch in den Emiraten ist, bekommt den Eindruck, dass die Einheimischen nur herumsitzen, shoppen, herumschlurfen und Auto fahren. Kein Emirati steht in einem Laden, keiner arbeitet in einem Hotel, keiner fährt Taxi, keiner ist Tour Guide. Die Emiratis, die man sieht, haben Tagesfreizeit und bewegen sich in gemessenem Tempo, besonders die Frauen. Das stimmt alles. Aber das sind eben nur die Emiratis, die sich im öffentlichen Raum bewegen. Die meisten emiratischen Männer arbeiten als Geschäftsleute und Geschäftsführer, in Verwaltungen, als Führungskräfte. Oder auch als Landwirte. Als einfache Angestellte im Dienstleistungssektor, in jenen Berufen also, die viel Kontakt mit Besuchern mit sich bringen, arbeiten Emiratis tendenziell nicht. Als Arbeiter, Handwerker, als Koch oder Reinigungskraft arbeiten sie grundsätzlich nicht. Dies sind die Tätigkeiten, für die man schließlich all die Expats ins Land geholt hat und für die man bis 1963 ganz legal Sklaven beschäftigte. Emiratis waren und sind Kaufleute und Firmenbesitzer, arbeiten in der Familienfirma mit, sitzen in Aufsichtsräten, in Vorständen, in Beratergremien. Ihnen mögen in der Stadt viele Restaurants gehören, man wird sie dennoch nie arbeitend dort antreffen. Mit dem goldenen Löffel im Mund geboren wurden – zumindest in der Altersgruppe 40 plus – dennoch die wenigsten.

Fast keine Emiratis sind die »reichen Ölscheichs«, die man hinter ihren »Scheich-Outfits« vermutet. Der reiche Emirati von heute ist Geschäftsführer oder Eigentümer von Holdings, Baufirmen, Investment-Konsortien, von Autohausketten, Diamantschleifereien, Hotels oder Immobilienimperien. Manchmal sind Emiratis auch nur stille Teilhaber oder, mit der goldenen Kreditkarte in der Tasche, von Beruf Sohn und genießen so den Reichtum, den die Firmen erwirtschaften. Fast immer sind es Männer, die in diesen Berufen arbeiten, aber die Frauen holen deutlich auf. Junge emiratische Frauen sind heute genauso gut gebildet wie emiratische Männer, sie zeigen auf Gründermessen und Infotagen für junge Unternehmer ebenso ihre Geschäftsideen wie ihre männlichen Studienkollegen. Doppelt so viele emiratische Frauen wie Männer schaffen heute einen Hochschulabschluss. Ausgezeichnetes Englisch und Auslandssemester gehören zum Standard, für Frauen wie Männer. Emiratische Frauen können Polizistinnen werden, Soldatinnen und Pilotinnen, wenn sie möchten, oder als Telefonistinnen und Sekretärinnen arbeiten, wenn sie etwas dazuverdienen wollen.

Popstar und Supermodel sind keine üblichen Traumberufe für emiratische Mädchen, sondern Ärztin, Journalistin, Lehrerin, PR-Lady, Designerin, Pilotin oder Programmiererin. Die emiratischen Mädchen von heute sind weniger durch Gender-Marketing geprägt als europäische Mädchen. Für Mädchen gilt es, auch durch staatliche Förderprogramme, neue Welten zu entdecken, neue Selbstverständnisse und neue Wege. Sich nur durch das eigene Aussehen zu definieren ist verpönt. Die überschminkte, doofe Tussi mit Extensions, gemachten Brüsten und viel zu knappen Klamotten gilt den emiratischen Mädchen und jungen Frauen wenig; sie gilt als westliches Vorbild und wird daher abgelehnt. Es wird deutlich unterschieden zwischen prinzessinnenhafter, femininer Schönheit, die auch von innen zu kommen hat, und dem Ordinären, Billigen, Oberflächlichen. Daher erntet eine junge Frau mit Hochschulabschluss in den Emiraten mehr Respekt – auch von den Männern – als eine mit perfektem Körper. Die Barbie hat dementsprechend am Golf eine Konkurrentin namens Fulla (»Jasminblüte«), eine verschleierte Puppe, zu der es ein Merchandise-Sortiment mit Schmuck, Schulranzen, Süßigkeiten und anderem Schnickschnack gibt. Fullas Welt ist pink, doch sie ist nicht sexy wie die der Barbie. Von sexualisierter Werbung sind die emiratischen Mädchen bisher verschont geblieben, denn diese ist in den Emiraten verboten. Nicht wegen Prüderie, sondern weil sie Frauen als Objekte männlicher Begierde darstellt, und das gehöre sich nicht, so der öffentliche Konsens. Auch Werbung, die die Geschlechterrollen einschränkt, gibt es nahezu nicht. Man sieht in der Spülmittelwerbung auch Männer zum Lappen greifen und in der Werbung für Immobilienfonds auch Frauen interessiert nicken.

Niemand spricht den emiratischen Frauen in der Öffentlichkeit ihre Leistungen ab oder redet diese klein. Ganz im Gegenteil setzen die politischen Führer bewusst auf die Förderung und Wertschätzung einheimischer Frauen, und das nicht nur, wenn sie Hausfrauen und Mütter sind. Staats- und Emiratsregierungen engagieren sich gerade in jüngster Zeit stark für Frauen und haben nach eigenen Angaben zwei Drittel der Stellen im öffentlichen Dienst an Frauen vergeben. Ein Drittel der höheren Führungspositionen in der Regierung des Landes sind mit Frauen besetzt, 70 Prozent derjenigen, die heute in den Emiraten ein Hochschulstudium abschließen, sind Frauen. 95 Prozent der emiratischen Frauen haben eine höhere Schulbildung. Diese Zahlen bringen die Vereinigten Arabischen Emirate bei der Frauenbildung an die Weltspitze: »Platz 1«, postete Scheich Mohammed auf seiner Facebook-Seite. Zum Weltfrauentag 2014 postete Scheich Mohammed: »Jede Rolle, die eine Frau einnimmt, ist heilig und verdient unsere Wertschätzung und unseren Respekt.« Die politische Führung weiß längst, dass sich die Emirate in Zukunft nicht erlauben können, die Hälfte der Bevölkerung, also die Frauen, zu Hause sitzen zu lassen und damit ihr Potenzial und auch ihre Arbeitskraft nicht zu nutzen. Das zahlt sich spätestens dann aus, wenn das Öl zu Ende ist, und rentiert sich schon jetzt, denn junge Frauen zeigen ihren kleinen Töchtern eine Welt voller Möglichkeiten.

Dubai hat den Frauen und ihren Leistungen sogar ein Frauenmuseum gewidmet. Die Initiatorin Rafia Obaid Ghubash ist Professorin für Psychiatrie in Al-Ain und engagiert sich stark in der Frauenförderung. Ihr kleines Museum widmet sich der durchaus bedeutenden Rolle der Frauen in der emiratischen Geschichte und Kultur und zeigt, dass auch in früherer Zeit die Frauen nicht nur sehr aktiv am Leben teilgenommen, sondern die Entwicklung der Emirate entscheidend mit geprägt haben. Auch die Beduinengesellschaft konnte es sich nicht leisten, auf die Potenziale der Frauen zu verzichten. Rafia ist eine moderne arabische Feministin, für die Tradition und Emanzipation nicht im Widerspruch zueinander stehen und das Kopftuch weder anti-feministisches noch unterdrückerisches Symbol, sondern ein Kleidungsstück ist.

Rafia ist bei Weitem nicht das einzige Beispiel für Frauen, die es in Spitzenpositionen schaffen und damit andere Frauen motivieren. 2004 wurde Sheikha Lubna bint Khalid bin Sultan Al-Qasimi die erste Ministerin der Emirate. Sie gilt laut Forbes-Liste als politisch einflussreichste Frau der arabischen Welt. Auch als Geschäftsfrau ist sie erfolgreich. Salma Ali Saif Bin Hareb und Amina Al-Rustami sind beide Top-Wirtschaftsfrauen und Geschäftsführerinnen großer emiratischer Firmen. 2008 entsandten die Emirate die ersten zwei Botschafterinnen in die Welt und vereidigten die erste Richterin sowie die erste Standesbeamtin, was besonders beachtenswert ist, denn das Wort einer Frau gilt im Islam weniger als das eines Mannes.

An der Dubaier Polizeiakademie, einer Hochschule, machte 2013 die erste saudische Frau ihren Abschluss in Jura: Ayaat Osama Bakhraibah. Sie widmete ihre Masterarbeit den Kinderrechten in Saudi-Arabien und hofft nun, dass einst auch in Saudi-Arabien Frauen bei der Polizei werden arbeiten dürfen. All diese Frauen sind weibliches Vorbild der neuen Zeit, in der emiratische Frauen zwar verfassungsmäßig gleichgestellt sind und staatlicherseits vorbildlich gefördert werden, in der Gesellschaft von den Männern aber noch lange nicht immer gleichwertig behandelt werden.

Was die emiratischen Frauen den Europäerinnen voraushaben, ist die deutlich stärkere Frauensolidarität. Da in der arabischen Welt traditionell die Lebenswelten von Frauen und Männern getrennt sind, ist es für Frauen selbstverständlich, gemeinsam stark zu sein, sich gegenseitig zu unterstützen, gemeinsam Zeit zu verbringen, gemeinsam Pläne zu schmieden und diese auch durchzusetzen. Das wird der Emanzipation in der arabischen Welt helfen und hat ihr bereits geholfen. Frauen fördern in der arabischen Welt ganz selbstverständlich Frauen, und Frauen trauen sich gegenseitig auch etwas zu. Nicht wie in Europa, wo Frauen bei Wahlen anderen Frauen nicht automatisch ihre Stimmen geben und wo Frauen, um erfolgreich sein zu wollen, sich oft wie Männer verhalten müssen. Die maskulin auftretende, durchsetzungsstarke Frau ist in den Emiraten kein Vorbild. Eine emiratische Traumfrau, auch für Männer, ist gebildet und feminin. Sie ist gepflegt, aber nicht superdürr oder operiert. Sie ist kinderlieb, hat aber auch ihre eigenen Ideen. Sie ist Familienmensch, begeistert sich jedoch genauso für Dinge außerhalb der Familie. Sie hat Interessen, die über das Einkaufen und Schminken hinausgehen.

Das Kopftuch und die *Abaya*, sagen emiratische Frauen, helfen ihnen sogar bei der Emanzipation. Denn wer verschleiert ist, kann nicht auf sein Aussehen reduziert werden. Wenn eine verschleierte Frau spricht, hören die arabischen Männer zu und nehmen sie ernst, weil sie sich durch die Verschleierung als ernst zu nehmende Person darstellt und nicht als Püppchen oder unfeminine westliche Geschäftsfrau. Andererseits ist es auch ein beliebtes Männervergnügen, zusammenzusitzen und zu fantasieren, was sich unter den Schleiern bestimmter Frauen verbirgt, und damit ist nicht die innere Schönheit gemeint. Frauen in Hosenanzügen und mit kurzen Haaren sind diejenigen, die in der arabischen Welt nicht ernst genommen werden. Die verschleierte Frau, die zwei Schritte hinter ihrem Mann geht und als einziges Hobby Shoppen hat, ist allerdings auch kein emiratisches Idealbild mehr.

Zur emiratischen Traumfrau gehören außerdem Kinderwunsch und Familiensinn. Keine Kinder zu haben gilt als großes Unglück, keine Kinder zu wollen als völlig unvorstellbar. Kinder gelten in der emiratischen Gesellschaft als großer Segen, viele Kinder zu haben ist erstrebenswert, und mit der Größe der Familie steigt deren Ansehen, unabhängig vom wirtschaftlichen Status.

Verheiratete Frauen und Mütter wohnen dennoch nicht in einem Harem. Vom Klischee-Harem westlicher Phantasien können auch die reichsten Scheichs nur träumen. Es gibt ihn nicht und hat ihn in den Emiraten nie gegeben. Der Harem ist lediglich der Bereich eines privaten Hauses, in dem die Frauen leben. Er ist *haram*, das bedeutet »mit religiöser Begründung verboten«, also eine Tabuzone, daher sein Name. Kein Mann außer dem Hausherrn darf diesen Bereich betreten, da die Frauen dort unverschleiert sind. Der Hausherr hütet in diesem Bereich des Hauses also seine Frau und Töchter. Andererseits haben Frauen hier auch einen Rückzugsraum, in dem sie sich frei bewegen können.

Große, moderne Villen haben zwei Wohnzimmer, um Gäste zu empfangen – eines für Männer und eines für Frauen.

Diese Zimmer, *Majlis* genannt, können die Größe von Sälen haben und sind traditionell nicht möbliert, sondern entlang der Wände liegen Kissen und Polster. Manchmal werden sie durch Sofas und Sessel ersetzt, vor denen kleine Beistelltische stehen. Hier hält man sich auf, hier sieht man fern, Frauen und Mädchen sowie Männer und größere Buben getrennt, jeder unter sich. Frauen, die in die Männer-Majlis wollen, verschleiern sich. Reiche Häuser haben nicht nur zwei Majlis, sondern auch unterschiedliche Eingänge und natürlich getrennte Gästetoiletten. Die Geschlechtertrennung ist in den Emiraten nicht gesetzlich vorgeschrieben wie in Saudi-Arabien, findet sich aber durchaus im Privaten wieder. Ob man eine Party gemeinsam in einem Raum oder getrennt feiert, entscheidet jede Familie selbst, genauso wie sie entscheidet, ob es dabei Alkohol gibt oder nicht.

Dass ein Mann mehrere Ehefrauen hat, ist seltener geworden, kommt jedoch vor, und die Scheichs leben es vor. Der Islam erlaubt einem Mann, bis zu vier Ehefrauen zu haben, was früher vor allem dazu diente, verwitwete oder alleinstehende Frauen mit einem Partner zu versorgen, denn in der alten arabischen Gesellschaft gab es meistens Frauenüberschuss. Der Islam schreibt Männern vor, alle ihre Frauen gleich zu behandeln, und die Frauen können dies bei einem Scharia-Gericht einklagen. Ungleichbehandlung ist ein anerkannter Scheidungsgrund. Das bedeutet, dass Männer ihrer zweiten Frau und deren Kindern ein ebenso großes Haus kaufen müssen wie der ersten und auch genauso viel Zeit mit ihr zu verbringen haben. Es sich zeitlich und finanziell leisten zu können, mehrere Frauen zu haben, ist für Männer also ein Statussymbol. So ungewohnt es klingen mag – für Frauen kann dies auch ein gewisser Schutz sein. Denn ein Mann, der es sich leisten kann, wird eine zweite Frau heiraten, anstatt sich mehrere Geliebte zu nehmen, oder sich, wenn die Beziehung kriselt oder langweilig geworden ist, von der ersten Frau nicht scheiden lassen, sondern ihr und den gemeinsamen Kindern weiterhin ein stabiles Umfeld bieten. Das ist arabisches Familien-Patchwork.

Männer, die in der Öffentlichkeit mit mehreren Frauen zu sehen sind, führen dabei in den allerseltensten Fällen ihre gesammelten Ehefrauen aus, denn darauf hätten die Frauen keine Lust. Gleichbehandlung in der Vielehe bedeutet nicht, gleichzeitig etwas zu unternehmen und im selben Laden dieselbe Tasche für alle Frauen zu kaufen. Die Frauen sind außer der Ehefrau seine Verwandten oder die Verwandten der Frau, Schwestern und Cousinen etwa, Töchter und Mütter.

Dass mehrere Ehefrauen eines Mannes gemeinsam in einem Haus wohnen, ist absolut unüblich und eher eine Notlösung als gesellschaftlich akzeptiert. Vor allem haben die Frauen keine Lust auf ein solches »Haremsleben«. Wie viele aber Geliebte und Zweitfrauen klaglos ertragen, um nicht geschieden und hinausgeworfen zu werden, wie viele junge Frauen einen alten Mann heiraten oder heiraten müssen, weil es die Familie so will, wie viele Frauen zu Hause eingesperrt und kurzgehalten werden, wie viele Frauen häusliche Gewalt erfahren und wie viele Mädchen eventuell sogar beschnitten werden – niemand weiß es. Zumindest für einen Teil der Frauen mag das Klischee vom Leben im goldenen Käfig leider stimmen.

Der Käfig schränkt ein, er schützt aber auch und macht den Alltag manchmal angenehmer. In Bussen gibt es Frauensitzplätze und in der Metro Frauenabteile, in Banken und in manchen Behörden Schalter nur für Frauen, damit diese nicht zusammen mit Männern anstehen müssen. Grabscher haben dort keine Chance. An einigen Stränden, in Parks und in Spaßbädern wurden Frauentage oder Ladies' Nights eingerichtet, an denen nicht nur männliche Gäste draußen bleiben müssen, sondern auch das gesamte Personal weiblich ist, von der Rettungsschwimmerin bis zur Eisverkäuferin. Für muslimische Frauen ist dies die einzige Möglichkeit, schwimmen zu gehen, und für Touristinnen die Chance, an der Wasserrutsche anzustehen, ohne dass einem Männer oder Jugendliche auf den Hintern glotzen. Die Frauengemeinschaft kann sehr angenehm sein. Man kann sie als Privileg verstehen – oder natürlich als kleine Fluchtmöglichkeit aus ständiger Bevormundung. Dabei ist es Frauen nicht verboten, sich am öffentlichen Strand im Bikini zu sonnen, für emiratische Frauen kommt dies jedoch nicht infrage. Sie bevorzugen, auch wenn sie mal Taxi fahren, das »Pink Taxi«. Es hat ein pinkfarbenes Dach und wird nur von Frauen gefahren. Leben als Frau in den Emiraten, vor allem als emiratische Frau, kann sehr angenehm sein und wird einem an vielen Stellen leicht gemacht.

Männer haben es natürlich auch leicht. Als Patriarchen sind sie die Chefs ihrer Familien, haben sich aber meistens auch einem Clan-Patriarchen zu beugen. Dass der Staat wie eine Familie funktioniert, ist kein Zufall, sondern die Familie ist auch der große gesellschaftliche Imperativ, ihre Struktur und Hierarchie das Ordnungsprinzip des emiratischen Lebens. Noch schlimmer als Prügel oder eine Nebenbuhlerin ist es für Frauen zu ertragen, nicht verheiratet zu sein oder als Geschiedene wieder ins Elternhaus zu ziehen. Die Ehe mit Kindern ist für emiratische Frauen eine Selbstverständlichkeit. Alleine in eine Wohnung zu ziehen scheint für die allermeisten undenkbar, da es einen Bruch mit der Familie bedeutet. Die Familie ist Kern und Ankerpunkt des Lebens, und die Ehe ist ihr Kitt. Wenn Emiratis sagen, dass die Familie das Wichtigste für sie ist, dann meinen sie das auch so, und zwar bis zur letzten Konsequenz. Wenn der Bruder Hilfe braucht, lässt man am Arbeitsplatz alles stehen und liegen und eilt herbei. Wenn der Clan-Chef oder Scheich verreist, fahren alle Männer der Familie zum Flughafen, um ihn zu verabschieden. Wenn eine Frau ein Kind bekommt, geht sie in das Haus der Eltern, und ihre Schwestern und Cousinen gleich mit, um sie zu unterstützen.

Man verbringt sein gesamtes Leben mit der Familie. Da die

Familien kinderreich sind, sind die Clans groß. Einen Freundeskreis außerhalb der Familie aufzubauen und die Freizeit vor allem mit Freunden zu verbringen ist allein schon deshalb nicht üblich, weil Verwandtenbesuche und Familienfeiern den Großteil der Freizeit einnehmen. Man geht vielleicht mit einem Geschäftspartner essen, mit einem Kollegen auf eine Shisha und ein Bier oder lädt jemandem auch mal zu einem Essen nach Hause ein – intensive Freundschaften aber sind unter Emiratis selten. Noch seltener sind sie unter Emiratis und Expats. Zusammen mit Freunden bis spät in die Nacht am Küchentisch zu sitzen, zu quatschen und einen Wein nach dem anderen zu trinken, einen Spieleabend zu veranstalten oder ein Grillfest mit den Nachbarn – solch exotische Sitten haben sich in der Dubaier Gesellschaft bisher noch nicht durchsetzen können.

Nicht oder gar ausschließlich aus Liebe heiraten zu wollen ist ein ebenso fremder Lebensentwurf. Denn der Ehemann oder Zukünftige wird zuallermeist von der Familie ausgesucht und vorgeschrieben. Hat eine Frau von sich aus Interesse an einem Kandidaten, so prüft ihn die Familie aufs Genaueste. Die meisten emiratischen Ehen sind arrangiert, bevorzugt mit einem Verwandten, etwa mit einem Cousin. Es wird auf die »gute Familie« des künftigen Ehepartners geachtet, eine Verbindung soll den eigenen Status nicht mindern. Der Mann muss genügend Geld verdienen, um seine Frau unterstützen zu können, auch wenn diese in Elternzeit ist. Männer nehmen diese Elternzeit selbstverständlich nicht. Sie helfen auch nicht im Haushalt, denn das ist der Herrschaftsbereich der Frauen. Sie zeigen sich aber mit der Familie gerne in der Öffentlichkeit, schieben am Wochenende stolz Kinderwagen durch die Gegend oder tragen auf jedem Arm einen Steppke. Der »Baba« ist der Held und Chef der emiratischen Kinder – und er wird es ihr Leben lang bleiben. Auch dann, wenn die Kinder heiraten wollen. Und, ja, der Bräutigam oder vielmehr dessen Familie bezahlt Brautgeld an die Familie der

Braut. In bar, Schmuck oder Immobilien, nicht mehr in Kamelen. Das islamische Recht erfordert ein Brautgeld, damit die Ehe gültig ist; es kann auch ein rein symbolischer Betrag sein.

Weil am Ende meist ein Cousin als beste Wahl erscheint, gibt es nirgendwo auf der Welt mehr Menschen mit Behinderungen als in den Golfstaaten – das hat eine internationale Studie ergeben. Eine andere Studie von 2006 besagt, dass unter allen neugeborenen Kindern in Dubai die Rate der Kinder, die mit Downsyndrom geboren werden, bei emiratischen Staatsangehörigen doppelt so hoch liegt wie bei Expats. Pro 319 Geburten kommt bei emiratischen Familien ein Kind mit Downsyndrom zur Welt. In Deutschland ist es, je nach Alter der Mutter, eines von 500 bis eines von 800 Kindern, bei denen im Mutterleib Downsyndrom festgestellt wurde. Zahlreiche staatliche Behinderteneinrichtungen kümmern sich in den Emiraten um Menschen mit körperlichen oder geistigen Handicaps. In der Öffentlichkeit sieht man behinderte Menschen in Dubai oder Abu Dhabi eher selten.

Ausländer, auch aus den anderen Golfstaaten, sind keine bevorzugten Ehepartner, und wer Ausländer heiratet, verliert die staatlichen Ehe-Boni. Während emiratische Männer sich bei ausländischen Frauen die ersten sexuellen Erfahrungen holen, kommt dies für Frauen nicht infrage. Junge emiratische Frauen werden, im Gegensatz zu den Männern, eher nicht auf Aufrisstour durch Dubais Nachtklubs ziehen. Ausnahmen bestätigen jedoch die Regel. Auch hier holen die Frauen langsam auf.

Als junges emiratisches Paar unverheiratet zusammenzuleben ist nicht nur gesellschaftlich undenkbar, es ist auch verboten, denn außerehelicher Sex ist nicht gestattet. Der Islam schreibt vor, dass Menschen unterschiedlichen Geschlechts nicht zusammen allein gelassen werden dürfen, wenn sie weder verheiratet noch verwandt sind. Das gilt auch für Ausländer, aber Dubai drückt bei diesen gerne ein Auge zu, vor allem, wenn sie als Touristen einreisen. Wie in der gesamten arabisch-islamischen Welt hat eine Braut in den Emiraten jungfräulich zu sein. Einen Freund zu haben ist für junge emiratische Frauen daher nicht angesagt und muss vor Eltern, Onkeln und Tanten geheim gehalten werden. Undenkbar auch, dass ein Freund in dem Elternhaus einer jungen Frau übernachtet – diese Schande würde sich blitzartig in der ganzen Familie und Nachbarschaft herumsprechen und die Würde des gesamten Clans beschädigen, und nicht nur die der Frau, sondern genauso die des Mannes.

Denn nicht nur die Frauen, auch die Männer stehen unter sozialem Druck. Um als Ehemann attraktiv zu sein, reicht es nicht, aus einer guten Familie zu kommen und ein gesichertes Einkommen in möglichst hohen Summen zu haben. Man braucht auch gute Kontakte und eine gute Stelle. Außerdem wird erwartet, dass man souverän und selbstbewusst auftritt, Karriere macht und die Familie trotzdem über alles stellt. Frauen erwarten zudem, dass der Mann außerhalb des Hauses dominant und strebsam ist, sich in häuslichen Dingen aber den Frauen unterordnet. Er soll den Frauen Freiheiten geben und sich am Wochenende dennoch um die Kinder kümmern. Er soll beim Einkaufen helfen, bei Ausflügen den Kinderwagen schieben, sich an der Erziehung beteiligen und dennoch ein maskuliner Typ sein, mit Haaren an den Beinen, markanten Gesichtszügen und dichtem Bartwuchs. Schluffis, Künstlertypen oder Männer, die man im Westen als »metrosexuell« bezeichnen würde, sind eher wenig gefragt. In Onlinedatingportalen (auch die gibt es) beschreiben sich arabische Männer am häufigsten als romantisch, treu, gut aussehend und lustig. Auch die auf deutschen Portalen gleicher Art häufig zu lesenden Selbstbeschreibungen »sportlich«, »reiselustig« oder »zum Pferde stehlen« werden oft verwendet.

Dating als solches ist aber unter Emiratis nicht vorgesehen, und offen zu daten ist nur emiratischen Männern erlaubt – weshalb sie ausländische Frauen daten, jedoch nahezu immer ohne die Absicht, daraus eine ernsthafte Beziehung werden zu lassen. Ausländerinnen sind Abwechslung und Spielzeug; es wird geflirtet, was das Zeug hält, um des reinen Flirtens willen oder um des Sexes wegen. Eroberungen werden manchmal zu Wochenenden eingeladen und so lange umgarnt, wie sie interessant sind. Der Familie wird eine solche Frau allerdings niemals vorgestellt werden, denn eine russische Geliebte, eine deutsche Touristin, eine philippinische Affäre – das gilt als unehrenhaft, für den emiratischen Mann und erst recht für die ausländische Frau, die sich außerehelich mit ihm eingelassen hat. Eine solche Frau möchte keine emiratische Familie in ihren Kreis aufnehmen. Wer eine ausländische Frau heiraten möchte – und das kommt öfter vor, als es den Scheichs und den Älteren lieb ist –, nimmt damit einen gesellschaftlichen Abstieg in Kauf und muss mit dem Stigma leben, dass er die Bedürfnisse einer emiratischen Frau wohl nicht befriedigen oder er aus irgendwelchen anderen Gründen keine »richtige« Ehefrau finden konnte.

Emiratische Frauen heiraten dagegen nahezu nie ausländische Männer, denn das ist noch schändlicher. Frauen gelten in den Emiraten als Schatz und erfahren viel Wertschätzung. Eine Frau »unter ihrer Würde zu verheiraten« ist daher eine Schande für deren Eltern. Ein saudischer Ehemann wird vielleicht noch akzeptiert, aber völlig undenkbar scheint es, dass eine emiratische Frau einen nicht-muslimischen Mann heiraten würde. Dies ist per Gesetz in den Emiraten sogar verboten. Ein nicht-muslimischer Mann darf eine muslimische Frau erst heiraten, wenn er zum Islam revertiert. (Muslimische Männer dürfen jedoch christliche oder auch jüdische Frauen heiraten, denn der Islam erlaubt grundsätzlich gemischte Ehen zwischen Angehörigen dieser drei Religionen.) Würde eine emiratische Frau im Ausland einen nicht-muslimischen Mann heiraten, würden sich die Eltern der Frau als Versager fühlen, denen es nicht gelungen ist, der Tochter Familienwerte, Tradition, Religiosität und Ehre beizubringen.

Die Familienehre ist wichtig in den Emiraten, wo sich das ganze Leben an der Familie orientiert. Ein trinkender Jugendlicher, ein behindertes Kind, eine partyfreudige Tochter und auch ein prügelnder, fremdgehender Ehemann gelten als Familienschande. Man will immer das Gesicht wahren, nach außen hin sowieso, aber auch innerhalb der Familie. Dadurch entstehen soziale Kontrolle und Anpassungsdruck. Dinge anders machen zu wollen, als die Eltern es gut finden, braucht von der jüngeren Generation viel Willensstärke. Auch das ist ein Grund, warum es keine nennenswerte emiratische Jugendkultur gibt und keine nennenswerten alternativen Lifestyles und Lebensentwürfe. Wer als Emirati ein Bohème-Leben führen will, ein extrem westliches Leben, wer unverheiratet mit jemandem zusammenleben möchte oder eine gleichgeschlechtliche Beziehung sucht, verlässt zumeist das Land und fängt fern der Familie und des sozialen Korsetts in Europa, Australien oder den USA ein neues Leben an. Es ist leichter, ganz mit der Familie zu brechen, als alte Familienstrukturen aufzubrechen.

Emiratische Jugendliche benehmen sich wie kleine Erwachsene und spielen sich vielleicht Streiche, bleiben aber im Familienverband, anstatt sich in Cliquen zu treffen. Von kleinen Ausflügen zum Breakdancen an der Corniche, Fußballturnieren und Wüstentouren mal abgesehen. Für Frauen kann dieser Anpassungsdruck Schutz bedeuten. Wer mit dem neuen Ehemann, der häufig ein Cousin ist, in der Villa der Eltern oder in einer Villa auf dem elterlichen Grundstück wohnen bleibt oder bei seinen Eltern mit einzieht, ist nie komplett allein mit dem Ehemann und wird – wenn vielleicht schon nicht leidenschaftlich geliebt – so doch zumindest nicht misshandelt, weil auch darüber die Familie wacht. Wie lange die arrangierte Zweckehe als soziale Norm noch Bestand hat, ist bei dem hohen Bildungsstand der jungen emiratischen Frauen und Männer abzuwarten.

Das Gesicht wahren – diesen Wert wird es aber noch lange

geben. Das Gesicht wahren bedeutet auch, in der Öffentlichkeit stets eine makellose Fassade zu präsentieren. Dazu gehören gepflegte, verhüllende Kleidung und würdevolles Auftreten. Niemals in Sandalen und dem langen weißen Hemd rennen. Nicht kleckern. Keine Schweißflecke zeigen. Nicht herumlümmeln, latschen und fläzen, sondern immer das Kinn hoch und den Rücken gerade halten. Immer höflich und dabei dennoch ein wenig reserviert sein. Und vor allem: Niemals, niemals die Nerven verlieren.

Das gilt auch für das Geschäftsleben. Jemand, der in einem Meeting oder gar als Chef die Nerven verliert und zu schreien beginnt, ist bei den Emiratis unten durch. Er ist lächerlich und braucht sich überhaupt nicht mehr blicken lassen, wird eventuell sogar ausgelacht. Das kann sogar schon passieren, wenn jemand überambitioniert oder über-ernsthaft auftritt, denn auch dies gilt als lächerlich. Dass die Emiratis schreien, scheint nur so – sie sprechen oft laut und temperamentvoll, aber sie verlieren dabei nicht die Nerven. Und sie wissen sehr wohl zu unterscheiden, ob jemand laut spricht und ausladend gestikuliert oder schreit und tobt. Bei fast allen anderen Fauxpas, die Fremde begehen, sind Emiratis tolerant, aber die Nerven zu verlieren gehört zu den Todsünden. Zu ihnen gehört auch, sich negativ über Scheichs und andere arabische Würdenträger zu äußern, die Religion zu kommentieren, an den emiratischen Sitten oder am Essen herumzumäkeln. Wer dies tut, kann eigentlich direkt wieder nach Hause fahren.

Fettnäpfe im Umgang mit Emiratis, besonders im Geschäftsleben, gibt es selbstverständlich deutlich mehr. Die kaum zu überbietende Geduld und Nachsicht der Emiratis mit ausländischen Trampeln führt allerdings dazu, dass sie Letztere das Fehlverhalten nicht unmittelbar spüren lassen. Der Geschäftsabschluss mag nicht zustande kommen, wenn die Fehler sich häufen. Zurechtgewiesen oder hinausgeworfen wird man jedoch nicht, wenn man sich mal danebenbenimmt. Der emiratische Humor, der sich an Peinlichkeiten anderer entzünden kann (auch ein Grund, weshalb Emiratis in der Öffentlichkeit unbedingt das Gesicht wahren), tut ein Weiteres dazu, dass Fehltritte verziehen werden.

Schon bevor ein Meeting beginnt, kann man einiges falsch machen. Man sollte in jedem Fall überpünktlich erscheinen, denn auch wenn Emiratis gerne bis zu zwei Stunden zu spät kommen, warten sie nicht gerne – zumindest nicht auf Ausländer, weil sie wissen, dass Ausländer üblicherweise pünktlich sind und ein Zuspätkommen bedeutet, dass die Ausländer unzuverlässig sind. Emiratis kommen grundsätzlich und zu allem zu spät – außer sie wollen dem ausländischen Partner oder Gast beweisen, wie sehr sie um ihn bemüht sind. Dass Ausländer Termine schon Wochen im Voraus minutengenau vereinbaren, finden Emiratis bestenfalls lustig. Verbindlich finden sie es nicht. Dass sie sich für eine zweistündige Verspätung oder einen komplett geplatzten Termin entschuldigen oder gar eine Ausrede vortragen, ist eine Ausnahme. Wer dann sauer wird und meckert, hat sein Gesicht und damit auch den Deal verloren. Gerade Deutsche müssen sich auf die Zunge beißen, wenn sie mit emiratischem Timing konfrontiert sind.

Fährt man mit einem Aufzug zum Meeting – was ziemlich wahrscheinlich ist –, kommt gleich die nächste Hürde: Der hochrangigste Emirati steht immer ganz rechts. Tut er es nicht, werden die Plätze getauscht. Der Hochrangigste steigt als Erster in den Lift ein, dann tauscht man im Lift Plätze, sodass er wieder ganz rechts steht und als Erster aussteigen kann.

Im Meetingraum wird der hochrangigste Anwesende als Erster begrüßt. Es ist der Chef oder auch der Älteste in der Runde. Man erkennt ihn daran, dass er den Platz an der Stirnseite des Tisches einnimmt oder diesen Platz mit großer Geste einem Ehrengast anbietet. Im Meeting selbst gilt: ordentlich sitzen (die Beine nicht übereinanderschlagen, niemandem die Sohle zeigen, nicht mit den Beinen wippen und niemals, niemals jemanden mit dem Schuh berühren), die familiäre Atmosphäre anerkennen und nicht gleich zum Kern der Sache kommen, anständig essen und trinken. Die linke Hand bleibt dabei aus dem Spiel. Tassen, Gläser, Cracker, Kekse, Datteln: In der Gegenwart von Emiratis wird alles mit der Rechten zum Mund geführt. Emiratis wissen, dass Europäer dies manchmal vergessen. Sie wissen auch, dass Europäer die linke Hand nicht dazu benutzen, um sich damit auf der Toilette den Hintern abzuputzen, wie es in der arabischen Welt üblich ist. Sie ekeln sich trotzdem, wenn jemand mit der linken Hand zugreift.

Ein Meeting ist ein wenig so wie ein Familientreffen. Man sitzt beisammen, redet ein bisschen über dies und das, und der Patriarch / Chef hat im Zweifelsfall recht. Es geht bei Meetings anfangs weniger darum, sich selbst oder Produkte zu verkaufen, sondern darum, sich kennenzulernen und herauszufinden, ob der andere denn auch aus gutem Stall ist. Daher ist die Etikette so wichtig, denn unterschwellig entscheidet sie trotz allen Wissens um kulturelle Unterschiede darüber, wen man ein zweites Mal trifft und mit wem man einen Deal abschließt. »Familiär« bedeutet aber nicht, dass man über die Familie spricht. Sich bei emiratischen Männern nach deren Frauen zu erkundigen ist *haram*, so tabu wie der Harem. Trotz aller familiären Atmosphäre bleibt die eigentliche Familie reine Privatsache. Eventuell fragen Emiratis neugierig, ob man Ehepartner und Kinder hat, und vielleicht erzählen sie dann von den eigenen Söhnen.

Bei einer emiratischen Firma ist davon auszugehen, dass ohnehin mehrere Mitglieder einer Familie dort arbeiten, denn auch im Wirtschafts- und Geschäftsleben ist die Familie die Keimzelle, aus der alles entsteht und nach deren Regeln alles funktioniert. Lieber stellt man einen Cousin ein als einen Fremden, lieber macht man Geschäfte mit einer als »gut« geltenden emiratischen Familie als mit indischen Einwanderern. Wenn während eines Meetings ein Cousin oder Bruder anruft, gehen Emiratis daher selbstverständlich ans Telefon. Sie schreiben während Präsentationen SMS oder rufen selbst jemanden an. Sie begrüßen den hereinschneienden Sohn und Cousin. Und wenn dann doch mal wirklich verhandelt wird, feilschen sie um jeden Euro.

Ach ja, noch so ein Klischee: Emiratis feilschen immer, überall und ganz und gar weltmeisterlich. Das stimmt. Es stimmt so sehr, dass Händler und Gastronomen Emiratis inzwischen manchmal um ein Vielfaches erhöhte Rechnungen präsentieren, um überhaupt noch ein Geschäft zu machen; oder in ihren Läden große Schilder aufstellen, dass hier grundsätzlich Festpreise gelten und nicht gefeilscht wird. Die Emiratis behaupten, die Extratarife und Verbote lägen daran, dass man sie alle für stinkreiche Scheichs hält und die Fremden sie im eigenen Land ausnehmen wollen. So tief ist das Klischee vom reichen Scheich also im kollektiven Bewusstsein der Emirate verankert. Emiratis werden wie Fremde im eigenen Land behandelt, denn in den meisten anderen Ländern sind es die Touristen und nicht die Einheimischen, die absichtlich ausgenommen werden.

Arabeske: Kleine Freiheit in der Barasti-Bar

Jaime tanzt im Sand. Er dreht das Gesicht in den Sternenhimmel, lässt sich vom Elektrosound des DJs und der Nachtbrise umfließen. Jaime (oder war es James? John? Er lallt schon ziemlich) kommt aus Südafrika und hat in Dubai noch keine Freundin, aber nette Arbeitskollegen in seinem Ingenieursbüro, mit denen er abends ausgeht – in die Strandbar Barasti, wohin auch sonst. Jaimes Bier kann beim Tanzen nicht überschwappen, denn er trinkt es aus der Flasche. »Du siehst wunderschön aus heute Abend«, hat er schon zu mehreren Frauen gesagt. Wenn er nicht weitertrinkt, sondern weiterflirtet, könnte er durchaus noch Erfolg haben. Im Barasti ist fast alles möglich. Denn auch Frauen, die mit ihren Kolleginnen herkommen, suchen hier Anschluss. Einige, die allein da sind, bieten sogar Anschluss gegen Geld.

Der Sand ist die Tanzfläche, die Tresen der Bars sind aus Holz, ein Dielenboden bietet Raum für Tische und Sitzecken, eine Terrasse noch mehr Bars und Tische zum Essen, einen Gaudi-Swimmingpool und eine Großbildleinwand.

Fast alle Bars in Dubai sind in einer, meist in mehreren oder fast allen Disziplinen besser als das Barasti: Sie sind edler im Design und ruhiger, die Möbel sind neuer, die Kellner freundlicher, das Ambiente gepflegter, das Publikum gehobener, die Snacks feiner und die Cocktails besser – sie kommen vor allem nicht im Plastikbecher mit groben Eiswürfeln und Saft aus dem Tetrapack. Dennoch ist das Barasti *die* Bar. Sie ist es immer gewesen und wird es vermutlich immer sein. Das Barasti war schon an dieser Stelle des Jumeirah Beach, als dort noch keine Häuser standen, geschweige denn Luxushotels. Es begann mit dem Getränkeverkauf in einer Fischerhütte – unter einem Barasti-Dach, das diesen aus Palmwedeln gewebten, Schatten spendenden Unterkünften ihren Namen gibt – vor den Toren der Stadt am wilden, unberührten Strand, und doch nahe genug an Jumeirah, wo die vor allem britischen Einwanderer lebten. Die Existenz der Strandbar sprach sich schnell herum, und das Barasti wurde Treffpunkt und Institution.

Auf dem Oberdeck neben dem Tresen quält ein langhaariger Alleinunterhalter mit seiner Gitarre die aktuellen Charts; er hat einen Pavillon für sich, damit er die anderen Gäste nicht stört – diejenigen, die lieber Fußball gucken, flirten, tanzen oder trinken. Jaime und seine Freunde unten im Sand können ihn gar nicht hören.

Viele Gäste kommen hierher, ein paar Hundert an guten Abenden, und Dubai hat viele gute Abende. Das Barasti hat den ganzen Tag geöffnet und bietet Platz für jeden: Familien bringen ihre Kinder und Babys mit, junge Cliquen gönnen sich eine Shisha, britische Geschäftsleute ein bis zehn Feierabendbiere, junge europäische Mädchen führen ihren Fummel aus, und junge emiratische Männer in Fußballtrikots gucken ihnen nach. Auch die Generation 50 plus, sonnengegerbt und alteingesessen oder auch nur auf Besuch, findet ihren Platz am Tresen. Es gibt keinen VIP-Bereich und kein Chichi; wo die Farbe abblättert, blättert sie eben ab, und wer ein elftes Bier trinken muss, der muss ein elftes Bier trinken. Muskulöse Securitymänner sorgen dafür, dass es nicht zugeht wie am Ballermann oder auf dem Oktoberfest, aber abgesehen davon ist im Barasti alles erlaubt. Knutschen und Kreischen, Heulen und Händchenhalten (ja, auch Jungs untereinander), Flirten und Feiern, Blödsinn labern, miese Klamotten ausführen, und wenn es sein muss, zu später Stunde auf den Parkplatz kotzen, zwischen einen Ferrari und einen Toyota Echo, die dort nebeneinander geparkt sind. So war es in den ersten Tagen des Barasti, und so ist es bis heute. Die Strandbar ist ein Stück Freiheit, das sich die Expats, die Einwanderer, erkämpft haben, in einer Stadt voller Verhaltenskodices und Statussymbole. Im Barasti sind alle gleich, und alles geht – das ist das Erfolgsgeheimnis.

Oben an der Bar hat sich eine ganze Traube von Männern um eine Frau gebildet, die mit Freundinnen da ist und sich nur unterhalten wollte. Aber die mit ihrer dunklen Haut, dem fein geschnittenen Gesicht und dem orangefarbenen Cocktailkleid so umwerfend aussieht, dass einfach alle Männer stehen bleiben und ihr ein Kompliment machen müssen. Assia kommt aus Äthiopien und arbeitet in einem Hotel, so wie die Mädels, mit denen sie da ist. Jaime tanzt derweil unten weiter. Was hätte wohl sein können, was werden? Jeden Tag verlassen neue Paare das Barasti, um später zu erzählen, wie sie sich zwischen Bohlenboden und Bierausschank kennengelernt haben.

Inzwischen ist die Stadt gewachsen, hat das Barasti erreicht und ist drum herumgewuchert. Die einst so wildromantisch abgelegene Strandbar wurde Teil des luxuriösen Mina-Seya-hi-Resorts von Le Meridien, das seinerseits bereits in die Jahre gekommen ist. Nebenan wuchs erst das Westin, dann die »Palm Jumeirah«, die palmenförmige künstliche Insel. Zur gleichen Zeit begannen sich die Hochhausfinger von Marina auf dem Festland in den Himmel zu strecken. Aus der unberührten Natur ist eine funkelnde Stadtlandschaft geworden, eine 360-Grad-Kulisse für das Nachtleben. Das Barasti ist größer geworden, aber es ist dasselbe geblieben: Bier aus der Flasche und ein bisschen Freiheit, ein geradezu demokratischer Flecken Sand. Es hat überdauert, während sich die gesamte Stadt verändert hat. Das Barasti ist eine Legende, eine der wenigen Dubais, daher ist es unsterblich und unzerstörbar.

Expats – Der Motor des Landes

Die größte Bevölkerungsgruppe Dubais und der anderen Emirate sind die Expats. Das ist aber auch schon der einzige zutreffende Satz, der sich verallgemeinernd über die Expats schreiben lässt. Denn sie sind von der Herkunft her so heterogen und leben so unterschiedliche Leben, dass es nichts Verallgemeinerndes über sie zu sagen gibt. Aufgrund der Vielfalt dieser Expats ist Dubai so bunt und lebensfroh, und erst die Vielfalt und auch die sozialen Unterschiede innerhalb der verschiedenen Expat-Gemeinden lässt die Dubaier Gesellschaft funktionieren (die von Abu Dhabi und den anderen Städten natürlich ebenso).

Expats sind all diejenigen, die in die Emirate einwandern, um dort vor allem ihr materielles Glück zu suchen. Sie alle sind Arbeitsmigranten auf den verschiedensten Leveln, vom Autoputzer aus Bangladesch bis zum Bankmanager aus Deutschland. Sie haben sich für Jobs in Dubai anwerben lassen – von Headhuntern ebenso wie von Schleppern –, wollen nur eine Zeit lang in Dubai bleiben und dann reich an

Erfahrung und vor allem an Geld in ihre Heimatländer zurückkehren. Sie würden sich nicht als Auswanderer bezeichnen, sondern als Dubaier auf Zeit. Kaum jemand kommt mit der Absicht, für immer zu bleiben, aber einige tun es dennoch, weil sie sich außer einem Geschäft, einer Firma, einem Start-up auch ein Leben am Golf aufbauen und dort eine Familie gründen oder die Familie aus der Heimat nachkommen lassen, also in der Fremde sesshaft werden. Wie es sich eben ergeben kann im Leben derjenigen, die ihre Heimat verlassen, um im Ausland Erfolg zu haben und andere Perspektiven zu finden.

Expats in Dubai sind niemals Armutsflüchtlinge, sondern immer ehrgeizige, erfolgsorientierte Menschen, die sich und oft auch den Liebsten zu Hause mehr bieten wollen, als sie es zu Hause könnten. Es gibt in Dubai keine sozialen Netze, sondern nur Jobs. Wer keinen hat, verliert nach drei Monaten seine Aufenthaltsgenehmigung und muss zurück nach Hause. Die Unterstellung an Migranten, sich bloß durchfüttern lassen zu wollen, gibt es in den Emiraten nicht. Migranten sind daher willkommen, da man ihnen pauschal unterstellt, fleißig zu sein und das Land voranzubringen – mit dem, was sie eben können. Auch deshalb sind die Emirate ein so ausländerfreundliches Land: Der Fremde, der Einwanderer wird positiv wahrgenommen, als Bereicherung, als Chance, nicht als Bedrohung oder Konkurrenz.

Der Bankmanager aus Deutschland würde es nur nicht so formulieren; er und seine Kollegen Ingenieure, Vertriebsleiter, Marketingexperten und Co nennen ihre Dreijahresverträge für die Emirate eine »tolle Karrierechance« und »die nötige Auslandserfahrung«. Dies wiederum würde ein Kindermädchen aus Malaysia nicht so formulieren, aber im Grunde ist es dieselbe Motivation. Wie einst während des amerikanischen Goldrauschs in die Goldgräbersiedlungen ziehen Menschen von überallher nach Dubai, um dort ihren Reibach zu machen, welches Geschäft oder Finanzierungsziel sie auch immer erreichen wollen. Vom sechs- und siebenstelligen Jahresgehalt von Topmanagern bis zu den etwa 180 Euro im Monat, die ein Hausmädchen bekommt, hat der Reibach in Dubai so verschiedene Gesichter wie diejenigen, die ihn zu machen hoffen.

Sich in die emiratische Gesellschaft zu integrieren haben die Expats nicht vor. Selbst wenn sie es wollten, würden ihnen die Emiratis ohnehin den Zugang verwehren. Doch wer kommt, um nicht zu bleiben, muss sich auch nicht in die einheimische Gesellschaft integrieren, sondern sollte eher zusehen, den Anschluss an die Kultur des eigenen Heimatlandes nicht zu verlieren. So war es bei den ersten Einwanderungswellen an der Golfküste, und so ist es bis heute geblieben: Expats bleiben nach Herkunft sortiert und bilden viele Dubaier Untergesellschaften, die sich ständig treffen, aber nie mischen, und die hierarchisch angeordnet sind. Hierarchie und Trennung bieten soziale Orientierung und sozialen Rückhalt, sie sorgen für Gemeinschaftsgefühl innerhalb der Stadt der unendlichen Optionen, bieten in der Gruppe Heimatgefühl – und sie werden umso hinderlicher, je weiter unten jemand im Klassensystem steht. Nach unten ist das Klassensystem offen, nach oben dagegen nicht, denn ganz oben stehen natürlich die einheimischen arabischen Emiratis und darunter die Locals. Diese haben kein Interesse, dass Einwanderer in ihre Kreise aufsteigen, was ein weiterer Grund ist, warum Integration nicht erwünscht ist. Jeder soll sein Geld verdienen, aber jeder soll in seiner Klasse bleiben und am besten irgendwann wieder nach Hause gehen. Diese Abschottung der Emiratis, auch die Ächtung von internationalen oder gar interkulturellen Ehen in ihrer Gesellschaft, ist ein Schutzmechanismus. Nur so können die Emiratis als Minderheit im eigenen Land weiterhin das Sagen haben. Für eine Minderheit an der Spitze der sozialen Pyramide ist Abgrenzung, nicht Integration, gelebter Minderheitenschutz. Ginge es nach dem Mehrheitsprinzip der Bewohner der Emirate, müssten sich alle an die indische Kultur (wie auch immer man die Kultur dieses Vielvölkerstaates definieren würde) anpassen, denn in Dubai stammt mehr als die Hälfte der Einwohner aus Indien.

Ganz oben im Expat-System stehen die Kaukasier. Das klingt rassistisch, ist aber so. Und ja, Alltagsrassismus ist eine Orientierungshilfe in der unübersichtlichen Dubaier Gesellschaft, bei aller Einwandererfreundlichkeit. Expats werden nach Aussehen, Herkunft und Kleidung automatisch einer sozialen Schicht zugeordnet. Deutsche, Briten, Franzosen, Niederländer, Amerikaner, weiße Südafrikaner, Russen – sie stehen in der Rangordnung der Expat-Hierarchie ebenfalls ganz oben. Man vermutet sie automatisch in Führungspositionen internationaler Unternehmen oder der Reisebranche, geht davon aus, dass sie sehr gut bezahlt werden, in einem Haus wohnen und mit ihrer Familie an den Golf gekommen sind. Handelt es sich dagegen um junge, gut aussehende kaukasische Frauen, geht man davon aus, dass sie »Airline Crew«, single und auf der Suche nach einem reichen Ehemann sind. Ein Kaukasier als Putzhilfe in Dubai scheint unvorstellbar, und wenn ein Weißer als Koch arbeitet, so dann doch mindestens als Sternekoch. Dass Weiße in kleinen Einzimmerapartments wohnen und sich nur so durchschlagen, ist möglich und kommt vor, ist allerdings nicht im kollektiven Bewusstsein verankert.

Diese Vorstellung stammt noch aus der Zeit der *Trucial States*, als England die Schutzmacht am Golf war und Ärzte, Ingenieure, Entwicklungshelfer, Architekten und Prospektoren schickte. Ebenfalls aus der Zeit stammt die Kategorisierung, dass Iraner wohlhabende Händler sind und Einwanderer aus Südasien, vor allem Indien, billige und ungelernte Arbeiter. Die Weißen, damals vor allem Briten, gründeten in Jumeirah ihre eigene Siedlung, mit ihren eigenen Häusern, und brachten ihre Frauen mit. Da die Männer gut verdienten, blieben die Frauen zu Hause, kümmerten sich um die Kinder und um die *Diaspora-Community*. »Jumeirah Jane« ist der Dubaier Name für so eine weiße Hausfrau, die »Desperate Housewife« des Golfs. Die Jumeirah Janes, die in den Sechzigerjahren kamen, sind fast alle wieder abgereist, einige aber sind geblieben, dafür kamen andere nach. So bleibt die typische Jumeirah Jane immer im selben Alter, um die 30. Man mag sich lustig machen über diese Frauen, aber sie sind es, die maßgeblich den Gedanken der Wohltätigkeit, der Charity, in die Emirate gebracht haben. Umweltschutzinitiativen, Mülltrennung, Tierheime, Frauenhäuser für bedrängte Hausmädchen, Beratungsstellen, Wohltätigkeitsbasare: Ideen hierfür entstehen in den Vierteln und Quartieren, wo es hochgebildete Frauen mit Tagesfreizeit und sozialem Engagement gibt.

Man lebt als Expat in den Emiraten nicht in abgeriegelten *Compounds* wie in Saudi-Arabien, so aber doch in bestimmten Vierteln oder *Gated Communities*, in denen Weiße unter sich sind. Dort gibt es dann Schulen mit erstaunlich homogenen Klassen, Sportvereine und Community-Swimmingpools, wo man untereinander bleibt. In diesen Siedlungen sind die Häuser oft in Einheitsarchitektur gebaut und schnell hochgezogen; wie in manchen englischen Vorstädten sieht eines aus wie das andere. Individualität ist hier nicht gefragt, Vielfalt erst recht nicht. So sieht auch ein Ärmchen der künstlichen Insel »The Palm« aus wie das andere, und darauf ein Haus wie das nächste. Es gibt die Häuser lediglich in den Varianten riesig, groß und nicht so groß, welche jeweils zusammengruppiert sind. Als sich »The Palm« wegen der relativ kleinen Grundstücke und der eher bescheidenen Wasserqualität als leichter Flop herausstellte und wegen der fallenden Mieten die ersten indischen Familien in die nicht so großen Häuser zogen, fürchtete man um den Untergang der »Palme« als Paradies der reichen Kaukasier.

Das Leben als weißer Expat ist ziemlich easy. Auch wenn man nicht zu den Topverdienern gehört, hat man es im Alltag leicht. Man bekommt in jedem Restaurant einen Tisch und wird in jedem Laden bedient. Man bekommt für die Kinder Plätze in guten internationalen Schulen und Betreuungseinrichtungen. Vermieter zögern nicht, einem ein großes Haus zu überlassen. Der Autohändler lässt einen auch einen großen hochwertigen Wagen Probe fahren. Bei internationalen Klubabenden wird man bevorzugt eingelassen, vor allem als Frau. Kaukasier in Dubai haben fast alle eine Alkohollizenz: Die Genehmigung, in speziellen Geschäften der Stadt alkoholische Getränke einzukaufen und diese auch im eigenen Wagen zu transportieren. Man muss dafür einen Mietvertrag, seinen Pass und seinen Arbeitsvertrag vorlegen, dazu eine vom Arbeitgeber unterschriebene Bescheinigung. Weitere Voraussetzungen sind ein Mindesteinkommen von monatlich 600 Euro und der Nachweis, kein Muslim zu sein. Es ist also ein Privileg gewisser Expat-Schichten mit sehr großer Schnittmenge bei Weißen.

Dabei sind die Topverdiener unter Dubais und Abu Dhabis Expats längst nicht mehr nur Weiße, sondern Geschäftsleute und Unternehmer aus aller Welt. Inder und Iraner etwa, die in zweiter und dritter Generation Hotels führen, Läden oder Restaurants. Indische Unternehmer haben es weit gebracht in Dubai, werden aber immer noch schlechter behandelt als Kaukasier. Inder kamen als Arbeiter und kleine Angestellte und konnten sich manchmal hocharbeiten, den Anschluss zur Society der Weißen haben sie dennoch nicht geschafft. Inder bleiben in den Emiraten unter Indern, in indischen Stadtvierteln wie dem Kleineleuteviertel Al-Karama oder auch auf »The Palm« oder in »indischen« Quartieren von Jumeirah und anderswo. Bei exklusiven Veranstaltungen werden Inder nicht selbstverständlich hereingewunken, wenn sie nicht gerade im Supersportwagen vorfahren. Inder stellen die Mehrheit der Bevölkerung in Dubai, gelten als Motor des Landes und sind dennoch Bürger zweiter Klasse anstatt High Society. Das Gros der indischen und indischstämmigen Dubaier arbeitet auch tatsächlich nicht in Vorständen, aber durchaus im mittleren und höheren Management, etwa in Hotels, als Marktleiter im Supermarkt, als Storemanager oder Bankenfilialleiter. Die Verkäufer im Souq, die den Touristen Schals anbieten, sind ebenfalls fast alle Inder, ebenso wie die Goldhändler. Der prächtige Goldschmuck etwa in den Schaufenstern des Gold-Souqs von Dubai, der so oft fotografiert wird, ist nicht traditionell arabisch, sondern traditionell indisch und wird für Hochzeiten und als Aussteuerware hergestellt.

Die aus Indien stammenden Expats erleben Ausgrenzung, grenzen sich zugleich aber selbst von anderen Expats ab und leben ihre eigene Kultur. Hindutempel sind in Dubai nicht erlaubt, da der Hinduismus im Islam nicht als Religion, sondern als Heidentum gilt. Doch Diwali, das Fest der Lichter, feiert man dennoch in ganz Dubai, in indischen Lokalen, daheim oder in Community-Zentren. Man sieht Bollywood-filme in indischen Kinos und kauft in indischen Geschäften indische Waren. Nicht immer sind Araber oder Weiße dort so herzlich willkommen wie in von Indern geführten Souvenirläden. Erst recht grenzt man sich aber von Pakistanis ab, die ebenfalls in großer Zahl in Dubai leben. Diese stehen in der Hackordnung noch unter den Indern und bekommen tendenziell die schlechteren Jobs, und das, obwohl sie Muslime sind und den Emiratis nach den muslimischen Indern als Glaubensbrüder näherstehen müssten als hinduistische Inder. Aber die Pakistanis sind zahlenmäßig einfach weniger als die Inder und kamen nicht mit den ersten Einwanderungswellen. Sie müssen sich ihre Schlüsselpositionen immer noch erarbeiten. Wie Einwanderer aus Indien arbeiten Pakistanis allerdings auch als Polizisten und an anderen Stellen des öffentlichen Dienstes, die nicht mit Emiratis besetzt werden konnten. Eher noch als Weiße, von denen man vermutet, dass sie nur wenige Jahre bleiben, und ihnen daher seltener Stellen im öffentlichen Dienst zuschustert. Dass ein Streifenpolizist Emirati ist, ist in den Emiraten die Ausnahme. Arabisch sollte er allerdings schon können, daher gibt es in den Emiraten auch jede Menge ägyptische, irakische, syrische, jordanische oder libanesische Polizisten und Staatsbedienstete. Die Einwanderer aus anderen arabischen Ländern sind jeweils Minderheiten, finden aber ebenso ihr Auskommen. Die Libanesen werden für ihre Restaurants und traditionellen Musiker besonders geschätzt. Noch so ein Beispiel für den Dubaier Alltagsrassismus: die Annahme, dass Libanesen alle gut kochen können.

Etwa um die Jahrtausendwende begann eine große neue Einwanderungswelle von den Philippinen. Filipinos drängen seither in die Jobs, die früher meistens von Indern besetzt waren. Sie stehen und sitzen an Kassen, arbeiten im Verkauf, am Empfang, als Bademeister, sie kellnern und fahren Taxis oder putzen Hotels und waschen Autos, während Inder tendenziell ihre Vorgesetzten sind. Sie wohnen in älteren Vierteln wie Al-Satwa oder Al-Karama und teilen sich zu mehreren Wohnungen oder gar Zimmer. Frauen-WGs sind angesehener als Männer-WGs, denn »Bachelors«, wie man alleinstehende Männer der arbeitenden Bevölkerung nennt, sind nicht sehr angesehen, egal ob sie wirklich unverheiratet sind oder die Familie nicht mit in die Emirate bringen konnten. Bachelors unterstellt man latent, dass sie Pornos gucken, aus Langeweile zu viel trinken und sich an Frauen heranmachen. Doch sie, die immerhin noch in Wohnungen leben, sind nicht diejenigen, denen es am schlechtesten geht oder die am wenigsten angesehen sind. Denn das sind die Arbeiter, die »Worker«.

Die ersten Worker der Sechzigerjahre kamen aus Indien, heute kommen die Bauarbeiter vor allem aus Süd- und Südostasien: aus Sri Lanka und Bangladesch, aus Pakistan und Indonesien, und immer noch aus Indien. Mit den etablierteren Indern und Pakistanis in den Emiraten haben diese Arbeiter wenig bis gar keinen Kontakt. Sie leben in einem Paralleluniversum, das für alle offen sichtbar ist, das aber kaum jemanden wirklich interessiert. Jeder sieht diese Arbeiter auch bei größter Hitze im Blaumann auf den Baustellen schuften und mittags auf den Grünstreifen der Straßen liegen und Pause machen. Jeder sieht sie, wie sie am Feierabend in großen Gruppen auf Busse warten. Jeder sieht, dass diese Busse auch im Hochsommer keine Klimaanlage haben. Niemand sieht, wo diese Busse hinfahren, weil diese Orte abseits der üblichen Routen liegen: die *Labour Camps*, die Arbeiterlager. Sie sind Dörfer aus Containern oder Baracken, Plattenbausiedlungen oder Betonhäusern, in denen die Arbeiter leben. Die Baufirmen stellen die Unterkünfte zur Verfügung und auch die Pendelbusse. Je nach Arbeitsvertrag müssen die Männer für die Unterkunft Miete bezahlen, und so oder so bleiben ihnen im Monat etwa 200 Euro Lohn, von dem sie sich versorgen müssen und von dem sie möglichst viel in die Heimat schicken. In Dhaka mögen 100 Dollar, die einer aus Dubai heimschickt, viel sein, in Dubai sind die anderen 100 Euro gerade so viel, um nicht zu verhungern.

In den Camps leben ausschließlich Männer, immer teilen sich mehrere ein Zimmer. Privatsphäre gibt es nicht, Klimaanlagen sind selten, Hygiene ist nicht das Wichtigste. In der Enge kommt es immer wieder zu Gewaltausbrüchen, auch zu Selbstmorden. Der soziale Stress ist groß. Diese Lager sind keine Gefängnisse mit Stacheldraht, aber sie sind soziale Gefängnisse, da sie so weit abgelegen sind, dass sie zu Fuß nicht erreichbar sind. Keiner der Arbeiter besitzt ein Auto, Linienbusse fahren die Labour Camps meist nicht an. So bleiben die Arbeiter nach Feierabend meist unter sich. Wo sollen sie auch hin, die Arbeiter? Sie werden manchmal nicht einmal in die edlen Malls hineingelassen. Leisten könnten sie sich dort ohnehin nichts, man verwehrt ihnen aber sogar den Blick.

Genau solche Camps gibt es auch im Nachbaremirat Katar, und über sie wurde und wird im Zuge der Bauarbeiten für die Fußballweltmeisterschaft 2022 viel berichtet. Von moderner Sklaverei ist die Rede, von Menschenrechtsverletzungen und Ausbeutung. Die Emiratis und die in der Hackordnung höherstehenden Expats entgegnen dann, dass diese Männer ja schließlich alle freiwillig im Land seien, viel mehr verdienten als in ihrer Heimat und teilweise sogar in den Camps noch bessere Lebensbedingungen hätten als in den Slums von Dhaka oder Colombo. Die Wahrheit liegt irgendwo dazwischen, aber sie herauszufinden hat sich noch niemand wirklich die Mühe gemacht.

Es ist leicht, diese Männer einfach zu ignorieren, sie wie Playmobilfiguren wahrzunehmen und nicht an ihre menschliche Situation zu denken. Es ist praktisch für die Baufirmen, dass die Arbeiter keine Lobby haben und sie auch keine Betriebsräte gründen dürfen. So bleibt der Niedriglohnsektor dauerhaft erhalten und nutzt am Ende allen Dubaiern, denn die neuen Straßen, Gebäude, Parks und Attraktionen genießen dann alle außer jenen, die sie erbaut haben. Dubai mag nicht auf dem Rücken dieser Männer gebaut sein, aber mit deren Schweiß – nur dankt es ihnen niemand, und wer sich beschwert, wird ausgewiesen, denn für ihn warten in Bengalen schon die Nächsten, die in Dubai ihr Glück versuchen wollen.

Noch schlechter als den Arbeitern geht es den Hausmädchen. Sie nehmen die Plätze ein, die in den Sechzigerjahren noch die Sklaven innehatten, und sie werden genauso behandelt. Sie wohnen bei den Dienstherren im Haus und haben meist keine geregelten Arbeitszeiten. Häufig nehmen ihnen die Dienstherren die Pässe ab. Schläge und Vergewaltigungen sind keine Seltenheit, glaubt man den Betreiberinnen von Frauenhäusern und Beratungsstellen. Haus- und Kindermädchen sind rechtlos und ihren Dienstherren ausgeliefert. Wird ein Hausmädchen schwanger oder beschwert sich, schickt man sie kurzerhand zurück nach Jakarta oder Manila. Auch hier warten schon die Nächsten auf Jobs am Golf. Nicht alle Dienstherren werden gewalttätig, aber wer den Frauen und

Mädchen, die den reichen Frauen in den Malls die Kinderwagen hinterherschieben, in die Gesichter blickt, sieht darin fast nie ein Strahlen. Auch diese Menschen arbeiten mitten in der Gesellschaft und sind doch nicht Teil von ihr.

Gleichgültigkeit der jeweils anderen sozialen Gruppe gegenüber ist eine soziale Überlebenstechnik in Dubai. Wer nicht ein gewisses Maß an Kaltschnäuzigkeit mitbringt, wird an der sozialen Ungleichheit verzweifeln, da sie dem westlich-demokratischen Menschen als ungerecht erscheint. Wer sich nicht ständig schuldig fühlen will, auch der Umwelt gegenüber, muss das Schulterzucken trainieren. Ebenso wie die Arbeiter in den Labour Camps trainieren müssen, angesichts der unerreichbaren Reichtümer gleichgültig zu bleiben und vor allem auf sich selbst zu achten.

Das Konzept der sozialen Gleichheit und der Chancengleichheit gilt in Dubai und den Emiraten nicht. Es gilt vielmehr das Konzept, dass jeder, der fleißig ist, mit seinen Mitteln für sich etwas erreichen kann, eventuell auch mit der Hilfe (nicht auf Kosten!) von anderen, denen es weniger gutgeht, die aber von dem eigenen Erfolg profitieren. Nett ist es schon, diesen dann ein Trinkgeld zu geben oder dem Sicherheitsmann an der Pforte der Gated Community die Reste vom Partybüfett zu spendieren.

In Dubai kämpfen die Expats um die Erfüllung ihres Traumes, und je niedriger sie in der sozialen Hackordnung stehen, desto intensiver, manchmal aggressiver tun sie das. Da bleibt wenig Raum für Rücksicht und viel für Business. Man sucht bei sozialen Events nicht unbedingt neue Freunde fürs Leben, sondern Geschäftspartner. Man betreibt keinen Small Talk, man netzwerkt. Das ist gut, denn so kommt schnell jeder mit jedem ins Gespräch. Da in Dubai und Abu Dhabi jeder irgendwie neu in der Stadt ist, ist auch jeder daran interessiert, neue Leute kennenzulernen. Denn mit neuen Leuten kommen neue Möglichkeiten und neue Kontakte, die später, wenn man sich eventuell mal in Kanada wiedertrifft, nützlich sein könnten. Die Dubaier Expat-Welt ist eine mobile, internationale Gesellschaft mit einem ständigen Kommen und Gehen. Sie ist aber auch eine Welt, in der man sich behaupten muss – jeder so, wie er kann. Stabilität bieten nicht die Familie oder die langjährigen Freunde, denn davon gibt es zu wenige. Stabilität und Orientierung bietet die soziale Schicht. Auch das führt dazu, dass sich die Gruppen voneinander abgrenzen und dass jede dennoch einigermaßen aggressiv an der oberen Grenze kratzt, denn von dort kommt das Geld, das man verdienen möchte; und dass von oben nach unten manchmal nicht nur Gleichgültigkeit, sondern Ruppigkeit den Umgang bestimmt.

Das führt dazu, dass das Leben auch wieder anstrengend werden kann und Expats Tage und Stunden haben, in denen sie zu Menschenfeinden und Unterschichtverächtern werden und sich dafür schuldig fühlen – oder sich für Kälte entscheiden. Es sind manchmal einfach zu viele Leute, die einen ansprechen, Service bieten, Arbeiten verrichten. Es ist nicht möglich, jedem ein Trinkgeld zu geben oder auch nur zu jedem freundlich zu sein. Vielleicht würde eine Klosterschwester das schaffen, aber niemand, der in Gedanken ist, arbeiten muss, Stress oder quakende Kinder im Auto hat. Der hat keinen Nerv für den Scheibenputzer, den Benzinauffüller, den Türaufhalter, den Tasche-Wegreißer-und-auf-einen-Wagen-Leger, den Autoputzer, die »Hello-Maam«-Standfrauen, die Verkäufer und Verkäuferinnen, die einem durch den Laden nachlaufen. Das geht nicht. Das schafft niemand. Denn: Das nervt.

Man fängt an, zu den Ersten unfreundlich zu sein. Sie lächeln trotzdem. Die Nächsten stehen schon hinter der nächsten Ecke. Man wird noch genervter. Die Nächsten kommen wieder angelaufen, obwohl man schon zu zweien unfreundlich war. Unfreundlich sein bringt nichts, denn die Servicekontakte werden nicht weniger. Unfreundlich zu denjenigen zu sein, die einem regelmäßig begegnen – wie dem Portier der Wohnanlage, dem Autoparker vor dem Hotel, dem Stammtankwart –, ist dumm, denn mit denen sollte man es sich nicht verscherzen. Zu fremden Nervensägen unfreundlich zu sein bringt kurzfristig Erleichterung, aber es ändert nichts am System. Also beginnt man, eine Schutzmauer um sich aufzubauen. Den Autowäscher schon mit einer Handbewegung zu verscheuchen, bevor er angewetzt kommen und einen womöglich noch mit »Yes, Sir, wash, Sir!« anschwätzen kann. Den Tankwart anzublaffen »Full! Special!«, bevor der etwas sagen kann. Die Verkäuferinnen einfach zu ignorieren, als wären sie nicht da. Es geht nicht anders, man wird sonst verrückt. Und man hasst sich dabei, in der Über-Servicegesellschaft das Servicepersonal mies zu behandeln.

Andererseits: Nach Dienstschluss zahlen sie's einem manchmal heim. Rammen einen im Supermarkt mit dem Einkaufswagen, drängeln sich bei McDonald's vor, machen am öffentlichen Strand Fotos von den Hintern weißer Frauen, die sich leichtsinnigerweise dort hingelegt haben, und lassen einem in der Mall die Tür auf die Nase fallen. Gut so.

Arabeske: Die Welt trifft sich in Deira

Dass die Ampel an der Kreuzung Al-Soor Street und Sikkat Al-Khail Road auf Grün schaltet, bedeutet erst mal nichts. Denn kurz nach der Ampel laden ein paar Männer Säcke auf einen Pick-up, der die Straße blockiert. Es gibt deswegen nicht einmal ein Hupkonzert, nur ein kurzes Zornhupen, denn wer hier, im Souq von Deira, dem alten Geschäftsviertel Dubais, Auto fährt, muss mit Stau und Standzeiten rechnen. Und wird vermutlich selbst mitten auf der Straße stehen bleiben, um etwas einzuladen, auszuladen, jemanden ein- oder aussteigen zu lassen oder schnell in einem Laden ein Paket abzuholen.

Als die Ampel wieder auf Rot schaltet, sind die Säcke verladen und es geht weiter. Aber nur ein Stück. Denn vorne an der nächsten Ecke kurvt gerade ein Mann mit einem Handkarren voller Stoffballen auf der Fahrbahn. Nicht dass es vor den Läden von Desert Star Trading, Al Haramain Perfumes und Abulbasir Trading keine Parkplätze gäbe, aber die sind jetzt am Abend, zur Hauptgeschäftszeit, alle belegt. Die Neonreklamen blinken, die Leuchtwerbungen versprechen über den kleinen Läden ein »Palace Hotel« – aber das sieht nur derjenige, der nicht wutschnaubend im Auto sitzt oder mit Tüten beladen über den Platz hastet, sondern sich auf den Plastikstühlen vor der Ashwaq Cafeteria niederlässt und sich ein wenig Zeit nimmt.

Der Wirt hat wackelige, wachstuchgedeckte Tische auf den Bürgersteig gestellt und bietet allerlei Gegrilltes und frisch gepresste Säfte an. An den Gästen zieht die halbe Welt vorbei: die Träger mit ihren Karren, afrikanische Frauen beim Abendeinkauf, junge Rumtreiber, indische Händler von Fake-Handtaschen, die gezielt weiße Touristen ansprechen, die einigermaßen abgekämpft aus dem nahen Gold-Souq hier ankommen und den Satz »Koppibääg? You wante Koppibäg? Gutschi, Bradda, Luiwitong?« schon 34-mal gehört haben; Spazierstöcke tragende alte Emiratis, die hier aus eher nostalgischen Gründen herkommen, junge Emiratis, die ihren Frauen im Souq zur Feier des Tages ein paar Goldarmreifen spendiert haben und heranstauende Pick-ups, deren Fahrer hennarote Bärte haben. Knapp zwei Euro kosten ein *Shawarma* und eine Cola in der Ashwaq Cafeteria. Die Aussicht ist unbezahlbar.

Eben bekommen sich zwei indische Männer wegen einer Petitesse in die Haare und schubsen sich gegenseitig, laut zeternd, vom Gehsteig. Eine ältere Frau führt eine tief verschleierte Greisin über die Straße. Im Parfumhandel Al Haramain lassen sich zwei afrikanische Männer alle neuen Düfte zeigen und intensiv beraten, wobei sie darauf achten, sehr fachmännische Mienen aufzusetzen. Hier ist Dubai so, wie man den Orient erwartet: laut, hupend, bunt, geschäftig, voller Gerüche, voller Lärm, voller Leben, und ein wenig staubig. Ist dieses Stück Dubai echter als das der funkelnden Hochhäuser und Malls an der Sheikh Zayed Road – oder ist es nur anders?

Deira ist Alt-Dubai, es ist Siebzigerjahrebausubstanz und hat sich eine Zweite-Welt-Anmutung bewahrt, die ein Besucher charmant finden mag. Im Grunde ist Deira jedoch ein Sanierungsfall. Der Platz mit der Cafeteria mag ein Diorama des Alltagslebens sein, eine Perle des Orients ist er nicht. Stadtgestalterisch ist er sogar eine Katastrophe: Der Verkehr stockt, aber nutzen kann man den Platz dennoch nicht, zumindest nicht so, wie man es aus Europa kennt, mit gestalteten Flächen, optimierten Routen, gelenkten Fußgängerströmen und kommerzialisierter »Belebung« durch Freischankflächen. Aber weil er genauso ist, wie er ist, funktioniert dieser Platz ohne Namen, dieser wahrhaft öffentliche Raum. Hier trifft sich die Welt – und geht auch direkt wieder auseinander, weil der Platz nicht als Ort der Begegnung inszeniert ist, sondern einfach nur da ist, wo er ist.

Die Ashwaq Cafeteria auf dem Platz ohne Namen ist einer der dubaierischsten Orte Dubais – aber sie weiß es nicht. Auch das ist sehr dubaierisch: Das Normale geht im Trubel schnell unter.

Kleingeld und Sonnenschutz – Als Tourist in den Emiraten

»Welcome to Dubai!« Diesen Satz hören Besucher mehrmals am Tag. Dabei ist es egal, ob sie eben erst angekommen, schon eine Woche im Land oder schon zum zehnten Mal da sind. Das Willkommen ist immer wie beim ersten Mal, und es ist ernst gemeint: Besucher sind in den Emiraten allerherzlichst willkommen. Denn sie bringen Geld mit und helfen, die Zukunft der Emirate zu sichern.

Und, nein, Touristinnen müssen in den Emiraten kein Kopftuch tragen. Sie müssen sich anständig kleiden, aber nicht islamisch. Kopftuch und Abaya sind für muslimische Frauen gedacht. Die einzige Ausnahme gilt in den beiden für Besucher geöffneten Moscheen. Hier liegen Kopftücher und Umhänge für Besucherinnen bereit, und während der Öffnungszeiten wachen Mitarbeiter darüber, dass das Kopftuch angelegt ist und die Schuhe draußen bleiben, wie es sich gehört. Einfach so in eine emiratische Moschee hineinzuspazieren und sich umzusehen ist absolut unerwünscht und eines der größten Touristenfettnäpfchen, das es in den Emiraten gibt. Denn bei der Religion, bei den Scheichs und bei der Ehre der Emirate verstehen die Emiratis keinen Spaß und haben sie keine Toleranzgrenze. Ansonsten hilft der arabische Humor über nahezu alle Situationen hinweg, und die Ausrede »Ich bin Tourist« wird bei fast jedem Fehltritt akzeptiert. Der arabische Humor ersetzt Pikiertheit und Fremdschämen durch Gelächter. Eine falsche arabische Vokabel benutzt, einer emiratischen Bekannten auf der Rolltreppe auf den Saum der Abaya getreten, beim Mit-der-Hand-Essen gekleckert, beim Rutschen im Spaßbad eine Brust aus dem Badeanzug verloren, zu viel scharfe Soße aufs Essen gegeben: Das sind Situationen, in denen sich Emiratis über Touristen schimmelig lachen können. Wenn sie dann fertig gelacht haben, sind sie nicht nachtragend. Im Zweifelsfall erklären sie dann, was gerade so lustig war. Sie lachen aber nicht nur über Touristen, sondern genauso über die eigenen Brüder.

Die Städte am Golf sind seit jeher fremdenfreundlich. Fremde bringen Geld und Nachrichten, man macht mit ihnen Geschäfte und knüpft Kontakte. Fremde bleiben manchmal und helfen, das Land voranzubringen. Fremde sind etwas Positives, so die allgemeine Wahrnehmung. Und seit in Dubai und den anderen Emiraten ohnehin fast die gesamte Bevölkerung fremd ist, ist der Fremde zur Normalität geworden. Das macht es Touristen leicht, sich in Dubai zu bewegen, denn alles ist in englischer Sprache angeschrieben, jedes Geschäft, Restaurant, jede öffentliche Einrichtung auf Fremde eingestellt. Wer die Grundregeln des sozialen Zusammenlebens beherrscht, wird in den Emiraten niemals ein Problem haben. Das Zauberwort heißt Mäßigung. Gemäßigte Kleidung, gemäßigtes Auftreten, gemäßigte Zuneigungsbekundungen, damit reist es sich am besten. Allgemeine Mäßigung im öffentlichen Raum lässt die Vielkulturenstädte am Golf funktionieren, denn sie vermeidet Konflikte. Der Bikini gehört an den Strand, die leichte Kleidung ins Hotelresort, der Alkohol in die Bars, das Tanzen in die Nachtklubs und Sex sowie Küsse in die privaten Räume – dort stören sie niemanden. Liebesurlaub in Dubai ist möglich, aber mehr als Händchenhalten wird in der Öffentlichkeit nicht akzeptiert.

Gleichgeschlechtliche Paare können in der Öffentlichkeit ebenfalls Händchenhalten, denn das tun befreundete und verwandte Männer und Frauen in den Emiraten ebenfalls. Gleichgeschlechtliche Partnerschaften sind allerdings nicht nur verpönt, sondern verboten. Der »Gay Travel Index 2014« listet die Vereinigten Arabischen Emirate als homophobes Reiseland auf dem vorletzten Platz aller untersuchten Länder, hinter Russland und nur noch gefolgt vom Iran. Dennoch gibt es auch in Dubai eine Schwulenszene, wie überall auf der Welt. Die Polizei drückt ein Auge zu ebenso wie bei Prostitution. Diese ist offiziell verboten, aber vom Straßenstrich bis zum Edel-Callgirl ist alles zu finden. Elendsprostitution gibt es auch in Dubai – entlaufene Hausmädchen, Niedriglöhnerinnen, illegale Einwandererinnen, die sich etwas dazuverdienen wollen. Auch männliche Prostituierte arbeiten inzwischen in Dubai, wenn auch noch weit weniger und weitaus dezenter als in Nordafrika oder in der Karibik. Wer kein Interesse hat und nicht speziell auf die Suche geht, wird die Dubaier Halbwelt gar nicht bemerken. Frauen, die keine böse Überraschung erleben wollen, können in Klubs und Bars flirten, so viel sie mögen, dürfen aber niemals allein mit einem oder mehreren Männern das Lokal zum Luftschnappen verlassen oder das Angebot annehmen, sich nach Hause fahren zu lassen, wenn sie kein Interesse an Sex haben. Denn das bedeutet für die Männer, dass es definitiv zur Sache gehen wird. Frauen, die unverbindlichen Urlaubssex mit Dubaier Expats suchen, werden ihn in Dubai unter Garantie finden.

Die aufdringlichen Typen, die schon so manchen Touristen den Urlaub in Tunesien, Marokko und Ägypten vermiest haben, gibt es in Dubai nicht. Fliegende Händler am Strand sind verboten, Neppern und Bauernfängern wird schnell das Handwerk gelegt. Taxifahrer sind gesetzlich verpflichtet, ihre Uhren anzuschalten. Betrunkene, die grölend durch die Straßen ziehen oder sich sonst wie danebenbenehmen, werden nicht geduldet, was den Urlaub sehr angenehm macht. Idioten, die anderen das Leben schwer machen, laufen natürlich auch am Golf herum. Denn wie überall auf dem Globus gibt es auch in den Emiraten Leute, die Touristen übers Ohr hauen wollen, Frauen auf die Pelle rücken, Leute mit Blödsinn vollquatschen, im Verkehr zu dicht auffahren oder betrunken herumpöbeln. Gefühlt sind dies aber deutlich weniger als in Frankfurt, Berlin oder München. Dubai hat eine Polizeitelefonhotline für Touristen eingerichtet, die sich über unangenehme Vorfälle beschweren wollen.

Dass die Händler im Souq Kunden anquatschen und ihnen auch gefälschte Uhren oder Taschen andrehen wollen, gehört schon zur Folklore. Denn was wäre ein orientalischer Souq ohne emsig ihre Ware anpreisende Händler? Ein Besuch im Souq kann an die Nerven gehen; das liegt jedoch in der Natur des Souqs an sich. Wer den Souq in den Dubaier Vierteln Deira und Bur Dubai besucht, trifft nicht nur die ganze Welt, sondern lernt auch, wie arabische Städte aufgebaut sind: Sie sind nach Themen und Funktionen sortiert. Im Souq gibt es Gassen für Stoffe, andere für Gewürze, wieder andere für Eisenwaren oder Spielzeug. Die glitzernden Malls sind nach demselben Prinzip aufgebaut: Läden für Kinderbekleidung und Spielzeug gruppieren sich in einem Bereich, Sportgeschäfte im anderen, Elektronikläden wieder anderswo. Genauso sind die Städte aufgebaut: In der »Dubai Internet City« siedeln sich Firmen an, die mit dem Netz zu tun haben, in »Media City« die Medienbranche, in der »Zayed Sports City« von Abu Dhabi sind Sporteinrichtungen zu finden. Die Wohnviertel sind ebenfalls homogen, bis hin zu ganzen Straßenzügen mit identischen Häusern, in denen jeweils Familien gleicher Hautfarbe, Kinderzahl und Haushaltseinkommen leben. Die Ordnung des Souqs ist zum Ordnungsprinzip der Städte geworden und hilft bei der Orientierung.

Wie im Souq mit seinen großen Hauptgassen, von denen kleine Gassen abzweigen, ist auch die Stadt entlang der Hauptverkehrsadern organisiert. Abkürzungen und Umwege durch Seitenstraßen zu nehmen funktioniert nicht, denn man verfährt sich grauenhaft und kommt im Zweifelsfall dort heraus, wo man herkam, denn viele Viertel haben genau eine Zu- und Ausfahrtstraße. Daher stehen die Autofahrer in den Emiraten oft so stur im Stau – geht es doch immer noch schneller, als Umwege und vermeintliche Schleichwege zu fahren, zumal Seitenstraßen mit Bremsschwellen gepflastert sind.

Wer als Tourist in den Emiraten Auto fährt, muss sich umgewöhnen. Die rechte Spur ist nicht die Langsamste, sondern die Schleicher (also diejenigen, die nur etwas über der Geschwindigkeitsbegrenzung fahren) trödeln in der Mitte. Die rechte Spur ist die Expressspur für die kleinen beigen Busse, meistens von der Marke Toyota Hiace. Sie sind der Schrecken der emiratischen Straßen, da immer zu schnell und die Fahrer immer zu aggressiv. Sie wechseln niemals von der rechten Spur auf eine Spur weiter links, sondern drängeln und lichthupen so lange, bis man die Spur vor ihnen freigibt und sie rechts überholen dürfen. *Undertaking*, unterholen, also rechts vorbeiziehen, ist in den Emiraten völlig normal, und die beigen Minibusse nehmen sich ihr Recht auf Undertaking mit

Nachdruck. Sie würden eher auf dem Standstreifen rechts überholen, als nach links auszuscheren, denn die linken Fahrstreifen gehören den Emiratis mit ihren muskulösen Geländewagen und Supercars, die ihrerseits kein Mitleid mit den Minibussen haben und sie mit Freude bedrängen. Der Verkehr in den Emiraten ist lebhaft und braucht vor allem eine ruhige Hand. Schimpfen und böse Handbewegungen sind, wie auch sonst, am Steuer völlig daneben, denn im wettbewerbsorientierten emiratischen Verkehr gewinnt das schnellste und beste Auto sowie der frechste Fahrer. Die anderen dürfen sich hinten anstellen oder auch mal frech sein. Hupen ist im Dubaier Stadtgebiet inzwischen verboten – außer in Notfällen, und die gibt es ziemlich oft. Die Hupe bleibt die Stimme des Autofahrers. Der Blinker ist es nicht. Blinken ist optional. Denn bis man blinkt, hat man den anderen ja schon längst den Weg abgeschnitten.

Die meisten Straßen haben keine Namen, man orientiert sich an Wegmarken und an Nummern von Straßen und Ausfahrten. Im Navi gibt man als Ziel Wegmarken und Orte ein. Mündliche Wegbeschreibungen können lauten: »An der Adnoc-Tankstelle links, dann weiter bis zum Choithram-Supermarkt, danach kommt dann eine Schranke, da fährst du durch, dann bist du in unserem Viertel. Die Straße macht einen Bogen, du fährst bis zum Ende und dann geht es links, und im Kreisverkehr die erste rechts. Wir wohnen dann ganz hinten bei dem Baum, der bohnenartige Früchte hat.« Ein Navi findet solche Häuser nicht. Aber es findet den Choithram-Supermarkt. Der Rest ist *try-and-error*.

Alternativ gibt es inzwischen die Dubaier Metro und im Viertel Marina die Dubaier Tram. Ihr Hauptstrang läuft parallel zur Sheikh Zayed Road, der Schlagader der Stadt, und hat wie beabsichtigt dazu beigetragen, dass der Stau dort etwas zurückgegangen ist. Aber nur etwas. Das Metronetz ist noch zu klein, um eine echte Alternative zum Auto zu bieten, wenn man nicht gerade zu den üblichen Hotspots unterwegs ist. Für Besucher ist die Metro jedoch fein: Sie fährt zum Flughafen, zum Souq ebenso wie zu den großen Malls und nach Palm Island. Zur Rushhour sind die Waggons rappelvoll, sogar in der ersten Klasse. Erste Klasse? Oh ja, die gibt es in der Dubaier Metro. Sie heißt »Gold Class«, kostet etwas mehr und bietet dafür schicke gemütliche Sitze wie im Flugzeug. Wenn man denn einen erwischt. Für Frauen gibt es, wie auch in den Metros von Kairo und Teheran, Frauenwaggons. Wenn es voll wird, möchten sich muslimische Frauen nicht an fremde Männer drängen müssen, daher ist der Frauenwaggon eine Schutzzone. Er ist jedoch nicht hermetisch abgetrennt. Bisweilen nutzen Männer dies aus und stellen sich absichtlich in den Frauenwaggon. Emiratis sagen, dass Omanis das aus Dummheit tun und Saudis, wie immer wenn sie negativ auffallen, aus Dreistigkeit. In der Metro zu fahren ist natürlich nicht besonders cool, daher sind die meisten Fahrgäste Expats und Touristen. Das Metronetz wird jedoch weiter ausgebaut, und 2016 begannen die Planungen für einen Hochgeschwindigkeitszug von Dubai nach Abu Dhabi. Mit diesem »Hyperloop« soll der Weg zwischen den beiden Metropolen in zwölf Minuten zu bewältigen sein.

Bis dahin freuen sich die Dubaier und Touristen über »The Canal«: Im November 2016 eröffnet, verbindet der Wasserweg den Creek mit dem Golf, was jedoch eher den Freizeitwert der Stadt denn ihre Verkehrsinfrastruktur verbessert.

Wer als Tourist und regelmäßiger Gast meint, sich in Dubai oder Abu Dhabi gut auszukennen, erlebt bei jedem Besuch Überraschungen. Da sind lang genutzte Ausfahrten plötzlich nicht mehr da, die Diyafah Street in »Straße des 2. Dezember« umbenannt, eine Wegmarke weg, sodass man vergisst abzubiegen; oder man kann plötzlich nicht mehr abbiegen, wo es früher möglich war, weil dort ein Zaun gebaut wurde und die nächste Abbiegemöglichkeit nun fünf Kilometer weiter liegt.

Ist man am Ziel angekommen, steht dort meistens ein Parkscheinautomat. Die Parkgebühren sind gering, aber die Strafzettel fürs Falschparken saftig. Vor dem Automaten stehend und in Geldbeutel, Hosen- und Handtasche nach Dirham-Münzen wühlend, lernt jeder Tourist, warum in Dubai und Abu Dhabi immer das Kleingeld knapp ist: Man braucht es für den Parkautomaten. Jeder braucht es. Daher versucht jeder Kassierer und jeder Verkäufer, Touristen die Münzen abzuluchsen. Manchmal sind Kassierer auch großzügig und geben einen Fünf-Dirham-Schein heraus, obwohl man vier Dirham-Münzen hätte bekommen müssen. Die Freude darüber verfliegt, wenn man vor dem Parkautomaten steht oder mit der Abra fahren will. Münzgeld ist in Dubai immer knapp, besonders dann, wenn man es gerade dringend braucht.

Das Kleingeld ist in den Emiraten mindestens so wichtig wie die Handynummer. Auch sie ist eine Währung. Will man etwas reservieren, etwas buchen, etwas bestellen, immer kommt sofort die als Imperativ formulierte Frage: »Mobile number?« Antworten wie »Hab ich nicht« oder »Geht Sie gar nichts an!« werden nicht akzeptiert. Hat man keine Handynummer, ist man nicht ernst zu nehmen. Eine erfundene Nummer tut's auch, keine Nummer bedeutet keine Tischreservierung. Die zumeist philippinischen oder indischen Rezeptionisten weigern sich oft, einen Vorgang ohne »mobile number« weiter zu bearbeiten. Diskussion – sinnlos. Ebenso sinnlos ist es, sich an Rezeptionen, im Take-away oder in Büros dem Imperativ »Please sit!« zu verweigern. Was klingt wie ein Angebot, ist vielmehr eine Aufforderung, nicht bedrohlich herumzustehen. Wer stehend wartet, zeigt Ungeduld, und das nervt genauso wie eine fehlende Handynummer. »Please sit!« wird dann so oft und von so vielen Leuten wiederholt, bis man sich ergibt und hinsetzt. Dann hat die Welt ihre Ordnung, weil der Tourist aufgeräumt ist und keinen Stress mehr verbreitet. Wenn er dann auch noch seine Handynummer herausrückt, ist alles in Butter. Der Dubaier Mobilfunkanbieter Etisalat bietet günstige Prepaidkarten an, die Touristen zur »mobile number« verhelfen und dem Wort »Roaminggebühr« seinen Schrecken nehmen.

Außer Kleingeld und Mobilfunknummer ist beim Urlaub in den Emiraten noch ein Drittes unentbehrlich: Sonnenschutz. Wer ohne Rundumsonnenschutz aus dem Haus geht, kann schon nach wenigen Metern verloren haben. Sonnenschutz bedeutet nicht nur Sonnencreme mit Lichtschutzfaktor 50 (auch auf Händen, Ohren, Nacken und Fußrücken!), sondern auch eine Kopfbedeckung und eine Sonnenbrille. Über fast alles und mit fast jedem kann man in den Golfstaaten verhandeln, aber nicht mit der Sonne. Die Sonne verbrennt auch die Haut auf dem Scheitel oder auf den Zehen. Sie macht sich einen Spaß daraus, das Schädeldach bis zum Hitzschlag aufzuheizen. Sie zaubert Blasen auf Unterarme und Schultern. Sie lockt innerhalb von Minuten mehr Schweiß aus dem Körper, als man in derselben Zeit nachtrinken kann, wenn man sich noch nicht akklimatisiert hat. Die Sonne lacht, aber sie lacht den Unvorsichtigen auch aus.

Wasserflaschen finden sich immerhin an jeder Ecke, in jedem Taxi, an jedem Kiosk. Man muss sie nicht herumtragen, aber man sollte daraus trinken, bevor einem schummrig wird. Auch notorische Wenigtrinker werden sich wundern, wie viele Wasserflaschen sie täglich leeren, sobald sie am Golf angekommen sind.

Die gute Nachricht: Man kann im Notfall auch aus dem Wasserhahn trinken. Denn Magen-Darm-Keine oder andere gefährliche Krankheitserreger gibt es in Dubai ebenso selten wie in deutschen Städten. Die Hygiene, auch die Lebensmittelhygiene, ist bestens. Eiswürfel, grüner Salat oder Mayonnaise sind keine Gefahr für Leib und Leben. Am Imbissstand wird man bei durchschnittlicher Konstitution keinen Schaden nehmen, es sei denn, man erwischt zu viel scharfes Gewürz oder den indischen Eintopf, der fast nur aus Butterschmalz und Hülsenfrüchten besteht. Das verträgt man aber auch beim Inder in Niedersachsen nicht. Typische Dubaier

Touristenleiden sind außer dem Sonnenbrand die Erkältung (von den Klimaanlagen) und Augenreizungen vom Sand in der Luft. Diese beiden Leiden treffen Emiratis und Expats ebenso.

Die Toiletten sind in den Emiraten genauso sauber wie die Restaurantküchen. Sie sind allerdings etwas anders. Manche Emiratis bevorzugen Stehtoiletten und weigern sich, Toilettenpapier zu benutzen, beides der Hygiene wegen. Anstatt Papier verwendet man traditionell die linke Hand, um sich zu säubern. Danach reinigt man die Hand mit einer neben der Toilette stehenden Wasserkanne oder mit dem Wasserschlauch, der rechts neben der Toilette angebracht ist und mit der rechten Hand bedient wird. Dieser Schlauch hängt in jeder emiratischen Toilette und ist inzwischen üblicherweise mit einer kleinen Handbrause ausgestattet. Diese praktische Intimdusche verleitet dazu, sich direkt damit zu reinigen, ohne die linke Hand dazu zu nehmen. Dennoch bleibt die linke Hand in den Emiraten (wie in der gesamten arabischen Welt) die schmutzige Hand, mit der nicht gegessen werden darf, die keinen Brotkorb weiterreichen, keine Zigarette zum Mund führen und auch nicht in die Bonbonschüssel greifen darf. Emiratis sehen es den Touristen nach, wenn die Linke ans Essen geht, aber nicht besonders gerne.

Hygiene und Sauberkeit sind wichtig. Für Schwitzflecken und Schweißgeruch, auch an Touristen, haben Emiratis kein Verständnis. Auch nicht dafür, dass Touristen ohne Kleenex-Boxen leben können. Emiratis stellen diese auf jedes Beistelltischchen, jeden Tresen, legen sie in jedes Handschuhfach. Bei Staatsbesuchen stehen goldene Tüchleinboxen griffbereit neben ausländischen Staatschefs. Prächtige Tüchleinboxhüllen sind prima Souvenirs aus den Emiraten. Tüchlein werden – wie Wasser, Tee, Kaffee oder Datteln – den Besuchern als Teil von Begrüßungsritualen angeboten. Sie sind unbemerkt zum Symbol gepflegter Gastlichkeit geworden und sagen ihrerseits: »Welcome to the Emirates!«

Kaffee, Scheichs und Schaulustige – Das öffentliche Leben in den Emiraten

Arabeske: Ein Schluck arabischer Kaffee

Jeder Kaffeetrinker muss Fujairah lieben. Denn dort steht in einem Kreisverkehr ein Kaffeebrunnen: Um eine riesige Metallkanne mit schnabelförmigem Ausgießer sind kleine Kaffeetassen angeordnet, aus denen Springbrunnen sprudeln. Große Freude. Es ist dieselbe Art langschnabeliger Kanne, die auch auf der Ein-Dirham-Münze abgebildet ist und die lange als riesige Betonskulptur im Zentrum Abu Dhabis stand: die *Dallah*.

Wer hat das Kaffeetrinken erfunden? Die Araber natürlich! Sowohl Sagen als auch die Historie deuten auf arabische Hirten aus dem Gebiet des heutigen Somalia als Entdecker des Getränks hin. Sogar dessen Namen kommen aus Arabien. Mokka war eine Hafenstadt im Jemen, in der die edlen Bohnen gehandelt wurden und deren Aufguss die Araber *Al-gach-wah* (das Anregende) nannten. Die Araber machten das Kaffeetrinken zur Kunst, die weltweit Gefallen fand, doch heute ist es eine Kunst, in Arabien traditionellen arabischen Kaffee zu finden. Es gibt ihn weder in Restaurants (dort serviert man zur Nachspeise Espresso oder Türkischen Mokka) noch in Coffeeshops (diese warten mit italienischen und amerikanische Kaffeespezialitäten auf).

In den Supermärkten stehen internationale Instantkaffees, Pads und Kapseln in den Regalen. Im Souq immerhin lachen die Kaffeebohnen den Käufern aus großen Säcken entgegen. Einige Sorten sind deutlich heller geröstet als diejenigen, die in deutsche oder gar italienische Kaffeeautomaten gefüllt werden, und heißen »Saudi Roast« oder »Emirati Mix«. Hier, bei den Kaffeehändlern auf den Märkten, kaufen Emiratis ihre Kaffeebohnen. Doch was tun, wenn man nur ein Tässchen und keinen Sack Kaffeebohnen haben möchte?

Das Nationalgetränk der Emirate versteckt sich mitten in der Öffentlichkeit. Man findet es überall dort, wo es eine Majlis gibt, also in Privathäusern und dort, wo man arabische Gäste erwartet: in Foyers von Hotels, in einigen öffentlichen Gebäuden, in hochpreisigen arabischen Restaurants, in Traditionsmuseen wie dem »Jahili Fort« von Al-Ain oder auch in Safari-Camps und Heritage Villages. Der Majlis-Bereich in Hotels ist meist erkennbar an den traditionellen rot-schwarzen Polstermöbeln, am traditionellen Dekor und den zur Pyramide gestapelten Datteln. Der Kaffee dort kann nicht geordert werden, er wird dem Gast mit dezenter, stiller Geste gereicht. In der Nähe der Dattelpyramide steht immer eine Thermoskanne oder ein schweigender Kellner mit einer Thermoskanne in der Hand. Sobald jemand verweilt und eine Dattel greift, kommt der Kellner und schenkt einen kleinen Schluck schwarzen Kaffee in eine eierbecherkleine, henkellose Tasse, die *Findschan*. Mit zwei Schlucken ist sie leer, daher muss jeder Schluck genossen werden.

Schon im Dampf mischen sich ätherische Öle von Gewürzen in den Kaffeeduft. Kardamom ist es auf jeden Fall. Was ist noch drin? Safran? Ein Tropfen Rosenwasser, eine Nelke? Das genaue Rezept jedes Kaffees bleibt geheim. Würzig muss er sein, die Bohnen so lange gekocht, bis sie allen Geschmack abgegeben haben. Früher stand die blecherne Dallah in den glühenden Kohlen des Herd- oder Lagerfeuers, und der Kaffee kochte lange vor sich hin. Auch für überraschenden Besuch stand der Kaffee daher immer schon fertig bereit. Statt Zucker gab es eine süße Dattel dazu.

Der stumme Kaffeekellner schenkt eine leere Tasse sofort nach, es sei denn, der Gast hält die Hand darüber und schüttelt die Tasse leicht hin und her. Mehr als drei Tässchen zu trinken ist wegen der Stärke des Kaffees nicht ratsam, aber vor allem unhöflich. Kein Gast wird das tun, auch wenn ihm der Kaffee wider Erwarten schmeckt, denn ein Genuss ist das starke, bittere Gebräu nicht für jede Zunge. Kaffee abzulehnen, etwa bei einem Geschäftstermin, ist aber noch viel unhöflicher, als vier Tassen zu trinken. Noch schlimmer ist es nur, als Gastgeber keinen Kaffee anzubieten. Kaffee und Gastfreundschaft sind Synonyme.

Wegen dieses Rituals wurde die schon bei den Beduinen stets für Gäste auf dem Feuer bereitstehende Kaffeekanne zum arabischen Symbol der Gastfreundschaft schlechthin. Ganz leise und für Fremde fast unsichtbar hat sich die jahrhundertealte Tradition der Wüste erhalten. Daher kann man diesen Kaffee auch nirgends bestellen: Echten arabischen Kaffee gibt es aus Tradition nur geschenkt.

Politik und öffentliche Hand – Wo sind in den Emiraten eigentlich die Emire?

»Die Regierung der Zukunft bietet ihren Service 24 Stunden am Tag, sieben Tage die Woche, das ganze Jahr über«, schrieb Scheich Mohammed bin Rashid Al-Maktoum in seinem Buch »Flashes of Thought« (2014). Ein wenig ist das schon jetzt so, denn über Facebook oder sein Profil bei Google+, auf dem Scheich Mohammed diesen Spruch postete, ist der Herrscher schon jetzt 24 Stunden am Tag erreichbar. Wichtige Mitglieder der Dubaier Gesellschaft haben ohnehin seine Handynummer. Wo er auch auftaucht, ist er für die Menschen greifbar. Man kann ihm zujubeln und zuwinken, ihn aber auch ansprechen. Scheich Mohammed macht bereits jetzt den Job, den er der Regierung der Zukunft zudenkt, und lebt damit seine eigene Vision vor: volksnaher Dienst zum Besten des Landes.

Scheich Mohammeds Leben ist wie das der englischen Queen, eines Großfamilien-Patriarchen und eines orientalischen Märchenprinzen in einem: eine Lebensaufgabe als Oberhaupt in einer Familienfirma, in der er regiert, repräsentiert und es sich auch mal gut gehen lässt. Als *Hakim* (Herrscher) von Dubai sowie Vizepräsident und Premierminister der Vereinigten Arabischen Emirate, der Oberste aller Dubaier Scheichs, hat er Macht, Verantwortung und Luxus nahezu allein in der Hand. Nur Scheich Khalifa bin Zayed Al-Nahyan, der Hakim von Abu Dhabi und als solcher traditionell auch Staatspräsident, ist noch reicher und mächtiger als Scheich Mohammed.

Die emiratischen Regenten sind gesellschaftliche Lichtgestalten, die mit Wandgemälden, Lobgesängen und anderen Sympathie- und Loyalitätsbekundungen geehrt werden. Sie sind aber nicht entrückt wie die Sonnenkönige des europäischen Absolutismus, sondern aus Tradition und Überzeugung Fürsten »zum Anfassen«. Heute sind die Scheichtümer zu konstitutionellen Erbmonarchien geworden, in früheren Jahrhunderten und Jahrtausenden war derjenige der Scheich eines Dorfes, eines Clans, eines Stammes, dem man diese Aufgabe zutraute. Oftmals war es der Sohn des vorherigen Scheichs, der im Laufe des Lebens auf diese Aufgabe vorbereitet wurde, aber es war nie automatische der älteste Sohn – was sich bis heute erhalten hat. Der Vater hatte, in Beratung mit anderen Älteren des Stammes, den richtigen, den geeignetsten Sohn oder auch Neffen als Nachfolger auszubilden; am besten wurden wegen der früheren hohen Sterblichkeitsraten immer mehrere Jugendliche auf die möglicherweise kommende Aufgabe vorbereitet.

Scheich wurde man in früherer Zeit nicht durch Geburt, sondern durch Leistung, Lebenserfahrung, Weisheit, Akzeptanz oder auch reine Frömmigkeit und Religionskunde. Das Wort »Scheich« bedeutet zunächst nur »alter Mann«, was die für das Scheich-Sein nötige Lebenserfahrung betont. Reichtum war und ist keine Voraussetzung dafür, den ehrenvollen Titel »Scheich« zu führen. Ein Scheich ist eher mit einem Indianerhäuptling vergleichbar als mit einem verzärtelten Märchenprinzen. Scheich zu sein muss man sich verdienen, und sich dann auch als Scheich behaupten. Heute wird man Scheich, wenn man aus den Herrscherfamilien der Emirate stammt, der »Scheich« in den Emiraten ist also zu einem vererbbaren Adelstitel geworden. Wie viele Männer diesen Adelstitel tragen, ist nicht bekannt.

Der berühmteste Scheich der Emirate ist Scheich Zayed bin Sultan Al-Nahyan, Staatsgründer und Herrscher von Abu Dhabi. Er wird als »Vater der Nation« verehrt, sein Konterfei gibt es auf Plakaten entlang der Straßen, an Häuserwänden, als Button zum Anstecken und auf Tassen. Die anderen Scheichs erreichen diese Beliebtheit noch nicht, aber auch von ihnen gibt es Merchandise wie von Popstars. Besonders beliebt ist Dubais Thronfolger Hamdan bin Mohammed Al-Maktoum – auch ihm widmete man schon Großgemälde, und zum Immer-dabei-Haben sein Konterfei als Mosaik aus Glitzersternen auf der Rückseite von Handyhüllen. Die Scheichporträts in Hotels zeigen nicht die beliebtesten, sondern die mächtigsten Männer, von rechts nach links in der Reihenfolge der Macht: ganz links Scheich Zayed, dann der jeweilige Regent des Emirats, in dem man sich befindet. In Dubai Scheich Mohammed, in Abu Dhabi Scheich Khalifa, in Sharjah Scheich Sultan III. bin Mohammed Al-Qasimi und so weiter. Wenn drei Scheichporträts aufgehängt sind, hängt das Bild des amtierenden Regenten des jeweiligen Emirats in der Mitte, rechts daneben der zweitwichtigste (meist der Kronprinz), links daneben der drittwichtigste.

Inzwischen verwenden alle männlichen und weiblichen Angehörigen des emiratischen Herrscherhauses den Titel »Scheich« (für Frauen: Scheicha). Für regierende oder andere hochrangige Scheichs und Scheichas kommt noch der Titel »Seine/Ihre Hoheit« dazu. Scheich Mohammed wird also in der Zeitung grundsätzlich als »Seine Hoheit Scheich Mohammed bin Rashid Al-Maktoum, Vizepräsident und Premierminister der Vereinigten Arabischen Emirate und Herrscher von Dubai« betitelt. Wer ihn zufällig trifft, spricht ihn mit »Eure Hoheit« an, wer auf Ehrerbietungen verzichten will, nennt ihn einfach Mohammed. Das geht. Es ist zwar nicht besonders höflich, aber auch keine Beleidigung. Wenn Expats über den Herrscher sprechen, nennen sie ihn meistens mit einer Mischung aus Respekt, gefühlter Nähe, Internationalität und einem Schuss Ironie »Scheich Mo«.

Scheich Mohammed zu treffen oder zu Gesicht zu bekommen ist gar nicht so unwahrscheinlich. Die regierenden Scheichs besuchen Ausstellungseröffnungen, Messen, große Sportveranstaltungen, Schulkonzerte, Uniabschlussfeiern. Sie zeigen sich und haben ein Ohr für die Bürger, vor allem natürlich für die Emiratis. Das politische System des Landes ist nicht demokratisch, aber dennoch sehr direkt: Wer als Emirati Sorgen hat, sich beschweren will oder etwas braucht, wendet sich an seinen zuständigen Scheich, entweder in einer der regelmäßigen Audienzen, am Handy oder inzwischen auch über die sozialen Netzwerke. Die Scheichs regieren die Emirate, diese familiären Länder, wie ein Patriarch seine große Familie.

In jedem der Emirate ist das so. Der örtliche Scheich oder seine Brüder und Söhne sind Ansprechpartner ganz im Sinne ihrer alten Häuptlingsfunktion. Sie müssen Interesse an den Bürgern zeigen und selbst Vorbild sein. Sie fahren demonstrativ mit der Metro, werfen Flaschen in Recyclingcontainer und benehmen sich so, wie sie es selbst von ihren Untertanen erwarten.

Dafür liebt man die Scheichs, allen voran den besonders volksnahen Scheich Mohammed. Im Internet kursieren immer wieder Fotos und Geschichten von ihm: Wie er spontan nur mit einem einzigen Begleiter in einen Supermarkt geht, sich umsieht, ein Getränk auswählt und sich dann brav an der Kasse anstellt. Wie er ganz alleine in seinem weißen Mercedes-Geländewagen mit dem Kennzeichen »Dubai 1« durch die Stadt fährt. Wie er im Geländewagen durch die Wüste fährt, dort auf eine Gruppe trifft, die gerade einen Betriebsausflug macht, sich spontan auf einen Tee dazusetzt und mit den Leuten plaudert.

Dass die Scheichs nicht leben wie jeder andere, wissen alle. Man erwartet es geradezu. Ein Scheich soll bescheiden auftreten, aber auch ein wenig ein Traumprinz sein, mit tollen Jachten, Palästen, privaten Flugzeugen, Fuhrpark, edlen Falken und allem Schnickschnack, der sonst noch als Statussymbol gilt. Statussymbole gelten in der arabischen Welt nicht als negativ. Eine Herde edler Kamele zeichnete schon immer einen großen Mann aus, und die durfte gerne jeder bestaunen. Seit die Scheichs nicht mehr mit Kamelen durch die Siedlungen ziehen, müssen andere Statussymbole herhalten. Genauso die schwindelig machenden Zahlen, die ausländische Medien wie das Wirtschaftsmagazin Forbes recherchieren. Demnach beläuft sich das Privatvermögen der Familie Al-Nahyan auf über 100 Milliarden Euro, das von Scheich Khalifa persönlich auf neun Milliarden Euro. Scheich Mohammed kommt auf ein Privatvermögen von knapp über sieben Milliarden Euro. Wenn das stimmt. Denn die Scheichs sind niemandem Rechenschaft schuldig außer ihren Familienangehörigen, die darüber wachen, nicht übervorteilt zu werden. Ein reicher Scheich und Hakim zu sein macht zwar viel Arbeit und erfordert in der Öffentlichkeit viel Disziplin, ist aber definitiv die Schokoladenseite des Lebens.

Heute steht in den Emiraten überall, wo es besonders schön ist, ein Scheichpalast. Am Dubai Creek, am Jumeirah Beach, auf dem Jebel Hafeet, auf Sir Bani Yas, an der Ortsspitze von Abu Dhabi. Es sind Rückzugsorte voller Pracht, die zu fotografieren jedoch nicht gestattet ist. Hinzu kommen noch die Paläste und Rückzugsorte im Ausland. Scheich Khalifa etwa besitzt ein gigantisches Anwesen auf den Seychellen.

Was die Scheichs hinter ihren Palastmauern tun, bleibt geheim und trägt zu ihrem Glamour bei. Die Bürger wissen nicht einmal, wie viele Frauen welcher Scheich aktuell hat. Von Scheich Mohammed etwa sind derzeit zwei Ehefrauen bekannt, die zusammengerechnet 14 Kinder haben. Wer die Mütter der weiteren neun Kinder sind, zu denen Scheich Mohammed sich bekennt, bleibt ein Mysterium. Öffentliche Auftritte gemeinsam mit ihren Ehefrauen sind für die Scheichs unüblich. Bisweilen zeigt sich Scheich Mohammed mit seiner Frau Haya bint Al-Hussain, einer jordanischen Prinzessin, insbesondere bei Anlässen im westlichen Stil wie dem Pferderennen im britischen Ascot oder der Präsentation der Dubaier Expo-Pläne vor internationalem Publikum.

Der Pferdesport ist die große Leidenschaft des royalen Paares. Das königliche Gestüt Godolphin bringt weltberühmte Rennpferde hervor. Viele Mitglieder der Maktoum-Familie sind selbst Reiter in der Disziplin Distanzreiten. Der jährlich stattfindende »Dubai World Cup« ist nicht nur das höchstdotierte Pferderennen der Welt, sondern auch der Höhepunkt des Dubaier Society-Lebens. Die eigens dafür errichtete Rennstrecke Meydan mit ihrer luxuriösen Zuschauertribüne ist eine Extravaganz der Herrscherfamilie, an der alle Bürger teilhaben können, denn während es klimatisierte Logen für mehrere Tausend Euro zu mieten gibt, gibt es ebenerdig auch einen Bereich, in dem der Eintritt frei ist. Kein Scheich, der etwas auf sich hält, lässt sich dieses Event entgehen. Und kein Firmenchef wird es versäumen, geschätzte Kunden oder verdiente Mitarbeiter zum Rennen und der anschließenden

Megaparty einzuladen. Bei einem spannenden Rennen kann man dann Scheich Mohammed schon mal jubelnd die Arme hochreißen sehen wie sonst Angela Merkel beim Fußball.

Bei aller Volksnähe und Internationalität vergessen Expats und Besucher manchmal zu schnell, dass die Emirate keine Westminster-Demokratie sind und im Rechtssystem andere Normen gelten als in europäischen Ländern. Die moderne Benutzeroberfläche täuscht darüber hinweg, dass hier eine archaische, von alter Stammeskultur geprägte und von islamischer Ethik dominierte Gesellschaftsform ihren erfolgreichen Weg in das 21. Jahrhundert genommen hat. Zu Reibungen kommt es, wenn diese Art der Staatlichkeit mit westlichen Erwartungen kollidiert und Selbstverständliches plötzlich außer Reichweite zu geraten scheint. Presse- und Meinungsfreiheit etwa. Diese gibt es in den Emiraten nicht. Presseerzeugnisse werden zensiert und Inhalte sowie Agenden staatlicherseits vorgegeben. Der emiratische Staat ist mächtig. Er dreht manchmal ausländische Internetdienste wie Yahoo tageweise ab oder sperrt ausländische Nachrichtenseiten, weil darauf »unislamische« Inhalte zu sehen sind. Die Zensoren schwärzen ausländische Magazine, wenn Models darin zu viel Haut zeigen, schneiden Küsse und Zärtlichkeiten aus Kinofilmen. Bücher dürfen in den Emiraten nur verkauft werden, wenn sie vom Staat ein Unbedenklichkeitszeugnis erhalten. Dabei achten sie auch auf Kleinigkeiten: Das Wort, das mit P beginnt und den Golf im Westen üblicherweise näher beschreibt, darf in Druckwerken in den Emiraten nicht verwendet werden. »Golf« oder »Arabischer Golf« sind erlaubt.

Nicht erlaubt sind Parteien, Gewerkschaften, Betriebsräte und andere politische und vorpolitische Interessensvertretungen. Es gibt keine Wahlen in den Emiraten und keine Volksvertretung. Es gibt einen Ministerrat des Bundesstaates und Ministerräte in den Einzelstaaten. Diese Räte werden auch »Kabinett« genannt, im Arabischen »Majlis«. Es ist dasselbe Wort, das auch ein Wohnzimmer bezeichnet; noch ein Indikator dafür, dass die politische Kultur der Emirate von der familiären Kultur geprägt ist. Majlis bedeutet wortgetreu übersetzt »Zusammensitzerei« und bezeichnet Orte, an denen man sich gemeinsam niederlässt, um miteinander zu sprechen. Der Ministerpräsident heißt »Ra-is Al-Majlis« – Kopf des Wohnzimmers.

Die Minister werden vom Herrscher ernannt. Der Herrscher wiederum hat enge Berater. Bei der Besetzung der Berater- und Ministerposten müssen die Herrscher darauf achten, die eigene Familie zu bedenken und einzubinden, aber auch alle anderen wichtigen Familien zu berücksichtigen, damit sich niemand ausgebremst, übergangen oder übervorteilt fühlt. Um Mitglied einer Majlis zu werden, muss man kein Scheich sein.

Offensichtliche Trunkenheit und Nacktheit in der Öffentlichkeit sind verboten. Ein Brite, der 2013 betrunken und unbekleidet durch seine Wohnstraße auf »The Palm« torkelte, bekam dafür eine Gefängnisstrafe von sieben Monaten ohne Bewährung. James Kottak, der Drummer der Scorpions, verbrachte einen Monat in einem Dubaier Gefängnis, weil er betrunken im Flughafen herumgepöbelt und seine Hose heruntergezogen hatte. In Sharjah ist die Höchststrafe für Drogenhandel die Todesstrafe, und als Drogen können auch codeinhaltige Medikamente oder Psychopharmaka zählen. Auch auf Ehebruch steht die Todesstrafe, wenn er von mindestens zwei erwachsenen Männern bezeugt wird (was allerdings ausgesprochen selten vorkommt). In Dubai ist es für unverheiratete Paare verboten, gemeinsam ein Hotelzimmer zu nehmen. Hoteliers, die Unzucht vermuten, können die Zimmervermietung verweigern oder die Polizei rufen. In Sharjah ist es für unverheiratete Männer und Frauen verboten, sich gemeinsam in der Öffentlichkeit zu zeigen. In Abu Dhabi hat einmal ein Ehemann seine Ehefrau nach der Hochzeit an deren Eltern zurückgegeben und das Brautgeld erstattet bekommen – denn als er ihren Schleier zum ersten Mal hob, entdeckte er einen Schnurrbart, und der gefiel ihm nicht. Wer in den Emiraten während des Ramadan tagsüber öffentlich isst, trinkt oder raucht, kann verhaftet werden. Wer einen ungedeckten Scheck ausstellt, kommt ins Gefängnis und wird so lange in Dubai festgehalten, bis er seine Schuld abbezahlt hat.

Wer emiratische Zeitungen liest, entdeckt darin fast jeden Tag Meldungen, die Kopfschütteln bis Kopfschmerzen verursachen. Ja, man kann in Dubai und den anderen Emiraten für das, was man für normal hält, empfindliche Strafen bekommen. Die Ausrede, man sei Tourist und habe das eben nicht gewusst, gilt nicht immer. In Dubai drücken die Behörden bei Touristen oft viele Augen zu, darauf verlassen sollte man sich aber niemals. Das Land ist für seinen guten Ruf als Reiseland bekannt, aber die Toleranz hat ihre Grenzen, und diese sind meist religiöser Art. Als Faustregel lässt sich festhalten, dass alles, was mit Sex, Alkohol und Drogen zu tun hat, in den Emiraten einer anderen Art von Normalität folgt als in Europa. Und anständig ist in den Emiraten, was in Europa als konservativ gilt. Fluchen, Schimpfen, Knutschen, Küssen, unanständige Gesten, Baden oben ohne, Miniröcke – das alles ist nicht akzeptiert, und die Polizei kann wegen Erregung öffentlichen Ärgernisses einschreiten.

Drastische Strafen verfehlen in Dubai nicht ihre abschreckende Wirkung. Denn nicht allein die Strafe, auch die weitergehenden Folgen sind für Expats existenzbedrohend: Straffällige Ausländer werden aus dem Land ausgewiesen, manchmal lebenslang verbannt. Das war's dann mit dem (mehr oder weniger) tollen Job. Schon allein dieses Risiko ist es auch für die Ärmsten nicht wert, Touristen einen Geldbeutel zu klauen oder im Laden etwas mitgehen zu lassen.

Als Kavaliersdelikte gelten nur Verkehrsverstöße. Falschparken, über die rote Ampel brettern oder geblitzt werden kann teuer werden, aber das war's dann auch schon. Die Polizei setzt hier auf verstärkte Kontrollen, Tausende Blitzkästen und eine ganz besondere Anti-Raser-Flotte: Dubais Polizei geht stilgerecht in Ferrari, Lamborghini, Bugatti und anderen Supercars auf Temposünderjagd. Die Supersportstreifenwagen sind Hingucker und extrem imagefördernd, haben aber auch den praktischen Nutzen, dass die Polizei damit Temposünder und Teilnehmer illegaler Autorennen stellen kann, die ihrerseits mit Supersportwagen unterwegs sind.

Die Dubaier Polizei und Verwaltung hat einen guten Ruf. Im Falle eines Problems Polizisten oder Beamte bestechen zu wollen ist ein absolutes No-Go und macht alles noch schlimmer, als es ohnehin schon ist. Bestechung funktioniert in den Emiraten nicht. Korruption gibt es nicht. Das Zauberwort, um bei Polizei und Behörden etwas für sich zu erreichen, heißt *Wasta*. Wasta sind Beziehungen. Die hat man – oder eben nicht. Touristen haben kein Wasta, Expats eventuell schon. Die arbeiten vielleicht für ein Mitglied einer wichtigen emiratischen Familie. Oder sie wohnen in der Nachbarschaft des Polizeichefs. Oder sie haben so viel Geld, dass sie sich ein vier- oder gar dreistelliges Autokennzeichen leisten können. Dieses bekam man früher ausschließlich durch Wasta, heute auch durch Geld, aber wer in Dubai reich ist, hat meistens auch Wasta.

Das meiste Wasta haben natürlich einheimische Emiratis. Auch deshalb lohnt sich ein Streit mit Emiratis kaum – sie werden vor Gericht oder bei der Polizei tendenziell recht bekommen. Emiratische Frauen haben sowieso immer recht, sie haben das Über-Wasta. Wer Minister werden will, braucht vorher schon mächtig Wasta, er muss also aus einer Familie kommen, die Wasta als Erbe weitergibt. Niemand wird einfach so mal Minister oder ein hoher Regierungsbeamter. Man mag das Günstlingswirtschaft nennen, man sieht es in den Emiraten aber eher so, dass man am liebsten mit Verwandten oder Mitgliedern wichtiger Familien arbeitet, da man bei diesen weiß, woran man ist, und man sicher sein kann, dass sie unter sozialer Kontrolle gehalten werden. Wasta zu haben bedeutet nämlich auch, sich in das System eingefügt zu haben, es ist der Lohn für gesellschaftliche Konformität. Rebellen haben kein Wasta, und Scheich werden sie auch nicht.

Bei so vielen Scheichs bleibt die Frage: Warum heißt es dann nicht die Vereinigten Arabischen Scheichate? Warum nicht Scheichat Dubai, wenn doch der Herrscher ein Scheich ist und kein Emir? Wo und wer sind in den Emiraten denn die Emire? Tatsache ist, dass das Wort Emir in den Emiraten extrem selten benutzt wird. Emir ist kein Titel und auch nicht der Name eines Amtes, sondern eine Funktionsbezeichnung. Der jeweilige amtierende Herrscher eines Emirats ist der Emir. Er führt die Bezeichnung Emir jedoch nicht als Titel, denn der gebräuchliche Titel für Herrscher ist Hakim. Der arabische Wortstamm h-k-m, aus dem sich das Wort Hakim bildet, hat viele Bedeutungen; es steht für Richtersprüche und Urteilskraft, Entscheidung, auch persönliche Willensentscheidung bis hin zu Willkür, es bedeutet Herrschaft und Herrschergewalt, Macht, Stärke, Verwurzeltheit. Es ist ein kraftvolles Wort, und der emiratische Hakim ist ein kraftvoller Herrscher. Emir hingegen bedeutet Befehlshaber, Fürst und Kommandant, aber eher im Sinne eines militärischen Offiziers. Seine Wortwurzel a-m-r trägt in sich die Bedeutung einer Vollmacht – nicht der reinen Macht –, der Befehlsgewalt und der erlangten Machtposition, ist also schwächer als Hakim. Das Wort Admiral stammt vom arabischen Emir. Es ist also rein lexikalisch derjenige mächtiger, der ein Hakim ist, als derjenige, der Emir ist. So ist das auch in den Emiraten. Die amtierenden Herrscher nennen sich Hakim. Es ist nicht falsch, sie auch Emir zu nennen, aber es ist in den Emiraten unüblich, im Gegensatz etwa zu den Golfstaaten Kuwait und Katar, deren oberste Herrscher sich offiziell Emir nennen. Auch Monaco oder Liechtenstein werden in der arabischen Sprache als Emirat bezeichnet, als Fürstentum.

In den Vereinigten Arabischen Emiraten ist das Emirat aber nicht die Bezeichnung für die Herrschaftsform, sondern für das Herrschaftsgebiet des jeweiligen Fürsten, des Hakim. Der Hakim herrscht über ein Emirat, und all diese Herrschaftsgebiete zusammen ergeben einen Bundesstaat, die Vereinigten Arabischen Emirate. Die regierenden Scheichs der einzelnen Emirate Emir zu nennen ist nicht komplett falsch – aber es ist komplett unüblich. Es ist tatsächlich so, dass es in den Emiraten eigentlich keine Emire gibt.

Arabeske: Das christliche Erbe

Frühchristliche Klostergründer hätten sicher genau diesen Platz gewählt: Der »Church Compound« von Dubai ist auf der weit und breit einzigen Anhöhe gelegen, mit weit ins Land hinaus reichendem Blick, etwas abseits der Siedlung. Wenn die Kirchen hier Türme hätten, wären sie schon von Weitem sichtbar. Ob die Dubaier Offiziellen so weit gedacht haben, als sie im Jahr 2000 den christlichen Gemeinden diesen Platz für ihre neuen Gotteshäuser zuwiesen? Oder wollten sie die Kirchen einfach absichtlich so weit abgelegen wie möglich platzieren, in Jebel Ali – zwischen dem alten, zerbröselnden Dorf, dem Industriehafen und den Raffinerien –, oben auf dem Berg, der dem Dorf seinen Namen gegeben hat? Eine gute Straße jedenfalls führt nicht zum »Church Compound«, und ausgeschildert ist der Weg ebenfalls nicht. Er liegt am Rande der Peripherie, aber sogar an einem emiratischen Wochentag – einem Sonntag – ist dort tagsüber Betrieb. Mütter bringen und holen ihre Kleinkinder aus der Gruppenstunde des evangelischen Kirchenzentrums. Allein in diesem Gebäude haben zahlreiche Gemeinden ihre Heimat. Dennis, ein junger Filipino mit intensivem Blick, kennt sie alle. Er gehört zu den guten Seelen des Gemeindezentrums und weiß auswendig, wer wann in welchem Sakralraum welche Gottesdienste feiert. Die »Salam«-Halle etwa wird hauptsächlich für die arabischsprachigen Gottesdienste genutzt, die von evangelischen Gläubigen aus dem Irak, aus Syrien, Ägypten und dem Libanon besucht werden. »Freitags feiern wir die heilige Messe, da ist unser Haus voll«, sagt Dennis. Weil der Sonntag in der arabischen Welt ein ganz normaler Arbeitstag ist und niemand Zeit für den Kirchgang hat, finden die Gottesdienste freitags statt. »Aber abends ist bei uns auch unter der Woche immer was los«, fügt Dennis noch an. »Kommen Sie ruhig mal wieder vorbei!«

Die Türen des Gemeindezentrums stehen offen – ebenso die Tore zu den anderen Kirchen im Compound. Orthodoxe Kirchen, indische Kirchen, die äthiopische Kirche. Keine Wachdienste, kein Sicherheitspersonal, kein Stacheldraht sichert die christliche Exklave. Im Hof der katholischen St. Franziskus Kirche baden Spatzen und Mynahs in Pfützen. Der Kirchenraum ist unverschlossen. Durch die bunten Glasfenster gleißt die Sonne herein. Das Altarbild zeigt Joseph von Arimathäa bei der Kreuzabnahme – ein Moment des Leidens, in dem ein Außenseiter mutig die Initiative ergreift.

Die christlichen Kirchen gehören zur Kultur und Tradition der Emirate – dies betonten die Herrscher schon vor der Staatsgründung. Auf der Insel Sir Bani Yas wurden die bisher ältesten Spuren christlicher Kultur gefunden: eine Kirche und ein dazugehöriges Kloster aus dem 6. Jahrhundert. Anstatt diese Spuren zu zerstören, wie es etwa Saudi-Arabien in Jeddah getan hat, konservierten die Emiratis die Funde. Institutionell Fuß fassen konnten die christlichen Kirchen aber erst mit den großen Einwanderungswellen des 20. Jahrhunderts. 1963 begann die neuere Kirchengeschichte mit dem Bau eines katholischen Gotteshauses in Abu Dhabi, aktuell sind es landesweit 35 Kirchen. Etwa neun Prozent der Einwohner sind Christen, schätzt der anglikanische Geistliche Andrew Thompson in seinem Buch über das Christentum in den Emiraten. Er würdigt die Glaubensfreiheit des Landes und sieht die Emirate sogar als Modellgesellschaft für religiöse Toleranz.

Im Kirchhof der Kathedrale St. Joseph in Abu Dhabi ist jeden Vormittag großer Trubel. Wenn die Kinder der angrenzenden christlichen Schule gerade Pause haben, ist der Kirchhof zugleich Pausenhof. Lachen und Sonnenstrahlen dringen in den Kirchenraum. Dort gönnen sich auch Arbeiter und Gäste eine kurze Pause, um in den Bänken zu verweilen, durchzuatmen, Einkehr zu halten. Der aus der Schweiz stammende Bischof Paul Hinder wohnt ebenfalls auf dem Gelände. Er ist für alle katholischen Kirchen in Südarabien zuständig, genauso für die im Oman und im Jemen. Regelmäßig wendet er sich mit Videobotschaften an die Gläubigen. In seiner Neujahrsansprache für 2014 ruft er zu Frieden und Versöhnung auf und sagt: »Wir sind alle Bürger einer neuen Welt.« Ein blühender Hibiskusstrauch quillt über die Mauer seines Grundstücks. Sein Gartentor steht offen.

Der Muezzin – Die Uhr der Stadt

Ein *Clock Tower* oder ein *Clock Roundabout*, ein Kreisverkehr mit Uhr, gehört in jede Stadt am Golf. Eine große Uhr auf Betonstelzen ist Symbol des Fortschritts und markiert in einer Stadt die erste Straßenkreuzung, die man in den Sechziger- oder Siebzigerjahren wichtig fand. Sie ist Symbol des Aufbruchs, nicht Zeitzeichen, denn eine öffentliche Uhr braucht in den Emiraten keiner. Dafür gibt es den Muezzin. Fünfmal am Tag ruft er live oder vom Band aus den Lautsprechern der vielen Moscheen und ruft zum Gebet.

»Allah hu akbar! Allah hu akbar!« Es ist nicht zu überhören. Fünfmal am Tag ertönt der Gebetsruf (*adhan*) von den Minaretten der Emirate. Zur Gebetszeit tönt der Ruf aus mehr als einer Richtung, in verschiedenen Tonarten, in verschiedenen Melodien, selbstverständlich zeitlich versetzt gesungen. Etwa in der Mitte des Gebetsrufs, wenn wirklich alle Muezzine Dubais an den Mikrofonen stehen (oder auch ihre elektronischen Vertreter vom Band), sind die einzelnen Rufe nicht mehr zu unterscheiden. Dann ist die Luft voll von Gesang, und der stets leicht blecherne Klang stülpt sich über den Kopf des Hörers wie eine riesige Mütze.

»Gott ist größer! Gott ist größer!« wird gerufen. Nicht »Gott ist groß«, wie meistens falsch übersetzt wird. Allah, das bedeutet der Komparativ, ist größer als der Mensch, als die menschlichen Bedürfnisse, größer als die Götter aller anderen Menschen, größer als die irdische Welt selbst. Gott ist sogar größer als das Größte, das man sich vorstellen kann. Gott ist nicht einfach nur groß. Und Gott hat keinen Eigennamen. »Allah« bedeutet übersetzt »der Gott«, zusammengesetzt aus dem Artikel »Al« und dem Wort für Gott, »lah«. Der Gläubige ergibt sich diesem Größeren und erkennt Gott als allmächtig, unendlich und in seiner Größe auch als unbegreifbar an. »Islam« bedeutet »Gottergebenheit«, das Wort »Muslim« bezeichnet den »sich Gott Ergebenden«. Islam und Muslim haben die gleiche lexikalische Wurzel wie das Wort »Salam«, durch die Grußformel »Salam Aleikum!« weltweit bekannt: »Der Friede sei mit dir!« Islam, so die Doppeldeutung, bringt Friede und Heil durch die Ergebenheit des Menschen an die göttliche Allmacht.

Und Gott ist nicht irgendwo im Himmel, sondern er ist in der islamischen Welt ein fester Teil des Alltags. Gott ist überall, nicht nur in den Herzen, sondern in jedem Gruß, jedem Gespräch, im Small Talk und im Tagesablauf, nicht nur, wenn man »mashallah« und »inshallah« sagt.

Die genauen Gebetszeiten richten sich nach dem Sonnenstand und variieren von Ort zu Ort und von Tag zu Tag. Der Gebetsruf ist die Uhr der Stadt, die alle anderen Uhren im Grunde überflüssig macht, denn da eine aus Deutschland gewohnte Pünktlichkeit auf die Minute in den Emiraten keinen hohen kulturellen Wert hat, genügt der Adhan als Uhr der Stadt. Mögen christliche Kirchtürme im 15-Minuten-Takt die Zeit verkünden und damit auch eine Verspätung von

15 Minuten als kulturell gerade noch erträglich festsetzen, in Dubai ertönt der Gebetsruf alle paar Stunden, und eine Verspätung von mehreren Stunden ist ebenfalls akzeptabel. Das tägliche Leben der Emirate organisiert sich um die Gebetszeiten herum – für Muslime ebenso wie für Nicht-Muslime. Da die Emirate am Wendekreis des Krebses liegen, sind über das Jahr hinweg die Unterschiede in den Tag-Nacht-Längen nicht sehr ausgeprägt. Obwohl die Sonne maßgeblich ist, ertönt der Adhan nie genau zu den Auf- und Untergangszeiten oder genau zum Mittag, denn man will Gott verehren und nicht Sonnenanbeter sein.

Der Morgenruf vor Sonnenaufgang sagt Nicht-Muslimen, dass sie sich jetzt noch einmal im Bett umdrehen können. Der zweite Gebetsruf zeigt die Mittagszeit an. Der dritte Gebetsruf, am Nachmittag, sagt: Oh, schon so spät? Oder: Endlich brennt die Sonne nicht mehr so brutal – jetzt noch schnell an den Strand! Der vierte Ruf kurz nach Sonnenuntergang, zwischen 18 und 19 Uhr sagt: Ende des Arbeitstags, ab nach Hause! Oder: Jetzt noch schnell einkaufen. Der fünfte Gebetsruf gegen 20 Uhr markiert den Beginn der Freizeit oder den Zeitpunkt, an dem man zu einem Treffen mit Freunden losfährt. Man trifft sich nicht um 20 Uhr, sondern »um kurz nach acht«, damit man nach dem Gebet oder dem Gebetsruf gemütlich von dort aufbrechen kann, wo man gerade ist. Spielfilme im Fernsehen beginnen um 21 Uhr, Kinovorstellungen zu krummen Zeiten wie 19.35 oder 20.40 Uhr.

Einige TV-und Radiosender unterbrechen ihr Programm und senden den Adhan und danach ein ruhiges Musikstück oder einen besinnlichen Text. Dabei ist der Adhan selbst schon ein besinnlicher Text und drückt die Essenz des Islam aus.

Nach »Gott ist größer« folgt im Gebetsruf: »Ich bezeuge: Es gibt keinen Gott außer dem Gott. Ich bezeuge: Mohammed ist ein Gesandter des Gottes.« Diese zwei Bezeugungen sind identisch mit dem islamischen Glaubensbekenntnis, der

Shahada. Dann folgen die auffordernden Zeilen: »Kommt zum Gebet! Kommt zum Heil!« Danach folgt erneut: »Gott ist größer, es gibt keinen Gott außer Allah, Gott ist größer.« Beim Ruf zum Morgengebet wird noch die Zeile »Beten ist besser als Schlafen« ergänzt.

Der Islam beeinflusst einfache und komplizierte Sitten, den Speiseplan und sogar das Bankwesen. Die Trennung zwischen Staat und Kirche, die Europa in der Epoche der Aufklärung erlebte, hat hier nicht stattgefunden. Keine Säkularisierung. Politik, Gesellschaft und tägliches Leben sind in Arabien von der Religion durchdrungen – oder von der Religion getragen, je nach Blickwinkel. Religion ist nichts Privates, der Besuch in der Moschee keine Freizeitbeschäftigung für das Wochenende. Beten ist nichts Intimes, das man schamhaft versteckt, sondern Beten ist im modernen Arabien wie Essen oder Telefonieren: alltäglich, selbstverständlich, lebenswichtig. Auch in den Malls ertönt der Gebetsruf, und die Gebetsräume sind genauso gut ausgeschildert wie die Toiletten. In der »Mall of the Emirates« wird freitags manchmal auch öffentlich gebetet: auf der Brücke der »Galeria« in jenem Teil der Mall, in dem die besonders hochpreisigen Boutiquen angesiedelt sind.

Keinen Glauben zu haben scheint für Araber unvorstellbar. Wer sich als Atheist outet, verliert sein Gesicht und jeglichen Respekt, da er offensichtlich von der Welt nicht das Einfachste verstanden hat. Christen und Juden, die Gläubigen der anderen »Religionen des Buches«, die sich wie der Islam auf den Urvater Abraham berufen und an einen einzigen allmächtigen Gott glauben, sind akzeptiert, und ihre Anhänger gelten nicht einmal pauschal als Ungläubige, da sie immerhin einer Religion angehören. Sie sind, so die Lehre, eigentlich ohnehin alle Muslime. Alle Menschen sind nämlich von Geburt an Muslime, nur manche werden anders erzogen, so eine Lehrmeinung. Daher kann auch niemand zum Islam konvertieren, sondern nur »revertieren«, zurückkehren zur wahren Religion. Schwerer haben es da Hindus, Sikhs oder Buddhisten, denn sie gelten pauschal als gottlos und Götzenanbeter, ihr Glaube nicht als Religion. Diese Gottlosen, die nicht an einen Gott glauben, begehen die nach islamischer Definition größte Sünde: Allah einen Teilhaber beizugesellen. Ein Ungläubiger ist streng genommen nur jemand, der die Botschaft des Propheten Mohammed gehört hat und sich dennoch nicht zum wahren Glauben bekennt, sich dem Islam also wider besseres Wissen verweigert – so eine von vielen Lehrmeinungen.

Der Ruf zum Gebet ist für viele nicht nur Erinnerung an Gott, sondern tatsächlich das Zeichen, für einige Minuten die Arbeit oder das Gespräch zu unterbrechen, zur Ruhe zu kommen und zu beten.

Welcher Gläubige so früh tatsächlich aufsteht und betet oder erst beim zweiten Gebet des Tages mit einsteigt, das weiß Allah allein. Auch, wer gar nicht betet. Säkular zu leben ist durchaus möglich in den Metropolen am Golf, wo die soziale Kontrolle durch die Familie gering sein kann, wenn diese weiterhin auf dem Land lebt. Ungewöhnlich ist es trotzdem, denn das Gebet, die gesamte Religion mit ihren vielen Details ist nicht nur allgegenwärtig, sondern am Golf auch ein so selbstverständlicher Teil des täglichen Lebens. Moderne und Islam schließen sich eben gerade nicht gegenseitig aus, wie von westlichen Kommentatoren so gerne geschrieben wird. Das moderne Leben erleichtert sogar manches: Fernsehprediger verschiedener Richtungen verbreiten ihre Botschaften, Apps für Smartphones und Tablet-PCs erinnern an Gebetszeiten und zeigen die Richtung nach Mekka an, egal wo sich der Gläubige gerade befindet. Selbst in den Flugzeugen der Emirates Airline wird zu den Gebetszeiten die Richtung nach Mekka auf den Bildschirmen des Entertainment-Systems angezeigt.

Mohammed, der Prophet und Verkünder des Islam, wurde um 570 nach Christus in Mekka geboren, im Westen des heutigen Saudi-Arabien. Er lehnte sowohl den alten Polytheismus der Wüstenvölker, das Christen- und Judentum der Einwanderer als auch die rauen Sitten seiner Gesellschaft ab. Im Monat Ramadan des Jahres 610, so die traditionelle Überlieferung, erschien ihm, der gerade in der Einsamkeit fastete, auf dem Berg Hira bei Mekka der Erzengel Gabriel. Dieser bestimmte ihn zum Propheten und offenbarte ihm den Koran, den er daraufhin verkündete. Mohammed revolutionierte nicht nur den Glauben, sondern auch die Gesellschaft, indem er neue Regeln des Zusammenlebens aufstellte, neue Werte und eine neue Ordnung schuf. Der Koran ist die gesammelte wörtliche Offenbarung, die Heilige Schrift des Islam. Ergänzend dazu gibt es den *Hadith*, der aber kein einzelnes Buch ist, sondern eine Sammlung von Aussprüchen des Propheten, Geschichten aus seinem Leben, Beispielen für richtiges Verhalten, Erklärungen zum Koran, Ge- und Verboten und anderem. Der Hadith in seiner Gesamtheit wurde von verschiedenen Autoren zusammengetragen. Sprechen Muslime den Namen des Propheten aus oder schreiben ihn, wird dieser bei Texten in englischer Sprache stets mit der Abkürzung »pbuh« versehen. Sie bedeutet »peace be upon him«, »Friede sei mit ihm«.

Die oft genannte und selten verstandene Scharia, das islamische Recht, das in den Emiraten gilt, ist kein einzelnes Buch wie etwa das BGB, sondern die Gesamtheit der Regeln und Vorschriften, die aus dem Koran, dem Hadith sowie deren Interpretationen hervorgehen. Sie ist die Gesamtheit der religiösen, sozialen, moralischen sowie juristischen Normen, nach denen eine islamische Gesellschaft lebt. Es gibt und gab nie die eine, allgemein gültige und seit dem 7. Jahrhundert unveränderte Scharia. Jede islamische Gesellschaft hat zu jeder Zeit eigene Wege gefunden, sich basierend auf dem religiösen Wertesystem zu konfigurieren. Die in Dubai angewandte Scharia ist eine andere als die im Iran oder in Saudi-Arabien. »Weg« – das ist auch die erweiterte Bedeutung von Scharia. Die Vokabel für »Pfad«, »Straße« ist der nächste Verwandte des arabischen Wortes »Scharia«. Dieses bedeutet im engeren lexikalischen Sinn »Gesetz«. Die Scharia, der Weg des Glaubens, ist ein islamischer Gesellschaftsvertrag, der die Gesellschaft als Ganzes sowie jedes einzelne Mitglied zum Heil führen soll.

Laut Scharia ist etwa der außereheliche Geschlechtsverkehr verboten. Dies gilt auch in Dubai. Nach strenger Auslegung dürfen sich unverheiratete Paare daher kein Hotelzimmer teilen oder nicht allein in Privaträumen treffen. Es gibt Vermieter, die auf das Verbot von Damen- oder Herrenbesuch pochen. Auch einige Hoteliers wollen sich moralisch nichts zu Schulden kommen lassen und verweigern unverheirateten Paaren den Check-in. Während man für öffentliches Knutschen meistens nur ein Verwarnungsgeld erhält, kann man in Dubai für eine Liebesnacht ins Gefängnis kommen und ausgewiesen werden – wenn man denn angezeigt wird, etwa vom Hotelmanagement oder den Nachbarn, was vorkommt, wenn auch selten. Relative Sicherheit bieten Hotels westlicher Ausrichtung (unter anderem daran zu erkennen, dass Alkohol ausgeschenkt wird oder das Hotel zu einer internationalen Kette gehört) – hier, wo auch der Dresscode gelockert ist, drückt man bei Touristen gerne beide Augen zu. Vor allem bei Nicht-Muslimen, die nicht mit ihrem Bekenntnis den islamischen Gesellschaftsvertrag unterschrieben haben.

Der Grundstein dieser Gesellschaft ist über alle Zeiten und Regionen hinweg das Glaubensbekenntnis, das bei jedem Gebetsruf zu hören ist, die erste Säule des Islam. Nach dem Bekenntnis zu Allah und seinem Gesandten Mohammed folgt die zweite Säule, das eigentliche Gebet, »Salat« genannt. »Salat« bedeutet außer Gebet auch Segen und Fürbitte. Aus derselben Wurzel entwickelt sich der Name »Etisalat« des größten Telekommunikationsanbieters in den Emiraten. Er bedeutet einfach »Kommunikation«. Mit dem Gebet sei es so, als würde man einen weit entfernten geliebten Menschen auf dem Handy anrufen, heißt es manchmal aus dem Mund moderner Gläubiger – nicht, weil sich beim Gebet ein Gespräch entwickle, sondern weil man beim Anruf an den weit Entfernten denke und dabei mit dem Gefühl großer Liebe überflutet werde, so als sei der Entfernte in Wirklichkeit ganz nah. Nicht Allah kommt beim Gebet näher zu den Menschen, sondern der Mensch nähert sich mit seinen Gefühlen und seinem Denken Gott an.

Fünf Säulen hat der Islam, so lautet die Lehre, und das Gebet ist eine davon, das Glaubensbekenntnis eine andere. Die drei weiteren sind *Zakat*, das Spenden für die Armen und Bedürftigen, das Fasten im Monat Ramadan und einmal im Leben die *Hadsch*, die große Pilgerfahrt nach Mekka. Wer sie absolviert hat, darf sich Hadschi nennen, Frauen ebenso wie Männer. Auch diese Säulen prägen den Alltag am Golf, gerade Zakat. 2,5 Prozent seines Besitzes soll jeder Muslim spenden, so lautet die Über-den-Daumen-Regel, und mit Besitz ist nicht das Jahreseinkommen gemeint, sondern auch die Dinge, die man bereits besessen hat, wie Kamelherden, Fuhrparks, Zelte oder Villen. Die Spende war im Mittelalter als eine frühe Form der Sozialversicherung gedacht, denn in der großen Bruderschaft der Muslime sollten die Schwächeren von den Stärkeren Unterstützung bekommen. Zakat wird nun aber nicht wie eine Kirchensteuer direkt vom Lohn abgezogen oder von staatlicher Seite erhoben, sie ist eine freiwillige Leistung, die dem Spendenden im imaginären Buch seiner guten Taten, die gegen schlechte Taten aufgerechnet werden, gutgeschrieben wird. Wer zu wenig spendet, erwirbt daher auch weniger »Bonus«.

Als vollendete gute Tat werde Zakat nur gewertet, wenn die Spende anderen Muslimen zugutekomme. Was bei den Christen die Nächstenliebe, ist im Islam die Nachbarschaft, und die hat verschiedene Abstufungen, wie ein Islamgelehrter im TV-Sender Dubai One einmal knapp und präzise erklärte: Ein Nachbar sei jeder Mensch auf der Welt, also auch

Nicht-Muslime. Mehr Rechte als Nachbar habe jedoch derjenige, der Nachbar und Muslim sei, und die meisten derjenige, der Nachbar, Muslim und Verwandter sei. Darauf sei bei guten Taten dringend zu achten.

Die Hadsch, die große Pilgerfahrt, stellt die Städte Jeddah und Mekka einmal im Jahr auf den Kopf und führt auch Pilgergruppen auf der Durchreise in den Dubaier Flughafen. Sie sind an ihren weißen schlichten Pilgergewändern erkennbar. Eine Pilgerreise nach Mekka gilt nur während bestimmter Tage des islamischen Kalenders als Hadsch, an anderen Tagen heißt sie *Umrah*. Auf die Umrah gehen Gläubige gerne während des Ramadan, aber die Umrah zählt nicht als Erfüllung der fünften Säule des Islam.

Der Fastenmonat Ramadan (der, in dem der fastende Mohammed seine erste Offenbarung erhielt) verändert das tägliche Leben im gesamten Golf. Die Regel ist, dass in diesem nach dem Mondkalender berechneten Monat von Sonnenaufgang bis Sonnenuntergang gefastet wird. Fasten bedeutet nicht nur nichts zu essen, sondern auch, nichts zu trinken, nicht zu rauchen und keinen Sex zu haben. Für Touristen und Nicht-Muslime gilt diese Regel nicht, sie werden jedoch viele Restaurants und Cafés tagsüber geschlossen vorfinden, mit Ausnahme jener in internationalen Hotels. In dieser Zeit vor Muslimen, oder überhaupt in der Öffentlichkeit, zu essen, zu trinken, zu rauchen oder auch nur einen Kaugummi zu kauen gilt als extrem unsensibel und unhöflich. Der fastende Teil der Bevölkerung ist in dieser Zeit tagsüber ohnehin zumeist übellaunig und unausgeschlafen, denn was man bei Sonnenschein nicht darf, wird nachts nachgeholt. Kaum ertönt der Ruf des Muezzins, der das abendliche Fastenbrechen ankündigt, wird aufgetischt wie sonst nie im Jahr. Restaurants und Partyveranstalter stellen Zelte auf, in denen bis in die Morgenstunden gefeiert wird. Der Fastenmonat, eigentlich gedacht zur Einkehr und Besinnung, ist die große Partysaison des Jahres, die beste Zeit für Verwandtenbesuche und ausgiebige Gelage.

Kein Wunder, dass bei Tag alle müde und muffig sind, wenn Kind und Kegel die halbe Nacht feiern.

Viele Schulen und Kindergärten haben im Ramadan andere Betriebszeiten, die meisten muslimischen Arbeitnehmer müssen nur wenige Stunden ins Büro. Bei der Party am Abend sind alle am Start, und niemand wird sich den Spaß entgehen lassen. Urlaub, Geschäftsreise oder medizinische Behandlung in Europa werden in dieser Zeit vermieden, da man sonst die Partys verpasst. Wer während des Ramadan oder der Feiertage in die Emirate reist, muss Geduld und Nachsicht mitbringen. Die Taxisuche oder der Service können etwas länger dauern, mancher tritt muffiger oder gestresster auf, als er es meint. Geschäfte und Sehenswürdigkeiten können zu Unzeiten geschlossen sein – wie eben in Europa an den Weihnachtstagen und »zwischen den Jahren«.

Araber, die dennoch arbeiten, in dieser Zeit zu einem Business-Lunch einzuladen oder ihnen bei einer Besprechung oder einem Empfang Getränke und Häppchen aufzudrängen ist nicht zu empfehlen. Im Ramadan gehen die Uhren anders, und an den großen Feiertagen Eid Al-Fitr am Ende des Ramadan steht das gesamte öffentliche Leben still, ebenso zum Opferfest Eid Al-Adha am Ende der Hadsch-Zeit. Diese Feiertage sind reine Familienzeit.

Auch der Freitag, er heißt in der arabischen Sprache »Tag der Versammlung«, ist ein Familientag, an dem das öffentliche Leben stillsteht oder nur sehr zäh vorangeht. Der Freitag entspricht dem Sonntag der westlichen Welt; fast alle haben frei, widmen sich den Familien, und am späten Vormittag haben die Freitagsgebete in den Moscheen großen Zulauf, da sie im Gegensatz zu sonst um eine Predigt ergänzt werden. Die meisten Besucher dieser Predigten sind Männer, da die Frauen in dieser Zeit die Kinder beaufsichtigen und das große Wochenendmittagessen für die Familie vorbereiten.

Radikale »Hasspredigten« und aggressiver, intoleranter Islamismus oder auch Salafismus sind in Dubai und den anderen

Emiraten unerwünscht. Die staatliche emiratische Islambehörde »General Authority of Islamic Affairs and Endowments« kontrolliert nicht nur, was gepredigt wird, sondern schreibt vielmehr den Inhalt der Predigten vor. Die Themen und Texte werden jede Woche an die Imame verschickt; nichts anderes ist in den Emiraten zu predigen. Es geht in den Predigten um Themen wie »Die Tugenden der Mäßigung und des Anstands«, »Das Paradies«, »Die Familie als tragende Säule der Gesellschaft«. Die Texte der Predigten werden in Arabisch, Englisch und Urdu zum Nachlesen online gestellt. Auf der Website gibt es außerdem den »e-Fatwa-Service«: Gläubige können sich per Mail mit religiösen Fragen an die Behörde wenden, ein auf das Thema spezialisierter Mufti (islamischer Rechtsgelehrter) beantwortet innerhalb einer Woche die Frage, und beides wird zum Nachlesen online gestellt – falls das Ganze nicht doch ein Fall für ein Scharia-Gericht ist, etwa bei Scheidungsfällen oder Erbstreitigkeiten.

Eine Fatwa ist kein Gerichtsurteil, sondern eine religiös begründete Rechtsauskunft entsprechend der jeweils anerkannten Lehrmeinung, in diesem Fall also jener der staatlichen Islambehörde. Diese ist keine patrouillierende Religionspolizei wie in Saudi-Arabien oder dem Iran, sondern eine moderne Behörde für religiöses Leben. Sie bekennt sich zu einem toleranten, gemäßigten und friedlichen Islam, der in der modernen Gesellschaft verwurzelt ist und bleiben soll. Die kostenlose App der Behörde liefert immer die richtigen Gebetszeiten auf die Handys und zeigt mit dem »Moscheefinder« auf Wunsch den Weg zum nächsten Gebetsraum an. Über die App kann auch Geld gespendet und eine e-Fatwa angefragt werden. Der Islam und die Segnungen des Übermorgenlandes vertragen sich bestens.

Mode, Museen und Kamele –
Private Freuden in den Emiraten

Arabeske: 2000 Kalorien in zehn Minuten

Die Großmutter geht schon mal vor und besetzt den Tisch. Die alte Dame ist zierlich und geht gebeugt, aber sie strahlt so eine Autorität aus, dass sie auch im größten Trubel eine Sitzgruppe für acht Leute freihalten kann, und das zur Hauptessenszeit, also abends um neun. Die Großmutter sitzt mitten im Food Court, im Auge des Sturms aus Gier, Geschrei und Geschwindigkeit – und schweigt als eine der wenigen. Nach und nach trödeln die Enkel herbei, eines der Mädchen heult, ein anderes schleppt schon ein Tablett voller Ketchup und Pommestüten. Bis auf das heulende Mädchen durften sich die Kinder im Food Court aussuchen, was sie essen mochten – für die Mütter bequem, für die Kinder einer der Höhepunkte der Woche.

In jeder Mall gibt es einen solchen Food Court. In diesem Saal oder Bereich der Mall reiht sich an der Wand entlang eine Fast-Food-Theke neben der anderen. In der Mitte stehen Stühle und Tische, an denen sich dann alle wieder mit ihren Tabletts treffen. Wer keine Großmutter dabeihat, schickt die philippinische Nanny, um für die Familie einen Platz zu besetzen.

Die Food Courts gibt es von klein bis unübersichtlich riesig, je nach Einkaufszentrum. Die Auswahl an den Ständen ist immer die gleiche: Libanesisch (Shawarma und Salate), Indisch, Pizza, Mexikanisch, Thai/Chinesisch, dazu meist mehrere Stände mit Fried Chicken verschiedener Herkunft und mindestens zwei Burgerbrater und Frittenbuden. Die bekannten amerikanischen Fast-Food-Ketten reihen sich hier gleichwertig mit ein, sind aber nicht immer vertreten. Deutlich häufiger vertreten als die in Deutschland bekannten Ketten sind die Burgerbraterei »Hardee's« und der Hühnerbrater »Texas Chicken« und die »New York Fries«.

Allen Food Courts gemeinsam ist, dass dort ein Riesenkrach herrscht. Denn während die Großmutter noch das weinende Mädchen tröstet, fällt einem kleinen Jungen ein, dass er noch etwas vergessen hat, weshalb er durch den gesamten Raum nach seiner Schwester plärrt. Die Mutter plärrt von der Theke des Burgerbraters, wo gerade Pommes und Sandwiches auf ein Tablett geladen werden, hinüber zum Vater, der beim Hühnerbrater noch auf seine Bestellung wartet, dass er noch mehr Cola ordern soll. Dem Abräumer fallen drei Tabletts herunter, als er sich nach einer mit Ketchup am Boden festgetretenen Serviette bückt. Als Mutter und Vater am Familientisch eintreffen, sagt eines der Kinder, dass es keinen Hunger mehr hat, und die Großmutter meckert, dass sie lieber Kebab als Hühnchenteile gehabt hätte. Außer dieser sind noch 50 andere Familien im Food Court. Als wäre dieser Lärm nicht genug, ist nebendran eine Filiale des Kinderspiellandes Magic Planet, das mit elektronischem Gefiepe und Technomusik lockt.

Cafés und Coffeeshops haben ihre Filialen nicht in Food Courts, sondern außerhalb in der Mall, denn Cafés sollen schließlich gemütlich sein. Das ist der Food Court nicht. Er gehört zu den lautesten, hektischsten, ungemütlichsten – aber eben auch zu den praktischsten Errungenschaften des modernen Arabien.

Food Courts sind für einen großen Teil des arabischen Übergewichts verantwortlich und für die Diabetesrate von 25 Prozent unter erwachsenen arabischen Emiratis. Außer der Tatsache, dass jedermann in Food Courts besonders hektisch in sich hineinschlingt, um diesem Purgatorium zu entkommen, sind die Portionen auch noch außergewöhnlich groß. Fast ausschließlich werden »Combos« verkauft, aus Fast-Food-Läden in Deutschland als »Menü« bekannt. Diese Combos sind so günstig und die Verkäufer können oft nur so schlecht Englisch, dass es völlig sinnlos ist zu sagen, man möchte die Combo aber nur mit Kebab und Salat, ohne Pommes, Brot und Mayo. 2000 Kalorien kosten im Food Court zwischen fünf und sieben Euro.

Nach einer Mahlzeit im Food Court, zumal an Wochenenden und zur Hauptessenszeit, hat man das Gefühl, drei Stunden Extremsport gemacht zu haben, und muss sich trösten – mit einem Donut, einem Eis, einem Frozen Yogurt oder einem Stück Käsekuchen an einem der ruhigen Stände, die in der Mall verteilt sind. Warum an diesen Ständen fast nie schreiende Kleinkinder anzutreffen sind, ist eines der ganz großen Rätsel der arabischen Welt.

Shawarma, Shisha, Sushi – Golfstaatengenüsse

Sie wollen in Dubai mal so richtig Dubaierisch essen gehen? Gratulation! Und: Viel Erfolg! Denn ein Lokal wie die Emirati-Stub'n oder den Dubaier Hof werden Sie vergeblich suchen. Es gibt kein traditionelles Dubaier Restaurant in Dubai. Auch keines in Abu Dhabi oder Sharjah. In traditionellem Ambiente traditionelle regionale Speisen genießen zu können scheint Europäern selbstverständlich, in den Emiraten ist es eine neumodische Extravaganz. Vor der Ankunft der ersten Einwanderer gab es nämlich gar keine Restaurants in der Gegend der Emirate, und die traditionelle Küche der Region war auch nicht wirklich das, was man haben wollte, als all die neuen Leckereien und Innovationen ins Land kamen. Datteln, Fladenbrot, Ziegen- und Kamelfleisch am offenen Feuer gegrillt, etwas Hühnchen, etwas Käse, etwas Reis, ein paar Gewürze, das war es schon mit den traditionellen Lebensmitteln am Golf. Frisches Obst und Gemüse – reiner Luxus. Frische Waren, Reis, Gewürze und Kräuter kamen per Schiff aus dem Iran und Indien, später mit den Flugzeugen der Engländer. Die iranischen Kaufleute brachten Kebabs und Eintöpfe mit, die indischen Arbeiter Currys, Linsensuppen und Tandooris, aus der Levante kamen die üppigen und vielfältigen Vorspeisen (*Mezzeh*), *Manakish* (Fladenbrote mit Kräutern und/oder Käse) sowie die Falafel, und aus Ägypten die Süßspeisen, allen voran der gekochte Sahnepudding *Mahalabiya*, der eine Leibspeise von Kindern und ein süßes Soulfood seelengeplagter Erwachsener ist.

Die Küchen Dubais sind so wild gemischt und abwechslungsreich wie die Bewohner der Stadt. Alle Einwanderer haben ihre Landesküchen mitgebracht, die Hotellerie übertrumpft sich mit immer neuen Gastroideen und Zweigstellen berühmter Edelrestaurants. Ob Nobu, Jamie Oliver, Gordon Ramsay oder Giorgio Locatelli – für internationale Sterneköche ist eine Dependance in Dubai inzwischen *très chic*. Für die internationale Systemgastronomie natürlich ebenso. So ergeben sich unendliche Möglichkeiten, lecker essen zu gehen und Neues zu entdecken. Dubai ist in jedem Preissegment ein Gastrohimmel. Aufgrund der strengen Lebensmittelgesetze können Besucher auch etwas am Imbissstand kosten, ohne um ihre Gesundheit fürchten zu müssen. Die Dubaier Lebensmittelkontrolleure sind extrem pingelig, und wer negativ auffällt, verliert seine Konzession. Magengrimmen kommt also bestenfalls von zu viel Butterschmalz in der Tunke oder zu kalten Getränken.

Als »gutes arabisches Essen« gilt, wie auch sonst im arabischen Raum, die libanesische Küche. Geht man arabisch essen, geht man zum Libanesen und ordert einen Tisch voll warmer und kalter Mezzeh und dann, wenn eigentlich alle schon satt sind, noch einige Platten Gegrilltes mit Reis. Zu einem guten arabischen Essen gehört, dass der Tisch sich vor Speisen biegt, man von allem nur probiert und sehr vieles zurückgehen lässt. Sich Reste einpacken zu lassen ist jedoch auch völlig normal, denn Lebensmittel zu verschwenden gilt im Islam als nicht wünschenswert.

Das Konzept »Emirati Cuisine«, feine emiratische Küche, ist ein vergleichsweise neuer Punkt auf dem Speiseplan der Stadt. Wie auch sonst will man in der Küche das eigene Erbe bewahren, und wie auch sonst geschieht dies mit wechselndem Erfolg. Das Dubaier Local House ist im Heritage-Viertel Bastakiya gelegen und versucht mit Gerichten wie Kamelfleischburger oder Dattelmilchshake zu punkten. Es erreichte allerlei Aufmerksamkeit in den Medien und ist dennoch so herrlich hausbacken und improvisiert, dass man den Betreibern wegen des schlechten Essens gar nicht mehr böse sein kann.

Stylischer gehen es die Betreiber von Zaroob an, einem auf Hip und Retro gemachten Imbiss, der vor allem Shawarma anbietet, das beliebteste Sandwich der Region: In ein dünnes Fladenbrot werden vom Drehspieß abgeschnittene Fleischstücke gewickelt (in Deutschland als »Dönerfleisch« bekannt), dazu kommt etwas Sesamsoße und frischer Salat. Manche Imbisse wickeln auch noch drei einzelne Pommes mit ein, einige geben in Salz eingelegtes Gemüse dazu. Bei Zaroob sitzt man schick an der Bar neben der offenen Küche und bekommt die Pommes natürlich extra gereicht.

Shawarma hält die Emirate am Laufen; es ist wie die Leberkässemmel in München oder die Currywurst in Berlin der beliebteste und günstigste Snack des Landes. Sechs Dirham kostet ein Shawarma zum Mitnehmen, etwas mehr als einen

Euro. Ohne Shawarma blieben viele Menschen in der Mittagspause oder unterwegs hungrig. Er ist der dubaierischste aller Snacks und gleichzeitig auch wieder nicht, denn Shawarma gibt es in allen Golfstaaten, im Libanon und in Ägypten, genau wie die etwas hochpreisigere Snack-Konkurrenz verschiedener gegrillter Fleisch- und Hackfleischspieße (etwa *Kebab, Shish Kebab* oder *Shish Tahouk*). Auch dazu gibt es natürlich Fladenbrot, Pommes, Eingelegtes – und einen Meerrettichdip. Eines Tages werden die Menschen glauben, Pommes seien ein typisch emiratisches Gericht.

Dem entgegen steuern Speiselokale, die sich der hohen »Emirati Cuisine« verschrieben haben, was ein Widerspruch in sich ist, denn die historische Mangelküche hatte nie den Anspruch, fein zu sein, sondern satt zu machen. Die aus Dubai stammende und in Abu Dhabi arbeitende Köchin Khulood Atiq trägt aber dazu bei, sie zu verfeinern. »Ich verwende neue Kochtechniken für alte Gerichte und mache sie damit fit für die Zukunft«, sagt sie. Khulood ist im Grunde scheu, aber sie ist zur Botschafterin der »Emirati Cuisine« geworden, kocht beim internationalen Gourmet-Festival in Abu Dhabi neben Sterneköchen aus aller Welt und tritt in Fernsehshows auf. Den Mangel an emiratischen Restaurants erklärt sie so: »Traditionelle emiratische Küche gab es bisher nur zu Hause in den Familien, und beim guten Essen ging es immer darum, gemeinsam mit der Familie Zeit zu verbringen. Fürs À-la-carte-Geschäft müssen wir die Gerichte neu erfinden.« Ihr Lieblingsgericht *Ghouzi* ist eine im Ganzen gegarte Ziege, ihr zweitliebstes Gericht *Balaleet*, süße gebratene Nudeln mit Ei und Gewürzen – beides ist in einer modernen Sterneküche schwer vorstellbar, aber Khulood beginnt ja gerade erst mit ihrer Küchenrevolution.

Die arabischen Restaurants im Emirates Palace, dem Burj Al-Arab und anderen edlen Hotels versuchen es mit einer Mischung: Sie erweitern die typisch libanesische Karte um einheimische Spezialitäten. Es lohnt sich, danach zu fragen oder auf arabischen Büfetts danach Ausschau zu halten. Auch auf Frühstücksbüfetts internationaler Hotels sind für die arabischen Gäste emiratische Speisen im Angebot, manchmal sogar Balaleet, denn die Nudeln gibt es eigentlich zum Frühstück und nicht als Nachtisch. Ein traditionelles emiratisches Frühstück ist ansonsten eher deftig, es gibt Schafskäse und Oliven, *Hummus* (Kichererbsenpaste), Gurken und Tomaten, ägyptische Bohnenpaste (*Foul*), dazu Fladenbrot.

Seafood-Restaurants, die etwas auf sich halten, haben außer dem üblichen luxuriösen Thunfischsteak immer fangfrische Fische aus der Region auf der Karte, etwa den *Hamour*, ein weißfleischiger Edelfisch, oder *Hamra* (Schnapper). Auch hier lohnt es sich, nach Tagesangeboten zu fragen oder sich in der Fischbar, die manche Lokale haben, gezielt einen Fisch aus der Region auszusuchen.

Den Charme eines opulenten Essens daheim kann aber kein Restaurant bieten, auch nicht wenn es so nett wie rustikal mit traditionell bezogenen Sofas ausgestattet ist wie das Saudi Cuisine VIP in Abu Dhabi oder so ambitioniert Hammel und Kamelfleisch aufkocht wie die Restaurants im Emirates Palace. Bei einem Familienessen kommen nämlich Platten mit hoch aufgetürmten Gerichten nicht etwa auf den Tisch, sondern auf den Boden, bevorzugt auf eine Malerplane. Dann setzen sich alle darum herum und greifen beherzt mit den Händen – den rechten! – in die Leckereien. *Saloona*, eine Kreuzung aus Suppe und Eintopf, isst man, indem man zunächst ein Bällchen Reis in der Hand festknetet, dann mit leicht geöffneter Hand durch die Saloona-Schüssel fährt und dabei versucht, außer Soße auch Stücke von darin verborgenem Gemüse oder Fleisch zu erwischen. *Machboos* isst sich leichter: Das ist ein Berg gewürzten Reises, auf dem Fleisch- oder Fischstücke liegen. Einfach zugreifen. Wer das ganze Essen für sich alleine haben möchte, greift einfach mit der linken (schmutzigen) Hand zu, und alle anderen werden sich mit Grauen fernhalten. Dass Ausländer zu einer solchen

Mahlzeit eingeladen werden, ist allerdings extrem unwahrscheinlich – schon allein, weil Ausländer garantiert mit der linken Hand in die volle Schüssel greifen und allen den Appetit verderben werden.

Was also tun, um ein authentisches emiratisches Geschmackserlebnis zu genießen? Gehen Sie in einen Supermarkt. Ja, einer der französischen Kette Carrefour tut es auch. Holen Sie ein Manakish aus der Brotabteilung. Schnappen Sie sich im Gemüseeck ein paar Gurken und Tomaten aus einheimischer Produktion (die gibt es), aus dem Kühlregal eine Kamelmilch, Hummus und *Labneh* (Frischkäse) von der Frischetheke, dazu Dosen von Rani Float (Fruchtschorlen) und Vimto (Beerenlimonade) und machen Sie damit ein Picknick im Park. Das kostet nur ein paar Euro und geht kaum emiratischer.

Arabeske: Malaak rocks you!

Huda Al-Nuaimi weht in den Showroom herein. Sie trägt eine lange, fließende Abaya und eine *Sheila*, die ein wenig wohlfrisiertes Haar sehen lässt. Sie lässt sich auf einem grauen Sofa zwischen bunt geblümten Kissen nieder, lächelt niedlich – und erzählt dann, wie sie ihr Geschäft aufgebaut hat. Denn Huda, Anfang 30, ist seit 2010 Designerin und Inhaberin des Modelabels Malaak, das sich auf High-Fashion-Abayas spezialisiert hat. Ihre Kreationen gibt es bei Saks Fifth Avenue, in ausgewählten Boutiquen in den Emiraten, Katar und Saudi-Arabien und in ihrem eigenen Showroom in Dubai. Die Abaya ist der blickdichte schwarze Umhang der emiratischen Frauen. Die Sheila ist das schwarze Kopftuch.

Huda lehnt sich zurück und faltet die Hände über dem Knie. »Die Abaya steht für bestimmte Werte. Sie hat einen Sinn. Daher wollen wir sie behalten, aber wir wollen gleichzeitig so stylisch wie möglich sein. Wir lieben Mode, wir haben ganz viele *fashion items* in unseren Schränken, aber wir können sie draußen nicht tragen, obwohl wir das wollen. Daher dachte ich: Ich entwerfe mal Sachen, die uns draußen stylisch erscheinen lassen!«

Huda entwirft zwei Kollektionen pro Jahr. Einmal setzte sie auf Nieten, Stachel und breite Schulterpolster – Rockstar-Abayas. Ein anderes Mal auf verspielte Seidenblumen und Kaftanstil. Wieder in einer anderen Saison waren es Perlenstickereien. »Probier mal eine an«, sagt Huda, greift in einen der Ständer hinein, zieht einem blitzschnell eine Robe über, nestelt mit schnellen Händen an verborgenen Riemen, zieht hier und knotet da, und schon ist aus der Robe ein Prinzessinnenoutfit mit fallenden Stoffkaskaden geworden. »Siehst du?« Huda lacht. Dann zieht sie ihre Sheila ab, schlingt und knotet sie einem um den Kopf und sagt: »Ein Turban. Das muss einfach wieder modern werden.«

Huda Al-Nuaimi ist aus emiratisch-britischem Haus und will mehr sein als ein reiches Mädchen. Sie hat in London und Dubai Modedesign studiert und ärgerte sich, dass sie zwar die schönste Mode shoppen, in der Öffentlichkeit aber nicht tragen durfte. Anstatt in Sack und Asche zu gehen, entwarf sie Abayas zunächst nur für sich. »Sich traditionell zu kleiden bedeutet nicht, dass man unmodern sein muss«, findet Huda: »Wir können so stylisch sein, wie wir wollen, solange wir uns bedecken und die Kleidung an den entscheidenden Stellen weit geschnitten ist.«

Ihr erster Fashion-Coup waren Kurzarm-Abayas, die den Trägerinnen erlaubten, ihre eigenen Langarmtops zu zeigen und den Look damit zu personalisieren. Die Kollektion mit den Nieten, zu der Huda auch Blazer entwarf, war ihr Durchbruch in die High-Fashion-Welt. »Ich wollte schon immer eine Jacke mit Nieten, aber den Trend durfte ich noch nie mitmachen«, erklärt Huda. »Daher beschloss ich, dass ich mir mein eigenes Nieten-Outfit gestalte, wenn ich schon keines von der Stange nehmen und tragen konnte.« Ihre vor allem jungen Kundinnen liebten die Kreationen und posteten Selfies, wie sie damit ausgehen, mit Bildunterschriften wie »Malaak rocks you«.

Huda ist zufrieden. »Diese Kollektion sollte ein Statement sein, und meinen Kundinnen gefiel sie. Die nächsten Kollektionen waren schon tragbarer. Es kommt immer auf die eigene Stimmung an, welche Abaya man tragen möchte – ob eher etwas Fließendes oder etwas Hardcoremäßiges.«

Mode und Islam müssen sich nicht ausschließen. Huda betont, dass ihre Abayas alle Anforderungen des muslimischen Dresscodes erfüllen, den Körper nicht nur bedecken, sondern auch die Körperformen verhüllen. Huda sagt, dass ihre Kreationen nicht nur auf der Arabischen Halbinsel zum Ausgehen und zu festlichen Anlässen getragen werden, sondern dass arabische Frauen die Roben auch gerne in Europa tragen – und das nicht etwa, weil die Malaak-Stücke auch als Abendkleider durchgehen könnten und somit weniger auffallen, eher im Gegenteil: »Je modischer die Abaya daherkommt, desto eher wird sie in Europa auch akzeptiert werden.«

Der Dubai-Dresscode – Mehr ist mehr!

Bääääm! Auftakt für die große Dubai-Modenschau. Raus mit den Models auf den Laufsteg und aufgepasst: Abendkleider, Strandkleider, Abayas, Tuniken, dazu Jeans, Röcke, Schals, Taschen und Sandalen – alles im Dubai-Style. Als Erstes erscheint eine Kreation für einen Ausflug in die Mall: enge Jeans und eine semitransparente Tunika mit Flowerprint, darunter ein eng anliegendes schwarzes Tanktop. Dazu Mules mit Plateau (oder Zehn-Zentimeter-Stilettosandalen) und eine Henkeltasche passend zum Material der Schuhe. Als Schmuck große goldene Kreolen und eine hochwertige Armbanduhr, alternativ goldene Armreifen. Ganz wichtig: eine Sonnenbrille mit großen Gläsern, ins Haar geschoben, und ein Handy in der Hand. Weitere Outfits zeigen Tuniken in Sandfarben, Türkis, manchmal mit Stickerei am Saum. Längere, farbenprächtige Tuniken können auch über dezent unifarbene Leggins getragen werden, wie jüngere Models vorführen. Jugendliche muslimische Models zeigen zudem, dass das Kopftuch dann auf die Farbe der Leggins abgestimmt sein sollte, Tasche und Schuhe aber weiterhin mit der Tunika korrespondieren.

Es folgen ein Outfit für eine Strandbar wie das Barasti oder einen der größeren westlichen Nachtklubs: Es ist dasselbe, nur dass man die Tunika weglässt, ausschließlich hochhackige Schuhe trägt und das Handy in der Tasche verschwindet. Als Nächstes ein Outfit für eine edle Bar wie das Neos: ein eng anliegendes Kleid, bevorzugt rot, mit tiefem Ausschnitt, Sandalen mit 13-Zentimeter-Absätzen und einem Seiden-Pashmina zum Umlegen für den Hin- und Heimweg. Das nächste Model zeigt ein Stück Gulf Haute Couture: ein schulterfreies, bodenlanges Abendkleid aus cremefarbener Spitze, bestickt mit echten Perlen und Goldborten. Es folgen weitere Roben, jede bis ins Detail verziert, ausgearbeitet, gerüscht, gestärkt, bestickt, vergoldet, beperlt. Am Ende kommt das Hochzeitskleid – ein Strudel aus Seide, Chiffon, Pailletten, Silberfäden, Perlen und einigen echten Steinen.

Dubai ist eine modeverliebte Stadt, mit den Gängen der Malls als Laufstege. Style ist in Dubai nicht Diktat, sondern Selbstverständlichkeit. Wohlfühlklamotten, Funktionskleidung, Sportkleidung haben im Alltag der Dubaier nichts zu suchen. Sie gehören nach Hause und maximal in den Expat-Compound. Jogginghose, Turnschuhe, Schlurfi-Shirt – für Damen sind sie ein absolutes No-Go, für Herren auch, für halbstarke Jungs – vielleicht gerade noch okay. Feminin und glamourös ist der Stil-Standard für Frauen und Mädchen, sportliche Typen sind nicht gefragt – allzu sexy Girls allerdings auch nicht, denn offenherzige, plakative Sexyness mit tiefen Dekolletés und kurzen Tops und Rocksäumen gilt in Dubai nicht nur als ordinär, sondern als anstößig, und das nicht nur wegen der Religion.

Egal ob Hindu, Muslima, Christin, Agnostikerin – der Dubaier Dresscode »Mehr ist mehr« gehört hier zur Alltagskultur, auch in den Compounds. Wer sich zeigen will, verhüllt sich. Körperformen wollen erahnbar sein, nicht präsentiert werden. Haut soll durchaus blitzen, aber nicht zu Markte getragen werden. Feminin sind ein wiegender Gang und ein schlafzimmerlangsamer Augenaufschlag, keine prallen Brüste und Hinterbacken.

Erotik und Attraktivität sind in Dubai klassisch und entstehen aus dem aufreizenden Wechsel zwischen Zeigen und Verhüllen. Die emiratischen Frauen haben diesen Wechsel perfektioniert. Sie mögen Abaya und Sheila tragen und auf den ersten Blick komplett verschleiert sein. Der zweite Blick zeigt: Die Abaya ist vielleicht nicht ganz bis zum Boden zugeknöpft, beim Gehen gibt sie ab und zu den Blick auf schlanke Jeansbeine frei. Oder sie ist zwar zugeknöpft, aber beim Gehen blitzen unter dem schwingenden Stoff kristallbesetzte Stilettos hervor. Unter den langen Ärmeln erscheinen plötzlich Finger mit kirschroten Nägeln und nesteln am Kopftuch. Oder professionell geschminkte Smokey Eyes schließen sich in Zeitlupe, während zarte Hände das Kopftuch zurechtstecken und die Lady nach einem Rabatt fragt. Die jungen Mädchen im Café schauen kichernd Jungs hinterher, und wenn diese die Blicke spüren und sich nach den Mädchen umdrehen, ziehen die Mädchen schnell einen Zipfel ihrer Sheila über das Gesicht und schlagen die Augen nieder. Koketterie auf Dubaierisch.

Auf natürliche Weise prinzessinnenhaft zu wirken ist das Weiblichkeitsideal. Junge Mädchen in Skaterklamotten, in Latzhosen, Punks gar – in Dubai undenkbar. Nerdbrillen und Zahnspangen sind für Teenager schon das Ausgefallenste, und das gilt auch für Jungs. Jeans, Basecap und Turnschuhe oder weißes Gewand und Sandalen sind die zwei Standard-Looks für junge Männer am Golf. Für erwachsene Männer sind es das weiße Gewand oder Anzug und weißes Hemd, bei über 40 Grad vielleicht auch nur Anzughose und weißes Hemd. T-Shirts sind für Emiratis Jugend- und Freizeitkleidung und schon das Höchste, was es an Jugendkultur und Jugendmode gibt. Der Anpassungsdruck der emiratischen Gesellschaft wirkt sich auf die Mode aus. Expat-Männer in T-Shirts sind geduldet, wenn auch nicht im Geschäftsleben. Nachtklubs und Bars, die etwas auf sich halten, verweigern Turnschuhträgern den Eintritt, einige Restaurants bestehen auf Sakko für die Herren und gediegene Abendgarderobe für die Damen.

»Wir hier in Dubai sind fast wie in New York: ganz weit oben in der Modenahrungskette«, erklärt der exzentrische Dubaier Couturier Furne One. Kein Modelabel, das etwas auf sich hält, könne es sich leisten, in Dubai nicht präsent zu sein. Hier seien die Kunden, hier sei der Markt, hier seien die Trends. Furne ist also voll in seinem Element. Er stammt von den Philippinen und hat 2002 in Dubai sein eigenes Label Amato gegründet. Seine spektakulären, weil ausgefallenen Kollektionen erregen weltweit Aufsehen und wurden auch schon bei den Oscars und auf anderen roten Teppichen gesichtet. »Klassischer Chic« ist für Furne das, was den Dubai-Style kennzeichnet. Aber jemand, der unter klassischem Chic ein Damenkostüm und eine gesteppte Handtasche versteht, wird diese Kreationen als große Extravaganz betrachten. »Araber probieren immer gerne Neues aus, und sie probieren gerne Ungewöhnliches«, schwärmt Furne über seine Kunden. »Die Amato-Frau weiß, was sie will, ist stark und unabhängig. Sie traut sich, sich selbst zu verwirklichen, und glaubt an das Diktat der Mode. Sie lässt sich nicht von Konventionen zurückhalten und ist vor allem jemand, der sich selbst liebt und die Macht der Feminität verehrt.« Er beschreibt damit die typische arabische Modeliebhaberin – Fashion Victim nicht im Sinne eines Opfers des Trends, sondern eine selbstbewusste Frau mit Spaß am Style.

Für den Alltag sind die Amato-Kreationen natürlich nicht gedacht. Es gibt sie auch nicht in Geschäften (außer in der Amato-Boutique in Los Angeles), sondern man besucht nach Anmeldung den Amato-Showroom, wählt aus und erhält ein auf den Körper angepasstes Einzelstück. Furne One setzt damit einerseits das Gesetz der Haute Couture um, andererseits auch eine Konvention der arabischen Kleidung. Denn Abayas und die weißen Hemden der Herren kommen ebenfalls nur selten von der Stange, sondern werden anhand von Modellen ausgewählt und dann vom Schneider nach Maß gefertigt. In den Malls gibt es zwar das eine oder andere Geschäft mit arabischer Kleidung, wer aber genau hinsieht, erkennt auch hier, dass in vielen Fällen nur Musterkollektionen an den Stangen hängen. Die Länge und Weite eines arabischen Gewands müssen exakt passen; schlecht sitzende traditionelle Kleidung ist ebenfalls ein modischer Fauxpas.

Der traditionelle Stil ist auch nur auf den allerersten Blick simpel. Das Modische an dieser Kleidung steckt im Detail. Die angesagten Schnitte der Abayas etwa wechseln von Jahr zu Jahr: mal trägt man Fledermausärmel, mal mehr Glitzersteine, mal sind sie um die Knöchel weit und mal ganz schmal geschnitten. 2016 waren plötzlich cremefarbene Abayas hip, natürlich mit farblich darauf abgestimmten Kopftüchern und Accessoires. Auch die Kopftücher unterliegen der Mode. Mal sind sie voluminös drapiert, mal eng anliegend, mal ist es schick, eine Haarsträhne hervorlugen zu lassen, mal rutscht der Saum ein paar Zentimeter hinter den Haaransatz, mal sind knallbunte Kopftücher in, dann wieder welche in Bicolor, die also außen eine andere Farbe haben als innen, was das Gesicht der Trägerin sehr eindrucksvoll in Szene setzt. Eine Zeit lang war es modern, sich eine riesige Papierblume an den Hinterkopf zu stecken und das Kopftuch drum herum zu drapieren, sodass man aussah, als hätte man ein Horn am Hinterkopf. Kopftuchboutiquen wie Kashka bieten immer wieder modische Tücher an.

Der Klassiker ist die Sheila aus schwarzem blickdichtem Seidenstoff, federleicht und knitterfrei. Sie geht immer und wird im Geschäftsleben bevorzugt, ist also so etwas wie die Kostümjacke der emiratischen Frauen. Der schwarze Gesichtsschleier, der nur einen Sehschlitz frei lässt – der *Niqab* –, wird in Abu Dhabi mehr getragen als in Dubai, ist aber insgesamt auf dem Rückzug. Frauen aus besonders religiösen Familien tragen ihn grundsätzlich über der Sheila, während man besonders religiöse Männer daran erkennt, dass ihr weißes Hemd kürzer ist als das anderer Männer, denn sie wollen vermeiden, es zu beschmutzen. Der lange Bart ist ein weiteres Zeichen ihrer Religiosität. Im religiösen Saudi-Arabien ist der Niqab für Frauen nahezu Standard, in Dubai ist er nur eine von vielen Optionen islamischer Kleidung. Eine Verschärfung des Niqab ist die *Gashwa*, ein dünnes schwarzes Tuch, das noch über den Sehschlitz des Niqab gezogen wird, damit auch die Augen der Frau nicht sichtbar sind. Frauen, die eine Gashwa tragen, tragen meist auch blickdichte schwarze Strümpfe und schwarze Handschuhe. Das ist sogar in den Emiraten exotisch.

Die *Burka*, eine mit Gold belegte Maske aus Stoff oder Leder, ist aus dem Straßenbild der Emirate fast verschwunden. Ältere Frauen und Beduinenfrauen tragen sie noch manchmal. Man muss allerdings sehr weit aufs Land fahren und Glück haben, um eine Frau mit goldener Burka und in bunter Beduinenkleidung zu treffen, die Fladenbrote im Tonofen backt. Denn auch die Beduinenfrauen mögen die neue Mode. Die blaue afghanische Burka und der iranische *Tschador* (das große schwarze Ganzkörperzelt) sind in Dubai genauso selten wie in Hamburg oder München, und die Trägerinnen werden genauso schief angeschaut.

Was in Deutschland als Burka bezeichnet wird, die schwarze Ganzkörperverschleierung, ist also in Wirklichkeit gar keine Burka, sondern ein Niqab in Kombination mit Sheila und Abaya. Alles zusammen heißt *Hijab*, was wörtlich »Sichtschutz« bedeutet und Kleidung bezeichnet, die den gesellschaftlichen Normen entspricht, in islamischen Ländern also denen des Islam.

Die aktuelle Form der schwarzen Verhüllung ist nicht, wie man meinen könnte, ein Relikt aus archaischen Zeiten oder ein Versuch der Männerwelt, die Frauen unsichtbar zu machen. Sie ist eine Reaktion auf die massive Zuwanderung, in den Emiraten wie auch den anderen Ländern der Arabischen Halbinsel. Historische Fotos zeigen: Vor den großen Einwanderungswellen trugen die emiratischen Frauen gerne groß geblümte, bunte Kittelkleider, goldene Burka und anstatt der Sheila nur einen transparenten Überwurf. Wenn überhaupt. Erst mit den vielen neu zugezogenen Fremden stieg in den Siebzigerjahren das Bedürfnis, sich auch optisch abzugrenzen, sich zu verbergen und sich gleichzeitig zu behaupten. Es war dieselbe Zeit, als Saudi-Arabiens Königshaus massive Zugeständnisse an den ultrakonservativen Wahabitismus machte und die Revolution im Iran einen Gottesstaat einrichtete. Der moderne arabische Hijab-Look ist ein Produkt dieser Zeit, ein Ergebnis der kulturellen Selbstdefinition und Abgrenzung in einer Epoche der konservativen Restauration.

Hijab, also das Gebot, sich »anständig« zu kleiden, gilt ebenso für Männer. Ein emiratischer Mann trägt mit seinem weißen Hemd ebenfalls ein verhüllendes Kleidungsstück. Es heißt in den Emiraten Dishdasha und *Kandoura*, manchmal auch *Thoub*, obwohl dies eher ein saudisches Wort ist. Das hochgeschlossene weiße Hemd reicht bis zum Knöchel und bis zu den Handgelenken. Es kann mit edlen Manschettenknöpfen getragen werden und, anstatt einer Krawatte, mit einer geknüpften weißen Schnur, die in einer parfümierten Quaste endet. Diese kommt eigentlich aus dem Oman, wird aber auch in den Emiraten immer wieder gerne getragen. Dazu kommen Ledersandalen, die je nach Mode und Geschmack weiß, braun oder schwarz sind, mit oder ohne Plateau, mal als Zehensandale und mal mit zwei breiten Riemen. Je nach Geldbeutel und Anlass aus Straußenleder mit einer goldenen Zierschnalle oder auch mal aus Kunststoff. Auf den Kopf kommt erst ein Häkelmützchen und dann ein weißes Tuch (*Ghutra*) oder, vor allem für Saudis, eines mit rotem »Palästinenser«-Muster (*Khufiya*). Die schwarze Khufiya überlässt man den Palästinensern; sie in den Emiraten zu tragen wäre ungefähr so passend wie eine bayerische Lederhose in Husum. Zum Befestigen des Tuchs trägt man einen *Aghal*, einen schwarzen Ring oder Doppelring, auf dem Kopf. Als Doppelring kam der Aghal früher zum Einsatz, um die Beine von Kamelen zu fesseln, damit diese über Nacht nicht wegliefen. Tagsüber trug man die Fußschellen dann auf dem Kopf. Am Aghal baumeln, je nach Mode, manchmal schwarze Quasten, die bis zum Po herabhängen können. Dieses Tuch wird nun gestylt wie eine Frisur. Es kann zurückgeschlagen werden, gestärkt werden, dass es aussieht wie die Halskrause einer Kobra, es kann herabhängen wie ein Vorhang oder auch asymmetrisch getragen werden. Die Männer spielen mit dem Tuch, als wäre es eine Langhaarfrisur.

Manchmal knotet man das Tuch auch zum Turban, etwa wenn es draußen windig ist oder man einen Ausflug in die Wüste macht. Denn kaum etwas amüsiert die Kumpels und Damen mehr, als wenn einem Mann die Ghutra davongeweht wird. Der Turban kann auch aus einem bunten Stoff sein – dann ist der Träger meistens Omani. Im Winter oder bei sehr förmlichen Anlässen kommt ein Mantelumhang über die Dishdasha, der *Bisht*. Wenn der Anlass besonders fein ist, kann der Bisht mit gestickten Goldborten verziert sein.

Modemutige wählen aber nicht nur einen bunten Turban, sondern tragen auch die Dishdasha in Farben von Creme über Grau bis Dunkelblau. Oder sie wählen Modelle von Dishdasha-Edelschneidern wie Lomar, versehen etwa mit Magnetverschlüssen anstatt Knöpfen an Ärmeln und Hals, oder mit Grau- und mit Stretchanteil für den sportlichen Safari-Look. Dazu passend bietet Lomar stylische Gebetsketten aus Hämatit an. Designer-Dishdashas sind besonders bei jungen Männern beliebt, während Geschäftsleute im reifen Alter dann doch die traditionellen Schnitte und Materialien bevorzugen. Golden schimmernde Dishdashas gibt es auch – Scheich Mohammed trägt sie und hat damit die Farbe informell für sich reserviert.

So uniformiert die Emiratis aussehen mögen, so fein sind doch die Unterschiede der Outfits, und so rasch ist man als Emirati in der Fashion-Falle. Bleibt die Frage aller Fragen: Was trägt der Scheich unter seinem »Nachthemd«? Zumeist Boxershorts. Oder Slips. Oder Armani-Unterhosen. Oder auch mal gar nichts. Traditionell ist es eine gewickelte Stoffbahn, aber die ist derzeit total out. In der Cold Season – wenn die Temperatur unter 18 Grad plus fällt – tragen Männer lange weiße Unterhosen. Wegen dieser Hemd- und Unterhosenmode (und auch wegen der Tradition, die Stehpinkeln bähbäh findet, weil man sich dabei mit Urin bespritzt) pinkeln arabische Männer übrigens im Sitzen oder Hocken. Und, hüstel, was tragen die Frauen »drunter«? Dass unter der Abaya nichts als Lingerie aus roter Spitze verborgen sein könnte, ist eine beliebte Männerphantasie. Gelegentlich kommt es wohl vor, dass Frauen nur Unterwäsche unter der Abaya tragen, häufig ist es jedoch nicht. Normalerweise tragen die Frauen ein ganz normales dubaiglamouröses Outfit darunter.

Und was tragen die Emiratis über ihren Gewändern? Das »zweite Gewand«, wie sie sagen – eine Schicht Parfum. In alten Zeiten bestand dieses zweite Gewand aus dem Duft von Räucherungen, aus Weihrauch also, *Oud* und *Bukhur*, wie die Räucherungen heißen. Die Kleidung wurde (und wird heute in traditionellen Haushalten immer noch manchmal) über pyramidenförmige Holzgestelle gelegt, unter die man ein Räucherfass stellte, sodass die Kleidung den Geruch aufnehmen konnte. Wenn es schnell gehen musste, konnte man sich auch angezogen über ein solches Räucherfass stellen.

Das Räuchern ist nicht aus der Mode gekommen. In jeder Mall und in jedem Souq gibt es Fachgeschäfte für Räucherungen und Parfums. Oud, harzgetränktes Holz des Adlerholzbaumes, kann bei Spitzenqualität einen Grammpreis von über 100 Euro erzielen – das Dreifache des Goldpreises. Eine kleine Phiole hochwertiges ätherisches Oud-Öl kann mit bis zu 400 Euro zu Buche schlagen. Nach echtem Oud zu riechen ist echter Luxus. Ein schweres, gemischtes Parfum, vielleicht auch mit etwas fruchtigerer Note, tut es ebenso. Hauptsache, es steht noch in der Luft, wenn man selbst schon um die Ecke gebogen ist. Gut zu riechen ist obligatorisch, Schweißgeruch dagegen ein soziales No-Go, und das in einem der heißesten Länder der Erde. Auch das ist ein Lifestyle-Statement.

Die weißen Hemden und schwarzen Umhänge werden so schnell nicht aus der Mode kommen, denn sie sind vor allem eines: praktisch. Bedeckte Haut kann in der Sonne nicht verbrennen, und leichte, fließende Stoffe lassen die Luft besser zirkulieren als eng anliegende. Wer ohne Kopfbedeckung aus dem Haus geht, bekommt schnell einen Hitzschlag, und ein Tuch ist diejenige Kopfbedeckung, die davor schützt und nicht zusätzlich wärmt. Die Tücher waren es, die die Beduinen vor Sandstürmen schützten. Und kleidsam ist diese Mode auch noch, denn die Hemden und Umhänge kaschieren überflüssige Pfunde und lassen dünne Heringe stattlicher oder femininer erscheinen.

Außerdem weist dieser Look Emiratis als Emiratis aus. So bequem Dishdashas sein mögen, es wird gar nicht goutiert, wenn Ausländer sie tragen. Das ist einer der Momente, in denen der Spaß aufhört. Frauen, die Abaya und Sheila tragen, werden gerne gesehen, wenn sie Musliminnen sind. Aber nicht-emiratische, gar nicht-arabische Männer, die sich kleiden wie Einheimische, sind viel schlimmere Modesünder als Socken-in-Sandalen-Träger oder T-Shirt-Poser. Sich zu kleiden wie im eigenen Herkunftsland ist dagegen völlig in Ordnung, auch im Geschäftsleben. Dort gilt der Dresscode: Man trägt beim Meeting oder im Büro das, was man bei einem vergleichbaren Anlass auch in der Heimat tragen würde. Pakistanische Männer führen gerne ihren *Salwar Kameez* aus, einen leichten Anzug aus langem Hemd und weiter Hose. Indische Musliminnen tragen ihre bunt bestickte Ausgabe des Hijab, somalische Frauen ein bis in die Kniekehlen herabreichendes Kopftuch. Der indische Sari ist jedoch, weil er so viel Haut zeigt, nicht en vogue. Gerade ältere indische Frauen ignorieren diesen Teil des Dresscodes aber gelegentlich. Ältere oder alte Frauen sind in dieser Region der Welt ohnehin über Kritik und Zurechtweisungen erhaben.

Doch ob Dishdasha oder nicht: Lange Ärmel und Hosenbeine sind weiterhin der Standard am Golf, auch und gerade in der Hot Season, bei 50 Grad. Sogar Bermudas sind Fashion-Fauxpas, Hotpants sind untragbar. Schultern und Knie zu bedecken ist ein ungeschriebenes Stilgesetz. Wer es bei wichtigen Anlässen bricht, gilt als interkultureller Trampel, als unwissender Tourist, im schlimmsten Fall auch als Provokateur, der sich absichtlich dem guten Geschmack und den einheimischen Sitten verweigert. Weil dies nach Ansicht einiger emiratischer Frauen inzwischen zu viele sind, startete im Sommer 2012 die Twitter-Kampagne #UAEDressCode für eine Rückkehr zum konservativen Kleidungsstil, in der einige Emiratis sogar eine staatliche »Bekleidungspolizei« nach saudischem Vorbild forderten.

Die Scheichs sind auf diese Forderungen nicht eingegangen. Die Malls aber reagierten mit einer Plakatkampagne an den Eingängen, wo nochmals deutlich darauf hingewiesen wurde, dass enthüllende Kleidung nicht erwünscht ist.

Strandkleidung gehört an den Strand und Hauskleidung ins Haus, finden die Emiratis. Das gilt sogar für das Schuhwerk. Flipflops aus Plastik, also Badelatschen, gehören an den Strand oder Pool. Wer in die Stadt geht, trägt Stadtschuhe, also Mules oder anständige Sandalen. Wer Flipflops aus Plastik trägt, wird gelegentlich schief angeschaut. Herumlatschen und schlurfen ist nicht prinzessinnenhaft oder cool, sondern vulgär. Gesundheitslatschen, Fußbettsandalen oder Klettsandalen sind modisch nur an Männern in Ordnung, werden aber vor allem von älteren Männern getragen. Scheich Mohammed überrascht gelegentlich auch bei öffentlichen Auftritten mit Trekking- oder MBT-Sandalen.

Sandalen sind das gemeinsame Kleidungsstück aller Männer in den Golfstaaten. Dass im Land der Sandalen die Füße tipptopp gepflegt sein müssen, versteht sich für Emiratis von selbst. Dass man in Sandalen keine Socken trägt, ebenfalls. Pediküre ist, auch für Herren, selbstverständlich, sogar mit transparentem Lack auf den Zehennägeln. Zu Hause oder in den Häusern anderer Emiratis laufen Emiratis, Männer wie Frauen, grundsätzlich barfuß. Auch in Restaurants schlüpfen Männer manchmal aus den Sandalen und ziehen einen Fuß mit auf die Sitzfläche wie ein Vogel, der es sich gemütlich macht und ein Bein ins aufgeplusterte Gefieder zieht. Nicht auszudenken, wenn dann jemand gelbe Fußnägel oder rissige Fersen hätte. Er würde sich zum Gespött seines Familienclans machen, oder, noch schlimmer, Frauen könnten hinter seinem Rücken kichern.

Sich wegen Stil-Fauxpas lächerlich zu machen und dadurch das Gesicht zu verlieren ist eine große Sorge der Emiratis. Ein davonwehendes Kopftuch, ein Fleck auf dem weißen Hemd, ein Riss im Saum der Abaya können nicht nur den Tag, sondern die Woche ruinieren. Männer haben daher Ersatzhemden in ihren Autos dabei, Frauen Sicherheitsnadeln in der Handtasche. Auf den Laufstegen der Stadt wird aber eher seltener gelacht als vielmehr geguckt und getuschelt. Um mit der Mode zu gehen, muss man die Models auf den Laufstegen der Stadt bewundern. Komplimente für gelungene Outfits sind durchaus erwünscht, von Frau zu Frau oder von Mann zu Mann. Starrende einheimische Frauen, die miteinander flüstern und dann auf einen zukommen, werden einen selten zurechtweisen, sondern eher (auf gut Dubaierisch mit viel »Mashallah!«) fragen, wo es denn das schöne Kleid zu kaufen gibt. Oder die schöne Tasche. Und sie sind nicht böse, wenn fremde Frauen ihnen ebenfalls Komplimente machen.

Arabeske: Entrückt auf dem Jebel Hafeet

Das Sandmeer wechselt viertelstündlich seine Farbe. Vom matten Gelbgrau des Tages geht es in Ocker über. Noch strahlt die Sonne, aber das Farbenspiel kündigt das Ende des Tages an. Die höheren Dünen werfen Schatten und ziehen eine Wellenstruktur in den Ozean. In der Nähe des Bergs, dessen Gipfel Aussicht über die Farbfluten bietet, schälen sich jetzt Grundstücksgrenzen, Gebüsche und Fahrpisten als scharfe Konturen aus den diffusen Sandflächen. Der Horizont ist großzügig schraffiert durch den Staub, den der Wind vor sich her trägt und der auch ganz wirklich den Übergang zwischen Boden und Luft verwischt, Erde und Himmel zu einem ineinanderfließenden Ganzen macht. Der Blick vom Jebel Hafeet geht in die Ferne. Er endet im Dunst, von dem nicht klar ist, wie weit er entfernt ist. Der Staub zieht einen sandigen Weichzeichner in die Aussicht von dem 1249 Meter hohen Berg an der Grenze der Emirate zum Oman.

An seinem Fuß entspringen Quellen, die schon vor Jahrtausenden Wanderer aus der Wüste anlockten. Mittlerweile hat sich die Gegend zu einem veritablen Naherholungsgebiet mit grünen Wiesen und Pools entwickelt. Eine komfortable, aber steile Straße windet sich von dort den kahlen Berg hinan, vorbei an Aussichtsparkplätzen, an einem Hotel und einem Scheichpalast, um die kurvenschwindeligen Passagiere schließlich auf ein weitläufiges Plateau zu schicken. Tagsüber brennt die Sonne auf den asphaltierten Platz, vor dem Imbisskiosk plärren einsame Kinderschaukeltiere ihr elektronisches Lied in die Hitze und warten auf Eltern, die eine Münze einwerfen. Eine mit Graffiti über und über beschriebene Felswand ist Zeuge belebterer Stunden. Parkbuchten sind kürzlich eingezogen worden, denn die kreisförmigen Reifenspuren zeugen von wilden Ausritten.

Bei Sonnenuntergang füllt sich der Platz, und der Sonnenuntergang ist früh, hier unten in der Nähe vom nördlichen Wendekreis. Indische und pakistanische Familien kurven herauf, emiratische und omanische, ein paar ostasiatische Mädchen, die ihren freien Tag genießen, und nur wenige Touristen. Besonders am Wochenende, am Freitag und Samstag, ist der Berg ein Ausflugsziel. Man verbringt den Tag unten im geradezu unverschämt grünen Park, um ihn dann mit einer Gipfelerfahrung zu krönen. Die Kinder reiten auf den Spieltieren und trinken Erdbeer-Fanta. Frauen halten beim Flanieren ihre Kopftücher fest, Abayas flattern im kühlen Bergwind. Die ersten reservieren schon mal Sitzbänke für sich und die Familie. Ocker wird zu Gold.

In den übermannshohen Metallzaun, der das Plateau vom Abgrund trennt, brechen Übermütige immer wieder Löcher, um auf die Felsen hinauszuklettern, Freiheit unter den Sandalen zu spüren. Hier draußen entstehen die schönsten Erinnerungsfotos. Die Felsen in der Nähe und auch die Felsnase, auf die der Scheichpalast geklebt ist, sind scharf umrissen. Gold wird zu Roségold, die Sonne verliert ihre Kraft, dringt nicht mehr ganz durch den Staubschleier. Der Horizont ist jetzt unendlich nah, unendlich weit weg. Auf den Felsen zu stehen ist, als wäre man auf einer schwebenden Insel, die gar nicht mehr mit der Wüste verbunden ist, die mit ihren schroffen Steinformationen über einer watteweichen, unscharfen Welt dahinzieht. Ein wundersamer Ort ist dieser Jebel Hafeet, von einer aparten Schönheit, die sich nicht aufdrängt, sondern aufgesogen werden will.

Die Sonne ist nur noch eine blasse Scheibe am Himmel, Roségold wird zu Grau. Über der Wüste geht die Sonne nicht unter, sie verblasst, blendet sich aus ins Ungewisse. Aus dem Tag ist Abend geworden. Gebetszeit. Hinter dem Kiosk versammeln sich Männer zu Minuten der Einkehr. Himmel und

Wüste überblenden nach Dunkelgrau. Während das Licht noch geht, beginnen im Nichts zwischen Himmel und Horizont kleine Lichter zu funkeln: die Oasenstädte Buraimi und Al-Ain.

Auf dem Gipfelplateau endet nun die Ruhe. Kaffeekannen und Kühlboxen werden aus den Autos gezerrt, Kohle entfacht, Teppiche entrollt, auf denen tief verschleierte Matronen Platz nehmen. Gut, wer sich beizeiten eine Sitzbank gesichert hat. In einer Ecke des Platzes dröhnt laute Musik aus einem Auto; bärtige Männer tanzen dazu mit wild schlenkernden Armen, angefeuert von anderen Männern, schweigend beobachtet von alten wie jungen Frauen. Die jungen Männer, die Sehnsuchtsbotschaften auf der Felswand hinterlassen, werden erst viel später in der Nacht hier heraufkommen, wenn der Kiosk geschlossen hat und sich die Sternendecke über den Berg breitet. Unter deren Schutz schlüpfen bisweilen auch junge Paare, die unten in den Oasen keine gemeinsame Freizeit haben dürfen. Der Jebel Hafeet – eine entrückte Welt.

Ein paar Stunden Leichtigkeit – Das Dubaier Wochenende

Wer die Emirate einmal ganz für sich haben will, bekommt sie am Freitagvormittag. Staufreie Straßen, Parkplätze direkt am Eingang der Malls, Cornichen ohne Kinderscharen, leer gefegte Überlandautobahnen, sie alle verraten: Jetzt ist Wochenende. Expats wie Emiratis haben zu dieser Zeit noch Besseres zu tun, als draußen herumzukurven, Besseres sogar als einzukaufen, und das will etwas heißen.

Sogar die Arbeiter auf den Baustellen und die meisten Hausangestellten haben den Freitag oder zumindest den Freitagvormittag frei. Nur in den besten Hotels werden in diesen Stunden die Zimmer geputzt, und nur die eifrigsten Taxifahrer sind im Dienst; die allermeisten von ihnen sind Hindus. Unabhängige Geschäfte sind geschlossen, die Souqs ebenfalls. In den großen Malls öffnen auch die internationalen Franchise-Einzelhändler nur zögerlich und mit Verspätung.

Nur Touristen und solche, die meinen, unbedingt arbeiten zu müssen, sind jetzt unterwegs. Denn der Freitagvormittag entspricht dem Sonntagvormittag der westlichen Welt. Das Wochenende der Emirate dauert von Donnerstagabend bis Samstagabend, mit dem Freitag als Ruhetag in der Mitte. Traditionell begann es am Mittwoch und endete Freitagabend. Man merkte aber, dass dadurch nur zweieinhalb Tage blieben, um mit der nicht-muslimischen Welt Geschäfte zu machen, was angesichts des Wirtschaftsbooms zu wenig erschien. 2006 beschlossen die Scheichs der Emirate also, das Wochenende um einen Tag nach hinten zu verschieben. Der Freitag als ruhender Pol der Woche blieb dadurch unangetastet.

Am Freitag geht in keinem emiratischen Büro jemand ans Telefon, öffnet oder liest niemand Mails, oft auch nicht in Hotels oder Restaurants. Zum Leidwesen vieler Angestellter hat sich dies in der westlichen Welt noch nicht herumgesprochen, sodass Kunden oder Vorgesetzte gerne bei ihren Dependancen in den Emiraten anrufen, um vor dem Wochenende schnell noch etwas zu besprechen, um dann etwas verschnupfte Mitarbeiter auf dem Diensthandy zu erwischen, die ihnen sagen, dass sie eigentlich gerade frei haben.

Der Haupteinkaufsabend hat sich durch das neue Wochenende um einen Tag verschoben und ist hektischer als zuvor. Denn jetzt findet der Wocheneinkauf grundsätzlich am Donnerstagabend statt, und da kann es in und vor den Hypermarkets zu wahren Tumulten kommen. Es passiert schon mal, dass die eine oder andere Sorte Fladenbrot ausgeht oder die besten Melonen schon weg sind. Nicht selten steht dann eine Familie nicht mit einem, nein, mit zwei oder drei vollgehäuften Einkaufswagen an der Kasse.

Expats versuchen gerne, diesen Trubel zu umschiffen,

solange sie neu sind. Aber der Wochenrhythmus in den Emiraten ist genauso ansteckend wie die Gebetszeiten, und so stehen auch englische, deutsche und indische Familien in den Schlangen an der Kasse.

Für Singles und Feierfreudige ist am Donnerstag der wichtigste Abend der Woche, denn jetzt brummen die Klubs und Bars von Dubai, aber auch die in Abu Dhabi. Für diesen Abend kommen auch Feierfreudige, vor allem junge Männer, aus Katar, Saudi-Arabien oder dem Oman in die Partyhochburg Dubai. Aus dem alkoholfreien Sharjah und den kleineren Emiraten sowieso. Die Szene bietet für jeden Geschmack etwas: scheppernde Rockbands im Irish Village, internationale DJs und strenge Türsteher im Armani Privée, ausgelassene Dance-Events am Nasimi Beach oder wilde Anbaggerei im Zinc. Allen Veranstaltungen gemeinsam ist, dass sie spät richtig in Schwung kommen, oft erst nach Mitternacht, weil man vorher noch beim Abendessen sitzt und sich dann mit einem Cocktail warmtrinkt. Und dennoch dauern sie nicht bis in den Morgen, da auch der brummendste Klub um drei Uhr nachts geschlossen wird. Dubai feiert nicht lange, aber dafür intensiv, und am Freitagmorgen muss Ruhe sein.

Mancher braucht ihn zur Erholung von der Party, andere wollen auch ohne Party ausschlafen oder einfach in den Tag hinein träumen. Der Freitagvormittag ist Erholungs- und Familienzeit, die man zu Hause verbringt. Mit Nichtstun, mit Telefonieren, PlayStation spielen, Teetrinken, Herumsitzen. Für die frommen Muslime folgt dann der Pflichttermin der Woche, das Gebet und die Freitagspredigt in der Moschee.

»Tag der Versammlung« heißt der Freitag auf Arabisch, *joum al-juma'a*, was traditionell bedeutet, dass man sich in möglichst großer Zahl zum gemeinsamen Gebet in der Moschee trifft, dem Freitagsgebet. Es ist das wichtigste Gebet der Woche und findet anstelle des sonst üblichen Mittagsgebets (*dhuhur*) statt. Ein Hadith von Abu Huraira, einem Gefährten des Propheten Mohammed, besagt, dass am Freitag je zwei

Engel neben den Türen der Moscheen stehen und die Namen derer notieren, die tatsächlich zum Gebet erscheinen.

Trotz moralisch-religiöser Verpflichtung hat nicht jeder Lust, sich die von der staatlichen Islambehörde vorgegebene Predigt anzuhören, ob er nun am Abend vorher gefeiert hat oder nicht. Das Nichtstun ist allzu süß. Frauen besuchen generell die Moschee in geringerer Zahl als Männer, was oft daran liegt, dass sie eine Kinderschar beaufsichtigen und einen Haushalt führen. Oder, am Freitag, die Rasselbande schon mal für die große Ausfahrt vorbereiten. Nach dem Gebet – ob man nun dort war oder es vielleicht im Fernsehen mitverfolgt hat – ist nämlich Ausflugszeit. Emiratis besuchen jetzt gerne mit Kind und Kegel Verwandte und bringen dabei gleich Platten voller Essen mit. Alternativ treffen sich ganze Clans in Parks.

Die grünen Wiesen mit den Schatten spendenden Bäumen sind für Emiratis der reine Luxus und extrem beliebt; die meisten Leute der Elterngeneration können sich noch an die Zeiten erinnern, als es in den Emiraten kein einziges Stück öffentlicher Rasenfläche gab. Wer sich am Freitag nach dem Gebet nicht sputet, bekommt dort nicht nur keinen guten Lagerplatz mit Schattenbaum mehr, sondern auch keinen nahen Parkplatz. Egal ob in den Corniche-Parks von Kalba, im Hili-Archäologiepark von Al-Ain, im zentralen Safa-Park von Dubai – hier finden emiratische und eingewanderte Familien ein grünes Wohnzimmer.

Natürlich nur die, die daheim keinen so großen Garten haben, dass der ganze Clan hineinpassen würde. Oder die, die einen Ausflug machen – etwa von Dubai nach Fujairah mit Stopp beim bunten, lauten Freitagsmarkt in Masafi – und dann das obligatorische Picknick in den Strandpark von Khor Fakkan verlegen, bevor sie die alte Moschee in Badiyah bestaunen.

Weil es sogar in größeren Parks eng werden kann, schicken die ganz Schlauen schon am Vormittag, wenn die Parks langsam öffnen, jemanden voraus, um mit Planen, Decken und Teppichen Plätze zu besetzen. Am Nachmittag trudeln dann nach und nach die schwer bepackten Großfamilien ein und machen sich auf dem Rasen breit. Kühlboxen, Zwei-Liter-Getränkeflaschen, Wasserkanister und Thermoskannen werden in so großer Menge herbeigeschleppt, als wollte man einen anderen Clan gleich mit bewirten. Im Sommer ist die Idylle durch die Hitze etwas getrübt und verlagert sich in die späteren Nachmittagsstunden. Es gibt Parks, die am Wochenende für Emiratis reserviert sind, denn man will seine Freizeit im Grünen und nicht etwa unter Indern und Pakistanis verbringen.

Die Kinder kugeln durchs Gras, die größeren Jungs kicken mit ihren Cousins, die Mädchen flanieren zu zweit oder in kleinen Grüppchen herum und gucken nach Jungs. Schwere alte Frauen sitzen als schwarze Felsen im Gewimmel. Wie überall auf der Welt machen sich die Familienväter am Grill zu schaffen. Beliebt ist ein niedriger, eckiger Grill ohne Rost, in den sich Kebabspieße einhängen lassen. In voluminösen Tupperschalen werden dazu Salate und Mezzeh gereicht. Die Wasserpfeife blubbert. Der Tag fließt dahin. »Hayat fi Dubayy sahla«, sagt man in solchen Stunden – Das Leben in Dubai ist leicht.

Alkoholische Getränke sind bei solchen Parkausflügen tabu, was die Atmosphäre besonders friedlich und familienfreundlich macht. Anders ist dies schon mal bei motorisierten Ausritten in die Wüste. Dafür werden Kind, Kegel und Picknick in einen Geländewagen verladen, und es geht hinein in den großen Sandkasten. Die Wüste atmet Freiheit, auch für die Emiratis. Und die Wüste allein weiß, wer in seiner Kühlbox Bierdosen und Wodkaflaschen dabeihat – spätestens dann, wenn die Gäste wieder weg sind und ihren Müll liegen gelassen haben.

Die Berge von Dosen und Plastiktüten in der Umgebung der emiratischen Städte sind ein echtes Umweltproblem geworden. Den Spaß am In-die-Wüste-Fahren lassen sich die Emiratis dadurch trotzdem nicht verderben. Dass es in dem Land so viele Geländewagen gibt, liegt auch an diesem beliebten Wochenendvergnügen. Was Touristen als Safari buchen können, machen die Einheimischen und alteingesessenen Expats einfach so. Sie brausen mit ihren Land Cruisern und Patrols durch die Dünen, geben bei Cousins und Brüdern mit Fahrkünsten und Pferdestärken an und setzen sich dann an einem kleinen Lagerfeuer zusammen.

Zur gleichen Zeit geben andere Männer in der Stadt mit anderen Autos an. Sportwagen und Supersportwagen, die sie röhrend an der Abu Dhabi Corniche oder entlang anderer Flaniermeilen ausfahren. Ob sie damit Frauen beeindrucken, ist fraglich, fürs Selbstbewusstsein sind die neidischen Blicke der Geschlechtsgenossen jedoch Balsam. Dies ist auch eines der wenigen Wochenendvergnügen, bei denen Emiratis und Expats sich unmittelbar begegnen. Denn nicht nur Scheichsöhne haben teure, exklusive Autos, auch gut verdienende Expats und deren Nachwuchs. An Extravaganz sind diese automobilen Imponierauftritte Dubais, die in abgeschwächter Form auch in Ajman, Fujairah oder Sharjah stattfinden, nicht zu überbieten.

Am Freitagabend treffen sich dann alle wieder in den Malls. Hat man am Donnerstagabend vor allem Lebensmittel gebunkert, sind es jetzt die Restaurants, Kinos und Cafés, die brummvoll sind. An guten Freitagen ist gegen 20 Uhr im zentralen Atrium und auf der Promenade vor dem Brunnen der »Dubai Mall« ein Gedränge wie auf dem Münchner Oktoberfest und auch eine vergleichbare Lautstärke. In der »Mall of the Emirates« kann es passieren, dass alle der 7000 Parkplätze besetzt sind und die Autos draußen Schlange stehen. Die Malls sind am Wochenende Ausflugsziele auch für Familien aus dem Oman, Katar und Saudi-Arabien. Es wird geshoppt, gebummelt, geschaut und bei den Teenagern auch zart und kichernd angebandelt.

Der Samstag ist dann schon fast wieder wie ein normaler Wochentag. Die Arbeiter schuften wieder auf den Baustellen, die Hausangestellten stehen Gewehr bei Fuß, alle Geschäfte haben normal geöffnet. Es ist nicht selbstverständlich, beide Wochenendtage freizuhaben. Expats genießen jetzt gerne die Strände, Familien machen Ausflüge in die Zoos. Für Expats ist dies der beste Tag, um das Wochenende zu genießen, ohne von Großfamilien überrannt zu werden. Aber auch am Samstag füllen sich die Parkplätze der Ausflugsziele. Die Sonnenliegen im Dubaier Spaßbad »Wild Wadi Waterpark« sind rasch alle vergeben, die Wartezeit an der »Formula Rossa« im Ferrari-World-Freizeitpark in Abu Dhabi, der schnellsten Achterbahn der Welt, kann auf quälende zwei Stunden anwachsen. Touristen machen sich das Dubaier Leben leicht, wenn sie große Attraktionen nicht am Freitag oder Samstag besuchen. Den Trubel in der Mall und das Picknick im Park sollte jeder aber einmal mitgemacht haben, denn diese haben es innerhalb einer Generation geschafft, zu Institutionen der emiratischen Lebensart zu werden.

Arabeske: Die Sehsüchtigen von »The Walk«

Mit dem Sonnenuntergang kommt der Stau. Aus hundert Autos dringt hundertmal laute Musik. Minutenlang ist Stillstand, bis vorne am alten Sheraton-Hotel im Kreisverkehr etwas weitergeht, weil noch weiter vorne eine Ampel auf Grün schaltet. Mit dem Auto »The Walk« entlangzufahren gehört mit zum größten Unsinn, den man in Dubai machen kann. Deshalb machen es die Leute.

Früh am Abend sind es noch die Kleinwagen und die Jeeps der Strandbesucher, die sich die Promenade entlangquälen. Die Ferraris und Maseratis befinden sich noch in der Unterzahl. Je später der Abend, desto sonorer röhren jedoch die Motoren. Wer in Dubai ein Angeberauto hat und damit angeben will, der tut es hier, an den knapp zwei Kilometern chronisch verstauter Strandpromenade. »The Walk« ist ein Laufsteg der Luxuswagen, und er ist zugleich der einzige Boulevard Dubais. Vor allem günstige Restaurants und Coffeeshops locken Besucher aus den umliegenden Hochhausschluchten und neuen wie alten Hotels hierher ans Meer. Doch auch luxuriöse Modeboutiquen, Einrichtungs- und Schnickschnackläden reihen sich hier in einer Ladenzeile aneinander, die sich fast demütig vor den Hochhäusern des Viertels Marina duckt und ein wenig an italienische Arkadenarchitektur erinnern möchte. Davor grenzt eine Restaurantterrasse an die nächste, ein paar fliegende Händler bieten Sonnenbrillen und Souvenirs an. Tagsüber, wenn die Autos noch ungestört die natursteingepflasterte Straße entlangfahren können, ist hier fast nichts los. Die Sonne brennt herunter, doch nur die Mutigen wagen es, hier im Schatten zu sitzen. Es sei denn, es ist Cold Season oder Wochenende.

Ansonsten geht es mit den Menschen auf dem »Walk« wie mit den Autos: Je später der Abend, desto schöner und zahlreicher die Hingucker. Lamborghini, Maserati, AMG-getunter Mercedes, Superjeep, Aston Martin: Hier stehen sie alle freiwillig im Stau und lassen sich von denen bestaunen, die hergekommen sind, um Autos zu bestaunen und einen Burger zu essen.

Es ist erstaunlich, dass nicht schon früher jemand auf die Idee gekommen ist, eine solche Promenade in Dubai anzulegen. Schon, als »The Walk« noch von Bauzäunen umzingelt war, strömten die Menschen hierher. Seit der öffentliche Strand mit luxuriösen Duschkabinen, Saftbars, Gratis-WLAN und einem architektonisch beachtlichen Einkaufszentrum aufgewertet wurde, ist dort am Wochenende kaum noch Platz für ein Handtuch.

»The Walk« hat sich weit herumgesprochen – auch Autos aus Saudi-Arabien, Oman und Katar reihen sich hier ein. Arabische Playboys zeigen aber hier nicht nur ihre Autos, das wäre zu gewöhnlich. Sie zeigen als Fußgänger gelegentlich auch ihre Geliebten, und einmal wurde ein Weißer mit dem Handy fotografiert, auf dessen Beifahrersitz ein halbwüchsiger Tiger saß, der sowohl Kopf wie Vorderpranken aus dem halb offenen Fenster hängen ließ. Wegen dieser Momente kommen die Menschen an den »Walk«. Die Dubaier und Expats genießen vor allem, dass es endlich einen belebten Boulevard gibt und eine Cruising Area jenseits der Corniche, auf der die Autos auch wirklich gut zur Geltung kommen, weil die Leute in den Cafés auch tatsächlich nach ihnen Ausschau halten.

Zwischen Heritage Village und Designmesse – Kunst und Kultur in den Emiraten

Khalid bin Khalfan kauft für 40 Rupien ein winziges Haus in Deira, um dort Zeit mit seiner Geliebten Al-Hala zu verbringen. Nach einem Jahr stirbt sie an Tuberkulose, Khalid geht mit gebrochenem Herzen ins Ausland und überlässt das Haus sich selbst. Viele Jahre später bietet ihm die Stadtverwaltung von Dubai eine Entschädigungszahlung für das der Entwicklung zum Opfer gefallene Haus an: 1,5 Millionen Dirham.

Von diesen Geschichten gibt es viele in Dubai. Sie liegen unter dem Sand, stecken in den Ritzen der ersten Betonbauten, ruhen unter dem Pflaster, treiben im Wasser und hängen von den Antennen der Hochhäuser. Sie warten darauf, bis jemand sie findet und erfindet, die Stimme erhebt und sie erzählt. Mohammad Al-Murr ist einer der wenigen, die es tun. Es mangelt Dubai noch an großen einheimischen Erzählstimmen, und das, obwohl die beduinische Erzählkunst legendär ist.

Die emiratische Fernsehjournalistin Maha Gargash hat mit dem eindringlichen »The Sand Fish« gezeigt, wie ein historischer Emirate-Roman aussehen kann, und lässt ahnen, wie viele Geschichten noch unter dem Sand vergraben liegen. Ganz zu schweigen vom modernen Leben. Dazu gibt es bisher nur einen Schlüsselroman: »Desperate in Dubai«, eine Liebes- und Affärengeschichte aus dem modernen Leben, entstanden aus einem Blog und geschrieben von einer Jetsetterin, die das Pseudonym Ameera Al-Hakawati benutzt. Müsste man die Romane oder auch die Erzählungen Al-Murrs für ein literarisches Feuilleton rezensieren, würde man die literarische Qualität bemängeln, aber da beginnt er schon, der Denkfehler zur Kultur der Emirate: Sie mit mitteleuropäischen Maßstäben zu messen ist nicht nur unfair, sondern auch fahrlässig.

Nach diesen Maßstäben würde es stimmen, was die deutschen Kulturbürger gerne daherschnöseln: »Die haben da doch gar keine Kultur« und »Da ist doch alles künstlich«. Zu entgegnen ist auf diese verbalen Totschläger, dass die emiratische Kultur andere Wurzeln und damit aktuell auch andere Ausprägungen hat als die europäische, und dass in Venedig im 15. Jahrhundert im selben Sinne »alles künstlich« war. Schon bei der Wahrnehmung des Urbanen muss sich das europäische Auge von seiner Sehgewohnheit verabschieden, wenn es Dubais Architektur schätzen lernen möchte. Die gute alte Altstadt mit den herausgeputzten historischen Häusern, einer schönen Kirche, einem Schloss auf dem Hügel und erst drum herum schicke Neubauten – dieses Muster einer »sehenswerten« Stadt gibt es in den Golfstaaten tatsächlich nicht. Hier hat man stets neue Häuser als schön und sehenswert empfunden, weshalb die alten abgerissen und nicht konserviert wurden. Es sei denn, die Bewohner hatten kein Geld zum Renovieren – nur deshalb blieb das historische Dubaier Viertel Bastakiya erhalten.

In Abu Dhabi gibt es gar kein historisches Viertel mehr. Aber die Festung Al-Hosn, mit 250 Jahren immerhin das älteste Gebäude der Stadt, ist renoviert worden und nach langer Schließung endlich wieder für Besucher zugänglich. In

Al-Ain und Fujairah wurden ebenfalls alte Festungen renoviert, in Dubai wurde 1971 im alten Fort ein Museum zur Stadtgeschichte eingerichtet. Vieles in dem Museum ist bis heute unverändert, weshalb es – wie alle Heimatmuseen der Emirate – einen ganz eigenen Charme aus Amateurhaftigkeit und Altbackenheit hat.

Genauso ist es mit den Heritage Villages, von denen jedes Emirat mindestens eines, meistens aber mehrere hat: Es sind Hüttendörfer im Stil eines Freilichtmuseums, in denen Volkskunst und traditionelle Lebensweise vorgestellt werden. Gemeinsam ist den Heritage Villages, dass sie staubig sind, es dort heiß ist, Musik aus alten Lautsprechern scheppert und Inder den Gästen gerne etwas verkaufen möchten, vom Hennatattoo bis zum Webteppich oder auch ein Foto mit einem Kamel.

So präsentiert eines der reichsten Länder der Welt seine eigene Kultur? Kaum zu glauben, aber wahr. Allerdings holen die Emirate in großen Schritten auf. Abu Dhabi baut auf Saadiyat Island, dem neuen Kulturdistrikt, gerade ein Nationalmuseum, das seinesgleichen suchen soll, so es denn in absehbarer Zeit eröffnet wird. Das Party-Village neben dem Museumsdorf von Abu Dhabi ist bereits aufgegeben worden und erwartet seinen Abriss, die »Petroleum Exhibition« wurde ersatzlos geschlossen. Im neuen Kulturdistrikt sollen außerdem noch ein Maritimes Museum sowie Filialen des Pariser Louvre und des Guggenheim Museums entstehen. Die Eröffnung des architektonischen und auch städtebaulichen Ensembles wurde schon mehrmals verschoben.

Heritage, das eigene kulturelle Erbe, soll keine angestaubte Touristenattraktion sein. Heritage soll das sein, woraus die emiratische Identität besteht, worauf man stolz ist und was man weiterträgt, eine lebendige Tradition – Kultur also. Als Heritage gelten die Falkenjagd, die Perlenfischerei- und die Beduinenkultur, eine Kultur der Überlebenskunst und der ideellen Kulturgüter, etwa der Erzählkunst, des traditionellen

Tanzes, des Reitens, der Spiritualität und der Dichtkunst. Letztere wird gerade von Scheichs gerne gepflegt. Prachtarchitektur, Schauspiel, Oper, Malerei, klassische Musik, Bildhauerei, Design, Film, Fotografie, all diese Künste, die den europäischen Kulturbegriff prägen, sind nicht Teil der Beduinenkultur und haben daher in den Emiraten keine Tradition. Das bedeutet jedoch nicht, dass sie nicht auch geschätzt werden, seit die Einwanderer sie an den Golf gebracht haben, ganz im Gegenteil. Während traditionelle Volkstänze – Mädchen mit schwingendem Haar und Männer mit Spazierstöcken – als uncool gelten, lieben die Emiratis die neue internationale Clubbing-Kultur, auch weil dort Frauen und Männer gemeinsam feiern.

Popmusik dringt in jedem Laden und an jeder Imbissbude aus den Lautsprechern – westliche Musik ebenso wie Pop aus Indien, dem Libanon und den Golfstaaten. Die Plattenläden haben eigene Regale für Popmusik vom Golf, die nicht zu verwechseln ist mit traditioneller Musik oder arabischer Klassik. Die haben eigene Regale, eigene Radiostationen und ihre Liebhaber. Popstars und Stilikonen in Dubai sind die Libanesin Nancy Ajram oder die einheimische Ahlam Al-Shamsi, der Ägypter Amr Diab oder der Libanese Ramy Ayach. Internationale Stars wie Rihanna, Katy Perry oder Justin Timberlake sind mindestens genauso beliebt, und wenn jemand von ihnen zu einem Konzert in die Stadt kommt, ist dies »Talk of the Town«. Und genauso wie überall gibt es außer diesem Mainstream auch einen Underground aus Rockbands und Hip-Hoppern und DJs, die manchmal identisch sind mit Bands, die in den vielen Hotelbars live spielen, oft jedoch genau in Opposition zu deren Unterhaltungsmusik gehen. Die Dubaier Musikszene brummt schon allein wegen des Nachtlebens mit den vielen Liveacts und Klubs, in denen von elektronischer Musik bis indischem Bhangra alles aufgelegt wird, was Spaß macht.

Einen typischen Dubai-Sound jedoch gibt es nicht. Der

aus Ägypten stammende Rapper Mohamed »Mo« Mansour, im Berufsleben ein Banker, hat seiner neuen Heimat Dubai 2011 eine inoffizielle Hymne geschrieben: Auf die Melodie von Alicia Keys' »Empire State of Mind« dichtete er einen Text auf die Wunder Dubais, was ein großer viraler Hit wurde.

Jazz und klassische Musik bleiben dagegen ein selten zu hörendes Nischenprogramm. Platz für Gastspiele auch großer Ensembles gäbe es, aber das Publikum zeigt bisher keine große Begeisterung. Ein groß geplantes Kulturzentrum mit Opernhaus, Theater und Konzertsaal am Dubai Creek kam nicht über die Planungen hinaus und wurde während der Finanzkrise ein Opfer des Rotstifts, wie der damalige dortige Kulturmanager Michael Schindhelm in seinem Buch »Dubai Speed« berichtet. Als Ersatz wurde die Dubai Opera errichtet, mitten in Downtown Dubai und zu Füßen des Burj Khalifa. Bei der Eröffnunsgala sang unter anderem Startenor Plácido Domingo, ansonsten ist es eine Allzweck-Spielstätte. Das Musical »Les Miserables« wurde der erste echte Publikumsmagnet der Spielzeit, auch Comedy, Ballett, Popkonzerte und Jazz sind geplant. Ein Opern-Ensemble oder ein eigenes Symphonieorchester, wie es sie etwa in Katar oder im Oman gibt, will man sich noch nicht leisten. Lieber werden hochkarätige Gastspiele eingekauft, etwa auch die »BBC Prom«. Abu Dhabi zieht nach und plant nun ein eigenes Performing Arts Centre auf Saadiyat Island mit Opernbühne, Konzertsälen und Theatern. Eröffnungstermin: noch unbekannt.

Moderne Architektur ist die Kunst, die Besuchern in den Emiraten sofort auffällt. Sie ist nicht künstlicher als die Architektur Venedigs, sondern nur neuer. Und im Gegensatz zu Europa, wo die Stadtgestaltungskommissionen und der Denkmalschutz den Bauherren und Architekten gerne mal die Pläne durchkreuzen, ist in den Emiraten nahezu alles möglich. Das segelförmige Hotel Burj Al-Arab und der Burj Khalifa und die Palmeninseln sind nur die berühmtesten architektonischen Denkmäler – zu entdecken gibt es noch viel mehr. Abu Dhabi etwa hat ein kreisrundes Bürohaus, das Capital-Gate-Hochhaus, das sich um spektakuläre 18 Grad zur Seite neigt, und das Yas-Hotel mit seiner fragmentierten Außenhaut, das sich über die Formel-1-Rennstrecke spannt. Sir Norman Foster hat Abu Dhabis »Aldar«-Mall mit Reminiszenzen an traditionelle Bauweisen gestaltet und das Quartier Masdar City als Zukunftsstadt entworfen. Von ihm stammt auch der Entwurf des noch zu bauenden Nationalmuseums. Dubai plant außerdem den Bau eines Hochhauses, das die Form eines Halbmondes haben soll, drehbare Wohntürme und ein Unterwasserhotel. Die Stadt hat bereits ein Hochhaus mit einer Fassade voller kreisrunder Löcher und sogar ein Hotel in Wellenform.

Michael Schindhelm berichtet auch, auf wie viel Unverständnis er stieß, als er eine Fotoausstellung organisierte. Warum er denn die Bilder aufhänge, wenn er sie nicht verkaufen wolle, wurde er gefragt. Auch das zeigt, dass die Museumskultur des Westens Anfang der 2000er-Jahre in den Emiraten noch nicht verinnerlicht war. Dies hat sich gerade in jüngster Zeit rapide verändert und in Dubai und Sharjah eine blühende moderne Kunstszene entstehen lassen. Sharjah setzt schon länger als alle anderen Emirate nicht nur auf Heritage und islamische Kunst, sondern fördert auch ganz gezielt Nachwuchskünstler aus der Region. Ihnen stehen im »Art Quarter« Ausstellungsflächen und Ateliers zur Verfügung, und das Museum für moderne Kunst zeigt gerne Werke emiratischer Künstler und vergibt Aufträge. 2014 war Sharjah »Islamische Kulturhauptstadt« (das arabisch-islamische Äquivalent zur »Europäischen Kulturhauptstadt«) und präsentierte im Zuge dessen nicht nur religiöse Kunst, sondern bot eine Fülle von Ausstellungen, Festivals und Diskussionsrunden, investierte in Universitäten und Bibliotheken und baute ein großes Freilichttheater, das erste seiner Art in den Emiraten.

Die sogar von der New York Times gepriesene »Dubaier Kunstexplosion« begann erst 2008: Im Gewerbegebiet Al-Quoz siedelten sich in Lagerhallen die ersten Galerien an, nachdem die Hallen finanzkrisenbedingt leer standen. Die reiche Familie Alserkal förderte die Galerien und Künstler, und die nach ihr benannte Alserkal Avenue ist heute das kreative Zentrum der Stadt. Galerie reiht sich an Galerie, regionale und internationale Künstler stellen aus. Es wird gefeiert, gestaunt und gekauft. An die 50 Galerien hat Dubai inzwischen, nicht nur im Industriegebiet, auch in den Malls und in den Villen von Jumeirah. Einige sind Filialen internationaler Galerien, die zu den reichen Käufern kommen, von denen es in Dubai viele gibt, seit Kunst schick geworden ist.

Wenn im Rahmen der stadtweiten »Art Week« im Frühjahr die Kunstmesse »Art Dubai« in den Veranstaltungshallen des Madinat Jumeirah ihre Pforten öffnet, fliegt die internationale Kunstszene und Presse ein, Scheichs kommen zur Eröffnung und lassen sich von Messeleiterin Antonia Carver durch die Hallen führen. Im März 2014 hatte die energische Britin 85 Galerien aus 35 Ländern zu Gast, die Werke von mehr als 500 internationalen Künstlern präsentierten: Skulpturen, Malerei, Installationen, Grafik, Fotografie, Videokunst. Neben der Internationalität achtet die Chefkuratorin auch darauf, emiratische und arabische Künstler zu präsentieren. Aus den Emiraten sind es vor allem die Konzeptkünstler, die sie beachtenswert findet, etwa Hassan Sharif, der unter anderem Objekte aus Fundstücken herstellt, »Systeme« zeichnet und Performances in der Wüste inszeniert. Er hat bereits einen Galeristen in New York, andere emiratische und vor allem Dubaier Künstler sind auf dem Weg dorthin. Denn in Dubai finden Künstler aus anderen arabischen Ländern freie Entfaltungsmöglichkeiten, Beachtung, Käufer – und Inspiration durch den Menschenmix und die Lebensfreude der Stadt.

Das Dubaier Nachwuchsfestival »Sikka Art Fair« zeigt hoffnungsvolle Talente. Die »Sharjah Biennale« sowie die Wechselausstellungen im dortigen Museum für moderne Kunst und »Art District« geben einen Eindruck davon, wie viele künstlerische Ideen gerade in den Emiraten entstehen. Jeden Kunstliebhaber muss dies begeistern. Wer zur »Art Dubai« in der Stadt ist, kann am Verkaufsstand kleine Kunstwerke zu günstigen Preisen finden; auch die Gallery One in der »Dubai Mall« hat Nettigkeiten lokaler Künstler im Angebot. Vielleicht arbeitet in Dubai gerade der neue Damien Hirst oder Andy Warhol? Ein Museum für Gegenwartskunst befindet sich in Dubai momentan in der Planungsphase. In der Alserkal Avenue hat im Frühjahr 2014 das »A4« eröffnet, ein Experimentierraum, in dem sich Dubaier Filmemacher, Schriftsteller, Designer und Künstler treffen und gegenseitig inspirieren sollen. Gut möglich, dass dort Stücke für die Eröffnung des Kunstmuseums entstehen.

Bei den »Design Days Dubai«, einer edlen Einrichtungsmesse, gibt es jedenfalls keine Sonderangebote für Spontankäufer. Die Preise für die Objekte liegen zwischen 500 und 350 000 Euro. Was 2012 in einem Zelt in Downtown als Versuch begann, ist mittlerweile mächtig gewachsen und ein großer Erfolg. Messedirektor Cyril Zammit, ein Weltreisender und Suchender, hat für Dubai genau das Richtige zusammengebracht: Luxuriöse, exklusive und damit auch hochpreisige Einrichtungsartikel und internationales High-Class-Design. Käufer wie Aussteller rennen ihm förmlich die Bude ein. Zammit erklärt: »Es ist nur ein Klischee, dass alle Häuser hier mit Marmor und Gold eingerichtet sind. Manche sind es. Aber gerade die jüngere Generation der Emiratis ist weit gereist und hat internationalen, anspruchsvollen Lifestyle kennengelernt – anspruchsvoll auf eine andere Art und Weise als die althergebrachte. Die Globalisierung findet statt, aber manchmal finden die Leute dabei auch ihre Wurzeln und kaufen sich ein exklusiv für sie angefertigtes Sofa mit Kamellederbezug.« Oder einen Raumtrenner aus Aghal. Oder Tische aus Wüstenbaumwurzelholz. Zammit achtet darauf, auch die Arbeiten regionaler Designer auszustellen, und will eben gerade kein Showroom für gesichtslose Luxusprodukte sein. Die sind in Dubai nämlich schon wieder out.

Was in ist, sind Messen und Festivals, nicht nur für Kunst und Design, auch für Literatur. Abu Dhabi hat eine Buchmesse, Dubai das »Emirates Airlines Festival of Literature«. Zu diesem kommen jährlich im Frühjahr internationale Autoren zu Lesungen und Signierstunden in die Stadt, geben Interviews und Workshops für den schreibenden Nachwuchs. Es ist ein lebendiger Literaturbetrieb entstanden, allerdings vor allem getragen von der Expat-Szene. Wer bei Magrudy's, dem ältesten lokalen Buchhändler, einkauft, findet leider nur wenige Bücher von emiratischen Autoren, weder in englischer noch in arabischer Sprache. Emiratische Mütter klagen auch, dass es zu wenige geeignete Kinderbücher gibt, die regionale und islamische Werte vermitteln. Das berühmteste emiratische Kinderbuch, die Geschichte von Ali und dem weinenden Kamel, war in den Neunzigerjahren ein staatlich gefördertes Projekt. Das ähnliche Kinderbuch vom Schönheitswettbewerb der Kamele wurde von Expat-Frauen geschrieben und gestaltet. Das klingt böse, ist aber wahr: In einer Stadt, in der es viele Hausfrauen gibt, gibt es auch viele, die es mal mit Schreiben versuchen möchten. Die Jumeirah Janes werden jedoch nicht die Kulturträgerinnen und großen Stimmen der Emirate werden, denn sie werden in zwei, drei Jahren weiterziehen und dann vielleicht in Singapur ein Buch oder einen Blog über ihr Leben in Dubai schreiben. Einheimische Stimmen haben jetzt gerade die Aufgabe, Dubais Geschichte und Geschichten zu erzählen, die Deutungshoheit über ihre eigene Kultur zu erobern und ihr eigenes Narrativ zu finden. Denn auch die Geschichtsbücher der Emirate sind von Einwanderern geschrieben worden.

Mit dem Kinofilm »City of Life« hat der britisch-emiratische Regisseur und Drehbuchautor Ali F. Mostafa begonnen, ein solches Gegennarrativ zu schreiben. Darin erzählt er die

Geschichten verschiedener Menschen in Dubai, deren Lebens-
sphären sich nie kreuzen, deren Lebensfäden aber dennoch
miteinander verknüpft sind – denn allen diesen Menschen ist
gemeinsam, dass Dubai ihr Lebensmittelpunkt ist. Im internationalen Kino ist Dubai spektakuläre Kulisse, aber noch
nicht Thema. Die regionale Film- und Fernsehbranche ist viel
zu klein, um international mithalten zu können. Vor Ort aber
haben einige Fernsehsendungen die Herzen erobert: das
Dokumentarformat »Arabesque« auf Dubai TV etwa, in dem
es um lokale und regionale Themen geht und für das auch
die Autorin Maha Gargash arbeitet. Die historisierenden oder
aktuellen Daily Soaps im Stil von »Sturm der Liebe«. Oder
die animierte Serie »Freej« auf dem Sender Sama Dubai, in
der vier alte Damen, beduinisch gekleidet mit bunten *Jala-
biyas*, den traditionellen Hauskleidern, und goldenen Burkas,
die emiratische Kultur ordentlich auf die Schippe nehmen,
inklusive Witze über Heritage Villages und das kostenlose
staatliche Gesundheitssystem. »Freej« sind aber auch als Kulturträgerinnen beliebt, vermitteln Kindern in Lehrbüchern,
was Umweltschutz ist, und sind ein Gegennarrativ zu westlichen Zeichentrickserien, in denen weder Araber noch alte
Damen besonders häufig die Hauptrolle spielen.

Arabeske: Wir lernen Museum

Der Parkplatz – fast leer. Das Foyer der Halle – komplett leer.
Das Café – leer bis auf den Barista. Am Informationsschalter
stehen vier junge Mädchen und warten kichernd vor Aufregung auf Gäste. Wenn jemand kommt, ziehen sich drei von
ihnen in den Hintergrund zurück, die vierte, ruhigste, strafft
die Schultern und sagt: »Welcome to Manarat Saadiyat.« Sie
hat ihren Spruch offensichtlich lange geübt und daran gefeilt.
Die anderen sicher auch, aber sie fremdeln noch. Während
eine spricht, zupft die andere eine Eintrittskarte aus einem

Block, eine tippt etwas in einen Computer, die letzte reicht ein Informationsheft über den Tresen. Der Eintritt ist frei, und, wie gesagt, »Welcome to Manarat Saadiyat«. Die Eintrittskarte hat die Nummer 22.

Es ist ein historischer Tag im Juni 2011 – der Tag der Eröffnung der ersten Kunstausstellung auf Saadiyat Island vor der Küste Abu Dhabis. Die Ausstellungshalle Manarat Saadiyat ist eben erst fertiggestellt worden, noch liegt etwas Sand auf dem Parkplatz. Drum herum stehen Bauzäune, die zeigen, dass hier nicht mehr Wüste, sondern eine Baustelle ist. Die Zufahrtswege zur Ausstellungshalle sind noch nicht ausgeschildert, aber in der Stadt hängen große Plakate, die »Splendours of Mesopotamia« bewerben. In allen Zeitungen und Veranstaltungsmagazinen sind Anzeigen geschaltet. Leute, kommt und seht die Schätze des Zweistromlandes!

In Wien oder München würde man sich stundenlang anstellen müssen, in Abu Dhabi aber schlurfen am späten Vormittag ein paar ältere britische Damen durch die Ausstellung. »Man muss früh da sein, bevor sich so was rumspricht«, sagt eine von ihnen.

Doch dieses Event hat sich weltweit herumgesprochen. Hier, im neuen Kunstquartier auf Saadiyat Island, werden der Louvre und das Guggenheim Museum Filialen eröffnen. Es werden ein emiratisches Nationalmuseum, ein maritimes Museum und ein Zentrum für darstellende Künste hinzukommen. Die Sonderausstellung »Splendours of Mesopotamia« mit Leihgaben aus dem British Museum in London ist die erste Ausstellung, die auf der Insel ihre Türen für Besucher öffnet. Ein historischer Tag. Doch es kommt fast niemand.

Der Presserummel und der obligatorische Scheichbesuch waren am Vortag dran, jetzt flirrt gespannte Aufregung durch das Foyer, die aber kein Ventil findet, weil einfach niemand da ist, der Infobroschüren, Eintrittskarten oder eine Tasse Kaffee haben möchte. »Das wird schon noch«, sagen die alten

Damen. Die Eröffnungstermine der Museen waren einmal für 2013 angesetzt, inzwischen ist man vorsichtiger und gab 2017 als (möglichen) Eröffnungstermin des »Guggenheim Abu Dhabi« und »Louvre Abu Dhabi« an. Genug Zeit für die Stadt, das In-die-Ausstellung-Gehen einzuüben.

Fußballbegeisterung und Faulheit – Sport in den Emiraten

Jeder Emirati wird auf Nachfrage oder auch ungefragt betonen, wie sehr er Sport liebt. Ohne Sport ist das Leben nur halb so schön. Sport ist wichtig. Was wären wir nur ohne Sport? Die Sportbegeisterung in Dubai und den Emiraten ist riesig, das Sportangebot ebenfalls: Es gibt Spaßbäder, Jetskiverleih, Surf- und Tauchschulen, Fußballstadien, ein weltberühmtes Pferderennzentrum und mehrere Kamelrennstrecken. Außerdem gibt es mehrere arabische Sportkanäle im Fernsehen. Niemand behauptet, Sport sei identisch mit Bewegung für sich selbst.

So selbstverständlich es für Europäer ist, sich mit Sport fit zu halten, so skeptisch sind die Emiratis, wenn es um diesen als neumodisch empfundenen Schnickschnack geht. Das hat zwei Gründe: In der Hot Season ist Sport im Freien tatsächlich unzumutbar, außer vielleicht um fünf Uhr morgens. Der andere Grund ist: Beim Sport könnte man eventuell lächerlich aussehen, sich schmutzig machen oder gar beides, und das fürchten Emiratis mehr als Übergewicht.

Radfahren etwa wäre für Emiratis undenkbar, schon allein, weil es sich nicht mit der traditionellen Kleidung vereinen lässt. Radfahren überlässt man im Park den Kindern, in der Gated Community den reichen Expats und im Straßenverkehr den armen Einwanderern aus Südasien. Wer auf der Straße Rad fahren will, muss entweder lebensmüde oder vollkommen stoisch sein, denn was hinter dem Steuer schon anstrengend ist, wird auf dem Zweirad zum Himmelfahrtskommando. Auf »Palm Island« allerdings wird Radfahren zum Erlebnis, auch in Downtown Dubai kann es Freude machen (und lange Wege verkürzen). Eine private Bike-Sharing-Firma ist gerade dabei, diese und andere nicht gerade fahrradfreundliche, aber doch fahrradmögliche Dubaier Stadtviertel mit Mieträdern zu bestücken.

Es waren und sind die Einwanderer aus dem Westen, mit denen Sport und Sportlichkeit in die Emirate kommen. Golf und Tennis, Joggingstrecken und Cricketplätze – sie alle kamen mit den Expats. Bergsteigen und Klettern wären als Sport noch zu importieren, denn Berge und Klettermöglichkeiten gäbe es zur Genüge, und in der Cold Season würden auch die Temperaturen mitmachen. Die Gebirge sind jedoch völlig unerschlossen, selbst von Straßen und Besucherparkplätzen, und da den Emiratis weniges ferner liegt als Bergsteigen, wird dieses auch weiterhin eine völlige Individualsportart bleiben. Hiking im Hajar-Gebirge ist also immer noch ein echtes Abenteuer für Bergfexe oder solche, die sich mit geführten Touren auf in die schroffe Wildnis machen.

Zu den jüngsten Sporttrends gehören Surfen, Stand Up Paddling und Kajaktouren – erst vor wenigen Jahren hat die erste Dubaier Surfschule eröffnet, in Abu Dhabi gibt es Kajaktouren durch die Mangroven und in Al-Ain einen Erlebnispark mit Wildwasserkanal, stehenden Wellen und Raftingstrecken. Ebenfalls neu ist der Trend, dass Fitnessstudios Filialen in den Malls eröffnen. Die Vorstellung, dass Fitness nicht lächerlich und extravagant, sondern notwendig und alltäglich ist, setzt sich langsam durch, denn über viele Jahre hinweg klagten westliche Einwanderer darüber, dass es in den Emiraten zu wenige gute Sportstudios und zu wenige wirklich gute Trainer gebe. Inzwischen lassen sich die in den Food Court angefutterten Kalorien also gleich an Ort und Stelle wieder abtrainieren, oder man kauft gleich Pommes mit Tamarindensoße, die laut Werbung »den Stoffwechsel anregt«, denn mit dem Breitensport entdecken die Emirate auch das Functional Food.

Walking ist in den Riesenmalls seit deren Eröffnung eine zweckmäßige Bewegungsmöglichkeit. Ausländische wie auch einheimische Frauen treffen sich dort morgens zum strammen Spazierengehen und anschließenden Kaffeetrinken. Walking ist eine der wenigen Sportmöglichkeiten, die verschleierte Frauen in der Öffentlichkeit wahrnehmen können. Bei Fitnessstudios sind sie auf »Ladies Days« oder reine Frauenklubs angewiesen, beim Schwimmen sowieso. Nur die ganz mutigen oder ganz jungen trauen sich, mit einem Burkini ins Wasser zu gehen. Der Burkini ist eine islamisch geprägte Sportkleidung, da er ähnlich einem Taucheranzug den gesamten Körper bedeckt und mit einem Röckchen die Intimzone nochmals eigens verhüllt. Wer es mit der Verschleierung jedoch ernst meint, trägt auch keinen Burkini, denn dieser bedeckt nur die Haut, nicht jedoch die Körperform. Schwimmen können in den Emiraten allerdings ohnehin die wenigsten Menschen. Es gibt keinen Schwimmunterricht in den Schulen, auch nicht in den Ländern der Einwanderer. Daher sieht man in den Wellenbecken der Spaßbäder erwachsene Männer mit Schwimmwesten, in jedem Wasserrutschen-Auffangbecken einen Rettungsschwimmer und an öffentlichen Stränden Kinder wie Erwachsene nur bis maximal Brusthöhe ins Wasser gehen. Wer rausschwimmt oder, wie am Jumeirah Beach Park sehr gut möglich, zwei Kilometer lang parallel zum Strand schwimmt, hat die Schwimmstrecke für sich alleine und ist zumeist weiß (und hat hinterher einen Sonnenbrand auf Scheitel und Schultern).

Formverdeckend in Form zu kommen ist für emiratische Frauen schwierig, für Männer wird ein sportlicher Körper durch internationale und heimische Vorbilder immer wünschenswerter. Scheich Hamdan Al-Maktoum, der Kronprinz von Dubai, trägt ein Weiteres dazu bei, Sport cool aussehen zu lassen. Er lässt sich gerne beim Sport mit durchtrainierten

Armen fotografieren, beim Beachvolleyball, Surfen, Tischtennis oder bei Experimenten mit einem wassergetriebenen Jetpack. Jüngere emiratische Männer spornt das an, gelegentlich auch den Beachboy zu geben und dafür im Studio zu trainieren. Scheich Hamdan bewirbt aber ebenso traditionelle Sportarten: neben der als Sport geltenden Falknerei auch das Schießen und das Distanzreiten, ein Sport reicher Wüstensöhne, die sich im Gegensatz zu anderen regionaltypischen Sportarten dabei auch richtig anstrengen müssen.

Beim Kamelrennen nämlich rennen nur die Kamele; die Besitzer brausen mit Jeeps neben der Rennstrecke her und treiben ihre Renntiere mit Geschrei und der Fernbedienung an. Seit der Einsatz von Kinderjockeys verboten ist, bekommen die Rennkamele elektrische Jockeys umgeschnallt, die aus umgebauten Bohrmaschinen bestehen. Das rotierende Bohrfutter treibt eine Peitsche an, die Geschwindigkeit lässt sich per Fernsteuerung regeln. Am Ende der Rennstrecke müssen Stallburschen die rasenden Wüstentiere dann einfangen, während die Kamelbesitzer die Fensterscheiben ihrer Jeeps wieder hochfahren, um nicht zu viel Klimaanlagenkühle zu verlieren. Kamelrennen finden nur während der Cold Season statt, und auch dann bevorzugt in den Stunden direkt nach Sonnenaufgang, denn dann sind die Temperaturen für Tier und vor allem Mensch ausgesprochen erträglich.

Ähnlich beliebt ist inzwischen auch der Autorennsport. Wenn an der Yas-Marina-Rennstrecke in Abu Dhabi jährlich der Formel-1-Rennzirkus seine Zelte aufschlägt, ist das halbe Land aus dem Häuschen. Nie ist die Gelegenheit besser, um den eigenen Supersportwagen auszufahren, als an diesem Wochenende, daher ist das »Race Weekend« auch immer ein großer emiratischer Autokorso. Das autoverliebte Land macht die Rennstrecke sogar außerhalb der Formel 1 zu einem beliebten Ziel, denn dort können Autobesitzer ihre Wagen ausfahren und gegeneinander antreten, mit den Kumpels, Cousins und Arbeitskollegen fachsimpeln, herumprahlen oder einfach die Geschwindigkeit genießen. Wer keinen eigenen Rennwagen hat, probiert nebenan im weltweit ersten Ferrari-Themenpark unter klimatisierter Riesenkuppel einen Fahrsimulator aus.

Beliebt, aber teurer ist der Rallyesport. Er verbindet die Lust am schnellen Wagen mit der Freude an der Wüste und der Tendenz zum bewegungsarmen, aber dafür lautstarken Sport. Spitzenrallyefahrer wie die zu Volkshelden gewordenen Regional-Champions Mohammed bin Sulayem und Khalid Al-Qassimi sind in ihrer aktiven Zeit natürlich bestens trainiert. Die meisten Spaßrallyefahrer sind es nicht, was den Zuschauern aber gleich ist, wenn eine Rallye so viel Spaß macht wie in Umm Al-Quwain. Da wird auf einem unbenutzten Grundstück zwischen Altstadt und Strandpark ein kleiner Hügelparcours aufgeschüttet und mit Flatterband eingezäunt. Auf einem kleinen Podest stehen alte Ledersofas bereit, und ein Helfer verteilt kleine emiratische Fähnchen. Man kann damit den Fahrern zuwinken oder besser, sagt der Helfer, den Scheichs, die gleich kommen. Die Al-Muallas kommen auch wirklich, fläzen sich auf die Sofas und schauen zu, wie mittelreiche und nicht so reiche Jungs mit ihren gepimpten alten Range Rovern auf dem Feld herumkacheln. Es sind vermutlich dieselben Typen, die auch röhrend auf dem Wasser unterwegs sind, mit Jetskis und kleinen Schnellbooten. Wer brav gewunken hat, bekommt nach dem Event vom Palasthelfer noch ein T-Shirt geschenkt.

Für Umm Al-Quwain ist die Rallye Volksbelustigung, für Profifahrer ist sie allerdings witzlos. Diese stellen sich der »Desert Challenge«, einem internationalen Rennen, das Mohammed bin Sulayem schon 1991 gegründet hat. Der Ex-Rallyepilot ist einer der Top-Sportfunktionäre Arabiens und unter anderem einer der 14 Vizepräsidenten des Motorsport-Weltverbandes FIA. Seine Rennwagensammlung ist legendär, ebenso wie der Unfall, den er 2009 im Dubai Autodrome baute: Er setzte vor großem Publikum einen geliehenen Formel-1-Rennwagen kurz nach dem Anfahren in die Betonmauer.

Dubai hat dank Mohammed bin Sulayems Engagement für den Motorsport mit dem Autodrome eine eigene Rennstrecke. Es war die erste fertiggestellte Anlage in der groß geplanten »Sports City« im Landesinneren von Dubai, wo es Platz und vor allem Infrastruktur für die verschiedensten westlichen Sportarten geben sollte. Auch hier stoppte die Finanzkrise den Ball. Das Cricketstadion ist inzwischen fertig, ein Fußballstadion soll demnächst gebaut werden, die gigantische Mehrzweckhalle bleibt zunächst noch eine Fata Morgana.

Die »Zayed Sports City« in Abu Dhabi scheint dem Land als Veranstaltungsstätte fast zu genügen. Hier sind Tennis, Bowling, Fitness, Rugby, Eislaufen, Eishockey, Kampfkunst, Basketball, Football und andere Teamsportarten zu Hause, über allem thront aber auch in den Emiraten König Fußball. Das ist – wenig überraschend – der Sport, auf den sich alle einigen können. Wie überall auf der Welt kicken auch hier die kleinen Jungs im Garten und in den Höfen, die größeren Jungs in Vereinen und die ganz großen bei Profivereinen. 14 Klubs spielen in der emiratischen Profiliga, deren Rekordmeister Al-Ain FC auch außerhalb der Oasenstadt viele Fans hat. Wenn Al-Ain mal wieder die Meisterschaft gewinnt, gibt es Autokorsos im ganzen Land. Sogar beim Fußball zeigt sich das Gefälle zwischen den großen und den kleinen Emiraten: Vereine aus Dubai, Sharjah und Abu Dhabi machen die Meisterschaft unter sich aus. Die meisten Siege gingen an die vier Dubaier Vereine, die damit zusammen den Rekordmeister Al-Ain (Emirat Abu Dhabi) in den Schatten stellen. Umm Al-Quwain und Fujairah haben gar keinen Verein in der ersten Liga. Die Vereine leisten sich durchaus internationale Spieler, die meisten sind jedoch Einheimische – die Macht des Fußballs siegt über die Gemütlichkeit.

International konnten die emiratischen Spieler noch nicht punkten. Ein einziges Mal, 1990, haben sie sich für die Fußballweltmeisterschaft qualifiziert und fuhren nach der ersten Runde direkt wieder nach Hause – immerhin mit drei Punkten und einem Tor gegen Deutschland, wie die Emiratis nicht müde werden zu betonen. Die vier Gegentreffer verschweigen sie dann gerne, genau wie das 0:8 im Länderspiel gegen Brasilien 2005. Umso größer war 2007 die Freude, die fußballerischen Erzkonkurrenten Saudi-Arabien im Halbfinale und den Oman im Finale zu besiegen und damit erstmals den »Gulf Cup of Nations« nach Hause zu holen. Autokorso, Fahnenschwenken, Feiern, Jubeln. Sport ist am schönsten, wenn er Krach macht und man dabei sitzen bleiben kann.

International erfolgreich sind die Emirate und emiratischen Sportler im Reiten und Schießen. Scheich Ahmed Al-Maktoum war 2004 in Athen der erste emiratische Sportler, der eine olympische Medaille erringen konnte: Gold im Schießen. Es ist bisher die einzige olympische Medaille für die Emirate geblieben. Bei den Paralympics hingegen sieht die Medaillenstatistik bunt aus: 2004 holte Mohammed Khamis Kalaf Gold im Gewichtheben, 2008 gewann er in Peking Silber. In der Leichtathletik holten emiratische Sportler bisher sieben Paralympics-Medaillen, und das, obwohl das Land erst seit dem Jahr 2000 Sportler zu den Paralympics schickt.

An der Olympiastatistik des Landes lässt sich ablesen, wie der Sport und auch der Behindertensport an Stellenwert gewinnen: Erstmals waren die Emirate 1984 bei den Olympischen Sommerspielen vertreten – mit sieben Leichtathleten. 1996 waren die Emirate erstmals mit vier Sportlern in vier Disziplinen dabei. Bei den Olympischen Sommerspielen 2012 waren 67 Sportler und Sportlerinnen dabei, zur großen Freude auch die Fußballnationalmannschaft, die immerhin in jedem ihrer Spiele ein Tor erzielte, sogar gegen Großbritannien. Zumindest also hatte man ehrenhaft verloren und konnte guten Gewissens nach der Vorrunde nach Hause fahren. Dass die Gewichtheberin Khadija Mohammed einen zwölften Platz erzielte, wurde ebenso ehrenhaft gewürdigt

und ist Ansporn und Vorbild für emiratische und andere arabische Sportlerinnen – denn sie war die erste emiratische
Frau, die sich durch eigene Leistung und nicht durch Wild-
card für die Olympischen Spiele qualifiziert hatte. Weil die in
den Emiraten geborene Khadija Mohammed allerdings dun-
kelhäutig ist und afrikanische Vorfahren hat, wurde sie vor
den Spielen auch angegriffen – es sei eine Schande, dass eine
Frau wie sie die Emirate repräsentieren würde, und das auch
noch in so einer unweiblichen Disziplin, hieß es aus konservativen arabisch-emiratischen Kreisen, auch anonym in sozialen Medien. Khadija, zu der Zeit 17 Jahre alt, konterte selbstbewusst: »In den Vereinigten Arabischen Emiraten ist
Gewichtheben ein Mädchensport – denn die Mädchen haben
sich für Olympia qualifiziert und nicht die Jungs!« Bei den
Olympischen Sommerspielen 2016 trat die Gewichtheberin
Ayesha Al-Balooshi für die Emirate an. Nur 16 Athleten reisen nach Rio. Der Judoka Sergiu Toma, gebürtiger Molda-
vier, holte für die Emirate eine Bronze-Medaille. Respekt.

Arabeske: Leben als Wappentier

Der Wanderfalke macht ein mürrisches Gesicht. Heute ist
wieder einer dieser Tage, an dem ihn verschiedene Leute auf
die behandschuhte Hand nehmen, ohne ihn dann in die Lüfte
zu werfen und jagen zu lassen. Stattdessen tupfen sie ihn mit
Zeigefingern auf den Bauch und auf die Schnabelspitze und
rücken danach nicht einmal einen Fleischfetzen als Leckerli
heraus. Der Falke legt die Gesichtsfedern an und schiebt den
Kopf etwas vor, er tritt mit den Füßen auf dem Handschuh
hin und her – das bedeutet leichtes Unbehagen, wissen Vogel-
freunde. Diese, aber auch andere Neugierige kommen ins Fal-
con Hospital in der Wüste außerhalb Abu Dhabis.
    Besucher können die auf edle Greifvögel spezialisierte Kli-
nik auf Anfrage besichtigen und dabei auch den einen oder

anderen Vogel auf die Hand nehmen. Kurz das Gefühl haben, Falkner zu sein. Einige Vögel hat die Klinik trainiert, dabei nicht zu flattern, zu beißen oder die Krallen nach den Gesichtern der Besucher auszufahren. Diese gefiederten Jäger sind emiratische Botschafter, denn der Falke ist nicht nur der Nationalvogel, die Falknerei auch der Nationalsport. Der Falke ziert das Landeswappen und die Logos der staatlichen Ölfirmen Emarat und ADNOC, ziert Souvenirs und Kitschwanddekor ebenso wie Briefmarken. Ehrensache, dass es für Falken Kliniken gibt, in denen die Vögel von eigens eingeflogenen Raubvogelveterinären behandelt und von geschultem Personal betreut werden. Die bekannteste Raubvogelklinik ist die in Abu Dhabi. Hier wird nicht nur behandelt, sondern auch geforscht, derzeit etwa am Genom des Falken. Projektziel: Herauszufinden, dass der Falke dem Huhn gegenüber einen evolutionären Vorteil hat, weil er spezieller an seine Umwelt angepasst ist.

Die gefiederten Patienten sitzen geduckt auf mit Kunstrasen überzogenen niedrigen Holzbalken. Mit Lederhäubchen auf den Köpfen sind sie gegen die Schrecken der Umgebung und die Besuchergruppen geschützt. Die meisten haben sich gemütlich aufgeplustert. Die häufigsten Verletzungen hier im chirurgischen Trakt: Sitzschwielen an den Füßen, ausgerissene Krallen und gebrochene Federn. Letztere werden mit modellbauerischer Akribie, Balsaholz und Kleber repariert oder gleich durch neue Federn ersetzt, denn ein Falke muss hier vor allem eines sein: schön.

Ein prächtiger Falke ist ein Zeichen von Männlichkeit, Kultiviertheit, Wohlstand, Traditionsbewusstsein. Kamele sind Nutztiere, Falken Statussymbole und Manneszier. Man hält den Falken stolz auf einer gestickten Manschette, der *Manqalah*, oder auf einem an ein übergroßes Golf-Tee gemahnenden Podest, dem *Wakir*, dessen Spitze in den Wüstensand gesteckt werden kann und dessen Sitzfläche krallenschonend bezogen ist. Einen Falken herumzutragen oder ihn neben sich zu setzen ist eine große Pose emiratisch-männlicher Selbstdarstellung. Wer keinen eigenen Falken hat, kann für Hochzeiten und Empfänge auch einen buchen. Einen mit Falkner bestellen Immobilienbesitzer, die Tauben loswerden wollen. So erhält die Tradition der Beizjagd in den modernen Städten einen neuen Zweck. Mit dem eigenen Zierfalken tatsächlich jagen zu gehen ist für viele Besitzer aber weniger von Bedeutung. Daher bekommen die als rein dekoratives Haustier gehaltenen Falken Sitzschwielen und hocken dann mit ihren Leidensgenossen hier auf der Stange in der Chirurgie.

Im OP nebenan geht's zu Sache. Ein mehrköpfiges Team steht um den OP-Tisch herum, darauf ein kleiner Wanderfalke, der beim echten Jagen eine Bruchlandung auf der Beute hingelegt hat. Jetzt muss der Flügel geschient werden. Eine Anästhesistin hat dem Kleinen schon die Maske mit dem Narkosegas übergestreift, der Patient liegt rücklings auf einer sterilen Unterlage. Zwei junge Männer assistieren dem Chirurgen. Schnell soll es gehen, denn das schont den Kreislauf des Patienten. Nach ein paar Tagen im Krankenzimmer wird er zu den anderen Genesenden in die Außenvoliere dürfen. Diese kann selbstverständlich angenehm temperiert werden. An der Tür hängt der Futterplan für jeden der fliegenden Gäste, Pfleger achten peinlich genau darauf, an welchen Tagen welche Vitaminpräparate in die Futterwachteln kommen. Die Außenvolieren sind nicht nur für die Rekonvaleszenten, sondern auch für Pensionsvögel angelegt. Verreisende Falkenbesitzer wissen ihren Prachtkerl so in bester Betreuung.

Am Empfang der Klinik stehen schon die nächsten stolzen Eigentümer, zwei junge Männer, einer ist aus Saudi-Arabien mit dem Auto angereist. Dafür hat er auf dem Beifahrersitz seines Geländewagens einen Falkensitzplatz gebaut. Eigentlich gehe es dem Vogel prächtig, sagt der Mann, aber der kleine Kerl scheine in letzter Zeit ein wenig matt und lustlos, daher wolle er ihn hier einmal gründlich durchchecken lassen. Auch dieser Falke macht ein mürrisches Gesicht.

Wildes Dubai – Vom Bezwingen und Beschützen der Natur

In einem der lebensfeindlichsten aller Klimate, mitten in der arabischen Wüste, sind die Metropolen der Emirate erblüht. Vom Beduinenzelt zur Megalopolis, das ist die Erfolgsgeschichte, die die Emirate gerne von sich erzählen, und darin geht es weniger um den Reichtum als darum, dass der Reichtum half, die Natur zu bezwingen und den täglichen Überlebenskampf durch süßen Lifestyle zu ersetzen. Die Flächen versiegelt gegen den Sand, die Gebäude, ja sogar die Buswartehäuschen klimatisiert gegen die Hitze, jedes Pflänzchen künstlich bewässert, grüne Wiesen in der Wüste – das ist für viele Einwohner der wahre Erfolg des Landes, der echte Benefit des Öls. Kamel, Saluki und Falke sind nicht mehr lebensnotwendige Begleiter und Jagdgefährten, sondern Erinnerungen daran, wie die Großelterngeneration lebte: eben nicht im Einklang mit der Natur, sondern immer im Behauptungskampf gegen die Naturgewalten. Mit den Schätzen der Natur, dem Öl, jene Natur zu bezwingen, die diese Schätze hervorbrachte, um einen neuen, einen noch größeren Schatz zu erschaffen, nämlich eine moderne Luxusgesellschaft – kann es etwas Großartigeres geben?

Lange, viel zu lange sahen die Emiratis und die zugezogenen Expats die Natur ausschließlich als Feind an, den es mit den Mitteln der modernen Technik zu bekämpfen galt. Man musste sich selbst vor der Natur schützen, nicht die Umwelt schonen. Rücksicht auf die unerbittliche Natur zu nehmen ist ein neuer Gedanke, der sich gerade erst durchsetzt. Nachhaltigkeit ist im Dubaierischen zwar ein Modewort geworden, aber der Nachhaltigkeitsbegriff ist ein anderer als in Europa. Nachhaltigkeit bedeutet in Dubai zunächst, die erzielten Erfolge dauerhaft zu sichern, sich also nicht durch internationale Finanzkrisen, geplatzte Bauprojekte, Sandstürme oder fehlgeschlagene Planungen irritieren zu lassen und sich nicht einschränken zu müssen. Nachhaltigkeit bedeutet in Dubai nicht, Äpfel in der Region ökologisch zu erzeugen, auf Bauernmärkten zu verkaufen und nach dem Verzehr die Kernhäuser in die Biomülltonne zu werfen. Nachhaltiges Handeln bedeutet auch nicht zwingend, Strom oder Wasser zu sparen, sondern zunächst, deren Nutzungseffizienz zu steigern.

Dass es seit den 2010er-Jahren in den Emiraten überhaupt vereinzelte Flaschencontainer und Recyclingtonnen gibt, gleicht einer grünen Revolution. Angezettelt wurde sie von westlichen Expats, die die Idee von zu Hause mitbrachten und umsetzten, da ihr seit Jahrzehnten geschärftes grünes Gewissen Recycling für selbstverständlich hält. Worum es dabei geht, haben aber mangels ebenjenes grünen Gewissens längst nicht alle Bürger der Emirate verinnerlicht, und so bleibt Mülltrennung ein Minderheitenphänomen. Dubai erwägt dennoch, von staatlicher Seite aus für Apartmenthäuser Wertstoffsäcke und Papiertonnen einzuführen. Immerhin hat Anfang 2014 in Sharjah die landesweit erste Recyclinganlage für Altautos ihren Betrieb aufgenommen, und das Emirat Abu Dhabi hat im selben Zeitraum angekündigt, eine Müllverbrennungsanlage zu errichten, in der auch Strom produziert werden kann.

Energiesparlampen, wassersparende Toilettenspülungen, benzinsparende Autos, Pfandflaschen, Waschmittel ohne Tenside – in den Emiraten, wo ein Liter Benzin weniger kostet als ein Liter Wasser aus der Flasche, ist dies alles exzentrischer Schnickschnack. Sparen ist generell keine gesellschaftlich anerkannte Tugend, nicht bei Bestellungen im Restaurant, nicht beim Autokauf und auch nicht bei Energie und Wasser. Was der Westen Verschwendung nennt, ist hier Lifestyle und Statussymbol: die Klimaanlage auch dann laufen zu lassen, wenn man für ein paar Stunden weg ist, bei 50 Grad Außentemperatur den Pool künstlich zu kühlen und pro Familie täglich eine Palette leerer Coladosen in die Restmülltonne zu stopfen. Das ist keine Wegwerfmentalität, sondern eher so etwas wie die deutsche Fresswelle der Fünfzigerjahre, als plötzlich alles im Überfluss vorhanden war und man sich eine Zeit lang ohne schlechtes Gewissen an allem bedienen konnte. In der Mentalität der älteren Emiratis ist immer noch die Mangel- und Entbehrungswirtschaft verankert. In der Wüstengesellschaft wurde nichts weggeworfen, kein Tropfen Wasser vergeudet, keine Dattel an der Palme hängen gelassen. Die heute 50-jährigen Emiratis können sich an diese Zeit erinnern, die Zeit vor dem Öl, als alles knapp war. Sie klagen zwar über die »Verschwendungssucht« der Jüngeren, aber auch sie genießen den Überfluss des modernen Lebens.

Die vermeintlich bezwungene Natur rächt sich nun aber, indem sie den Emiratis die Grenzen und Folgen des Fortschritts zeigt. Den Houbara etwa, einen Wüstenvogel, hätten die Emiratis um Federsbreite ausgerottet. Die weder besonders helle noch besonders schnelle Kragentrappe war bevorzugte Jagdbeute für Schützen und Falkner. Knapp so groß wie eine Pute ist sie ein leichtes Ziel. Dieser etwas trottelige, sandbadende und scharrende Wüstenbewohner schien einst hinter jeder Düne zu leben, wurde aber dann so selten, dass er unter Naturschutz gestellt und in Gefangenschaft nachgezüchtet werden musste. Scheich Mohammed Al-Maktoum persönlich entließ 2011 einen ganzen Schwarm nachgezüchteter Trappen in die Wüste und ließ sich dabei medienwirksam fotografieren. Die Botschaft war klar: Im neuen, nachhaltig denkenden Dubai ist Falkenjagd zwar wegen der Traditionsbewahrung kulturell nachhaltig, für die Umwelt sind jedoch Zuchtprogramme nachhaltig.

Ähnlich wie dem Houbara geht es einer ganzen Reihe lieb gewonnener Tiere: der Karettschildkröte, der Seekuh und der Oryxantilope. Der Fortschritt am Golf hat sie in die Ecken ihrer Lebensräume gedrängt, ist ihnen mit Schmutz und Lärm auf die Pelle gerückt. Viele gab es von diesen Tieren ohnehin nie, nun sind es besonders wenige, aber sie haben Glück: Sie sind *Natural Heritage*, Teil des Naturerbes der Emirate, und stehen daher unter besonderem Schutz. Wer sie sehen will, muss in spezielle Naturreservate fahren, deren Besucherstrom vom Staat kontrolliert und in staatliche Luxusnaturhotels geleitet wird. Al Maha, zwei Autostunden von Dubai entfernt, war 1999 das erste seiner Art. Tief in der Wüste bietet es bis heute Kamelreiten, Trekking, Falknerei und andere Wüstenaktivitäten. Im eingezäunten Schutzgebiet sind die stämmigen Oryxantilopen geschützt vor Jägern, betreut von Pflegern und Veterinären. Das jüngste dieser Naturtourismus-Resorts ist das frisch erweiterte Desert Resort & Spa auf der Insel Sir Bani Yas, drei Autostunden von Abu Dhabi in Richtung saudischer Grenze. Einst war Sir Bani Yas die private Tierparkinsel Scheich Zayeds, auf der außer Oryxantilopen und indischen Gazellen auch Giraffen und Leoparden in Großgehegen lebten. Das Gästehaus des Scheichs wurde in den Siebzigerjahren im prächtigen Kolonialstil an einem der Strände errichtet und bildet das Herzstück des jüngst um Bungalowsiedlungen und ein opulentes Spa erweiterten Resorts. Von dort gibt es Exkursionen in die Tierwelt, mit dem Jeep, zu Fuß oder per Mountainbike. Immer noch leben Leoparden auf der Insel. Sie sind Luxusflüchtlinge – Geschöpfe, die aus schlechter Privathaltung befreit und auf die Insel gebracht wurden.

Der modernisierte, gerade erweiterte Zoo in Al-Ain hält ebenfalls eine Menge Großkatzen, zur Freude der einheimischen Besucher und Expats. Der weitläufige Zoo ist ein beliebtes Familienausflugsziel und zeigt außer Exoten aus Afrika und Asien schwerpunktmäßig einheimische Tiere aus der Region. Angeschlossen sind Zucht- und Forschungseinrichtungen zur lokalen Fauna. Gegründet wurde der Zoo bereits 1968, vom Zoo-Insel-Besitzer Scheich Zayed. Das Emirat Sharjah zog 1999 nach und versammelte in seinem Wüstenzoo alle Tiere, die auf der Arabischen Halbinsel leben, inklusive Insekten, Reptilien und den seltenen Arabischen Wölfen, die hier sogar Nachwuchs haben. Die Anlage wirkt inzwischen etwas angejahrt, ist aber längst nicht so schauer-lich wie der Dubai Zoo aus den Sechzigerjahren, in dem der Begriff »Artgerechte Haltung« noch nicht angekommen zu sein scheint. Tierliebe und artgerechte Haltung sind in den Emiraten allerdings auch nicht identisch. Man freut sich schon, wenn im Sharjah Zoo eine niedliche Wildkatze durchs Gehege tapst, man findet auch kleine Kätzchen und Welpen niedlich, aber warum man diese dann nicht einfach auf die Straße werfen sollte, wenn sie nicht mehr klein und niedlich sind, dafür fehlt noch das breite Verständnis. Saluki-Misch-linge landen ebenfalls auf den Straßen.

Aktiven Tierschutz betreiben private Initiativen, die etwa herrenlose Katzen (häufig) und Hunde (eher selten) von den Straßen einsammeln. Für die Kommunen ist Artenschutz ein Thema, allgemeiner Tierschutz ist es noch nicht. Erst 2011 eröffnete das erste Tierheim in Abu Dhabi. 2013 kündigte Abu Dhabi an, beim Bau des neuen Schlachthofs darauf zu achten, internationale Tierschutzstandards einzuhalten. Das ist eine freiwillige Selbstverpflichtung, keine Auflage. Im März 2014 eröffnete die Dubaier Stadtverwaltung eine Tier-pension, damit die Lieblinge nicht ausgesetzt werden, wenn die Eigentümer im Sommer verreisen. Tierfreund ist in den Emiraten jeder – aber Tiere werden nicht als der beste Freund des Menschen wahrgenommen, sondern eher wie schöne Blumen: Geschenke der Natur, an denen man sich freut, für die man aber keine Verantwortung übernimmt und die man wegwerfen kann, wenn man genug von ihnen hat.

Ein Privatzoo, wie ihn Scheich Zayed auf dieser Insel hatte, ist für reiche Emiratis durchaus begehrenswert. Der eine oder andere hält sich zu Hause Pfauen oder auch große Raubkat-zen, als Augenweide und Statussymbol. Hauskatzen sind im allgemeinen Verständnis etwas für Kinder und junge Mäd-chen, Haushunde dagegen sind exotische Tiere. Viele Mus-lime halten Hunde für *haram* oder zumindest unrein, was eher aus der Tradition denn aus der Religion kommt. Wer einen

Hund hält, weist sich damit als Exzentriker und Anti-Traditionalist aus; das sind in der angepassten Gesellschaft der Emirate nicht viele Menschen. Einige Expats halten sich Hunde und gehen mit ihnen auch in ihrem Compound spazieren, doch auch der Spaziergänger mit Hund ist in den Emiraten eine exotische Erscheinung, die noch schiefer angeschaut wird als ein Radfahrer. Selbstverständlich haben Hunde keinen Zutritt zu Geschäften oder gar Restaurants.

Eine Ausnahme gibt es: den Saluki. Dieser schlanke, kurzhaarige Windhund ist Natural Heritage und kann daher nicht unrein sein. Doch nur sehr traditionsbewusste Emiratis halten Salukis, denn die Jagd mit ihnen, die einst die Beduinen betrieben, ist ein sehr seltenes Hobby geworden. Einen Saluki an der Leine durch die Stadt zu führen ist exzentrischer, als mit einem Falken auf dem Beifahrersitz Auto zu fahren.

Falke und Saluki, Kamel und Rennpferd, Wüste und Meer – als Natural Heritage stellen sie auch kulturelle Werte dar. Diese gilt es zu schützen und zu pflegen. Die Wüste und das Meer hat man bezwungen, das Kamel überflüssig gemacht, die Jagdgehilfen und Raubvögel ebenso. Was man bezwungen hat, ist heute schutzwürdig, sogar die Wüste, denn durch die Sandmeere treiben anstatt Karawanen nun Schwärme von raschelnden Plastiktüten, die sich in den Städten selbstständig gemacht haben und weder durch Hitze noch durch Sand zersetzt werden. Kamele und andere Wüstengeschöpfe fressen den Plastikmüll und gehen elend zugrunde, immer noch, obwohl in Dubai seit 2013 der Verkauf von nicht biologisch abbaubaren Plastiktüten verboten ist. Die Supermärkte bieten nun auch wiederverwendbare Einkaufstüten aus reißfester Plane an, die kleines Geld kosten und manchmal sogar »lebenslange Garantie« haben – eine kaputte Tüte wird kostenlos ersetzt. Das Konzept, diese Einkaufstasche auch zum Einkauf mitzunehmen und nicht jedes Mal eine neue zu kaufen, muss sich im kollektiven Verständnis allerdings erst noch einschleifen. Ein mitgebrachter Stoffbeutel gar, der nicht aus dem offiziellen Sortiment des jeweiligen Supermarkts kommt, überfordert den Wareneinpacker an der Kasse. Meistens weigert er sich, den Beutel zu befüllen, stattdessen packt er die Waren in biologisch abbaubare Plastikrascheltüten.

Umweltbewusst einkaufen – für Dubai ist dies eine Innovation, die noch nicht ganz angekommen ist. »Bio« (in Dubai »Organic«) ist kein Tugendetikett, sondern eher noch ein Fremdwort. Der erste Biosupermarkt, Organic Foods & Café, eröffnete 2009 zu Füßen des Burj Khalifa und zog 2013 nach Jumeirah um, näher zu den aus dem Westen stammenden Kunden. Seitdem hat der Laden weitere Filialen eröffnet. Ein Fair Trade Supermarket hat im Financial Centre District eröffnet, Produkte aus emiratischer biologischer Landwirtschaft gibt es überhaupt erst seit 2013 zu kaufen – als Ergebnis eines Landwirtschaftsprojekts westlicher Expats. Ob das eine Pioniertat oder nur eine Schrulle ist, hängt vom Betrachter ab. Ein staatliches Biosiegel gibt es nicht, auch kein panarabisches, denn in den anderen Ländern der Region herrscht derselbe Biomangel.

In den großen Supermärkten sind Bioprodukte selten, sogar regionale Produkte wollen gezielt gesucht werden. Ob einheimische Ketten wie Spinneys und Lulu, die indische Kette Choithram oder europäische Ketten wie Carrefour, Waitrose, Auchan, Géant – sie alle setzen auf importierte Ware internationaler Lebensmittelkonzerne. Immerhin sind die aus der Nähe stammenden Produkte meist deutlich günstiger – Kürbisse aus dem Oman, Mandarinen aus Ägypten, Äpfel aus dem Iran und Trauben aus Indien kosten weniger als dieselben Produkte aus Kalifornien oder Südafrika. Milchprodukte des emiratischen Herstellers Al-Ain oder des saudischen Foodimperiums Almarai kosten nur ein Drittel des Preises importierter Ware. Wer aber saudische Schokoriegel, omanische Kartoffelchips oder andere regionale Spezialitäten haben möchte, findet sie am ehesten in den Souqs, in den unabhängigen Kleinsupermärkten und Kramläden oder in den »Coops«, den einheimischen Supermärkten mit Emiratis als Kernzielgruppe. Die Zielgruppe bestimmt das Warenangebot, und bei den Einheimischen stehen einheimische Produkte hoch im Kurs, von der lokal produzierten Gewürzmischung über Datteln bis zum kostbaren jemenitischen Berghonig sind hier auch seltene Produkte zu finden. In den Non-Food-Abteilungen warten Teegläschen, Kaffeetässchen und Dallahs, bunte Kopftücher und Hauskleider auf Käufer (auch auf Käufer von wirklich authentischen Souvenirs). Was es nicht gibt, sind neben Alkohol natürlich Schweinefleisch und Produkte, in denen Schwein enthalten ist, etwa in Form von Gelatine. Dieses Kaufkriterium ist für Emiratis wichtiger als ein Biosiegel oder auch die Regionalität. In den wenigen Supermärkten, die Schweinefleisch führen, ist dieses in eigenen Theken oder Kühlräumen gelagert und mit deutlichen Warnhinweisen versehen. Nachhaltigkeit beim Einkaufen bedeutet in Dubai also auch, den religiösen Werten des Landes nachhaltig treu zu bleiben. Die Coops bieten internationale Waren an, zusätzlich aber auch ihre Eigenmarke und einige Produkte anderer islamischer Coops, etwa aus Pakistan. Coop ist allerdings auch der Supermarkt, in dem die Kunden die meisten Rascheltüten bekommen. Dubai hat zehn dieser Union-Coop-Läden, die sich ganz modisch »Nachhaltigkeit« in das eigene Geschäftsmodell geschrieben haben. In Abu Dhabi sind es 15 Läden der staatlichen Cooperative Society, die anstrebt, der größte Lebensmitteleinzelhändler der Region zu werden.

Noch lange werden die Wüste und ihre Bewohner an den alten und neuen Tüten zu knabbern haben. Nicht anders geht es Schildkröten und Kormoranen, die im Meer bunte Plastikteile aufschnappen, wenn sie denn überhaupt noch in die Nähe der Städte kommen. Denn der Bauboom hat auch bewirkt, dass Dubais Küsten ein Problem mit dem biologischen Gleichgewicht haben, etwa bei »Palm Island«, deren Binnenkanäle zu »kippen« drohen. Die künstlichen Inseln verändern auch die küstennahen Strömungen und damit die küstennahe Sedimentablagerung – oder Erosion – mit bisher ungeklärten Langzeiteffekten.

Die Natur ist nur scheinbar bezwungen. Etwas wie die »Ski Dubai« mit dem viel gepriesenen Technikwunder des Schnees bei 50 Grad Außentemperatur ist angesichts der tatsächlichen Macht der Wüste nur ein Pfeifen im Dunkeln. Wo in Zukunft die ganze Energie herkommen soll, um die Städte am Golf zu versorgen, um auch nur die Klimaanlagen und die Meerwasserentsalzung in Gang zu halten, ist noch nicht restlos geklärt. Solarenergie, Windenergie, neu zu findende unterseeische Gasvorkommen – man stochert im Sand. Abu Dhabi baut gerade Masdar City, das erste »umweltfreundliche Stadtviertel«, architektonisch entworfen von Norman Foster. Der erste Abschnitt ist fertig und verbraucht schon jetzt deutlich mehr Solarstrom als geplant, sieht aber mit den selbstkühlenden, energieeffizienten Fassaden sehr hübsch aus. Forschungseinrichtungen sollen dort herausfinden, wie die Emirate und überhaupt die ganze Welt besser mit Energie haushalten und Energie nachhaltig gewinnen können. Außer der Architektur sind die kleinen Elektroautos, die fahrerlos in Gängen unter den Gebäuden herumkurven, der größte Hit.

Die Natur muss in diesem Zukunftsviertel draußen bleiben, denn es steht wie eine Burg erhoben über der Landschaft. Man hat keinen Keller gegraben, sondern das, was das Unter- und Infrastrukturgeschoss ist, auf den Sand gebaut und das Straßenniveau entsprechend angehoben. Wüstenfüchse werden diese Mauern nicht überwinden können. Nur die Spatzen haben es geschafft, hopsen auch hier über den Hof und picken die Krümel der Lunch-Sandwiches auf. Die kleinen braunen Stadtvögel haben die Emirate komplett kolonisiert. All die künstlich angelegten Hecken, all die achtlos weggeworfenen Leckereien, all die Ritzen im Beton, all die Hotelterrassen – das Land ist ein Spatzenparadies. Wenn man in Dubai an jeder Ecke die lauten Tschilpkonzerte hört, merkt man erst, wie selten Spatzen in deutschen Großstädten geworden sind. Während die kleinen Kerle aus den deutschen Städten verschwinden, machen sie hier sogar den Einheimischen, den Bulbuls, Konkurrenz. Die Bulbuls sind klein und grau, mit schwarzem Köpfchen, ebenfalls Sperlingsvögel, aber nicht halb so frech und gesellig wie Spatzen. Wenn eine größere Spatzentruppe angeflogen kommt, können versprengte Bulbuls entweder freiwillig einpacken oder werden mit Schnabelhieben davongejagt. Dennoch genießen auch die Bulbuls Parks und Hotelanlagen, ebenso wie Bienenfresser, Wiedehopfe und Mynahs, die Clowns und Schreihälse der emiratischen Vogelwelt. Die Vögel profitieren auf Umwegen vom Fortschritt, denn erst mit der Bezwingung der Wüstennatur entstehen ihre Lebensräume. Auch Tauben und Krähen hat es an den Golf gezogen, zum Ärger der Einwohner und zur Freude der Falkner wie auch der wilden Falken. Denn auch die gibt es, und sie finden Nistplätze in den oberen Etagen von Hotels oder in den Leuchtschriftzügen oben an den Häusern. Die Kormorane am Creek freuen sich weniger über das braune Wasser als über die Holzpfosten, auf denen sie hocken, und die Flamingos ganz oben bei den Mangroven am Dubai Creek scheinen völlig gleichgültig zu sein, denn sie waren schon da, als es weder eine Skyline gab noch den Golfklub in der Nähe oder Autobahnen, die an ihnen vorbeibrausen. Ihr Lebensraum ist ein Naturschutzgebiet geworden, wo man eigentlich keines vermutet, eingekeilt zwischen Alt- und Neu-Dubai, Stadtautobahnen, Anschlussstellen und Gewerbegebiet.

Wie die Menschen in die Wüste gerückt sind, rückt auch die Wüste in die Stadt hinein. Das »wilde Dubai« ist nicht nur die Vogelwelt, es ist auch der Wüstenwolf, der nachts am Stadtrand in Mülltonnen stöbert, oder der Wüstenfuchs, der überfahren am Straßenrand liegt. Kamelspinnen, diese schauerlich großen Ritterinnen der Wüste, die nachts gerne auf beleuchtete Safari-Camps oder Lagerfeuer zustaksen und dort Panik verbreiten – mehrere tödliche Herzinfarkte sollen bereits auf ihr Konto gehen. Quallen, die im Golf herumpumpen, die Abwässer vor den großen Städten besonders lecker finden und sich daher gerne dort aufhalten. In der »Quallensaison« im Frühjahr spannen die Strandhotels inzwischen Netze, um die Nesseltiere vom Strand fernzuhalten, und in den Sanitätsstationen haben sie immer Antihistamine auf Vorrat. Wo die Quallen ungebremst anlanden, liegt der Strand manchmal voller glasiger Glibberhaufen, in denen sich das Sonnenlicht bricht. Es sieht aus, als habe es Kristalle geregnet. Darüber können sich die Emiratis beim Nachmittagsstrandspaziergang amüsieren. »Schau«, sagen sie dann zueinander, »das Meer und seine Schätze!«

Arabeske: Kamele zum Streicheln, Liebhaben und Essen

»Man sieht, dass Sie schon Kamelmilch getrunken haben – so schön, wie Sie sind!« Der Viehhändler auf dem Markt in Al-Ain weiß, wie man Süßholz raspelt. Aber er lächelt nicht, wenn er seine Komplimente verteilt. Er kennt die Vorzüge von Kamelen scheinbar besser als die von Frauen, denn dass Frauen nicht gerne bequatscht werden und es auch nicht mögen, wenn ihnen jemand quatschenderweise über den Markt nachläuft, weiß er nicht. Er weiß aber, welche der Kamele auf dem Markt das beste Schlachtvieh abgeben, welche am meisten Milch liefern und welche vielleicht einmal gute Rennkamele werden.

Der Kamelmarkt in der Oasenstadt Al-Ain ist über die Landesgrenzen hinaus berühmt – für seine Kamele ebenso wie für sein Lokalkolorit. Als Stück des echten, authentischen Arabien wird er angepriesen, ist aber genauso authentisch oder nicht authentisch wie ein Viehmarkt irgendwo sonst auf der Welt. Nutztiere sind überall etwas Regionales und auch etwas Profanes. Der Handel mit Nutztieren hat nichts Romantisches oder Nostalgisches. Hier geht es um Werte und Zwecke, um Schlachten und Melken, um Zucht und nur ein wenig um Liebhaberei. Die ganz edlen Rennkamele für die Scheichs werden hier nämlich nicht gehandelt – denn sonst müssten sich ja die Scheichs persönlich hierher begeben, und das wäre zu viel verlangt.

Der Viehmarkt ist Teil des städtischen Großmarkts. Es gibt dort auch Reis, Kichererbsen und Bohnen in großen Säcken, Tee in Kisten, Teppiche, Grünpflanzen, Rollrasen, Saatgut und Trockenfutter für Tiere. Die weitläufige Anlage ist neueren Datums, blitzsauber und im beliebten traditionellen Design. Jeder Händler hat seinen klimatisierten Laden, auf dem Viehmarkt ein eigenes Gatter mit Futterraufen, eingestreutem Sand und Sonnendach für die Tiere. Käufer und Verkäufer können bequem mit dem Jeep oder Truck direkt an die Gatter fahren. Ein kleines braunes Kamel will nicht aussteigen und bleibt einfach auf der Pritsche liegen, brüllt aus Leibeskräften, bis ihm die Stockschläge der Männer zu viel werden und es die langen Beine entwirrt, taumelnd aufsteht und, noch ehe es sein Gleichgewicht findet, von der Pritsche gezerrt wird. Ein anderes will nicht aufsteigen: Sechs starke, grimmige Männer brechen sein Gleichgewicht, zwei andere zerren es mit einem Strick um die Gurgel auf die Pritsche, wo es röchelnd liegen bleibt. Der Schlachthof ist in Al-Ain praktischerweise direkt neben dem Viehmarkt gelegen, sodass für manches Geschöpf die letzte Reise eine kurze wird.

Nicht tagsüber, wenn die Besucher in Bussen kommen, sondern morgens zwischen sieben und neun ist die Haupthandelszeit. Handeln heißt Begutachten, Fachsimpeln und Feilschen. Der Händler kennt seine Ware, aber die Käufer kennen sie auch, daher bringt das Süßholzraspeln wenig mehr als ein paar Sympathiepunkte. Der Einstieg beim Handeln sind etwa 1000 Euro für ein durchschnittliches braunes Kamel. Weiße Kamele kosten mehr. Kamelhandel ist Männersache – auf dem Viehmarkt ist üblicherweise keine Frau zu sehen.

Außer Besucherinnen, die von den Händlern jede Menge Aufmerksamkeit bekommen, und den einen oder anderen ordinären Spruch auf Arabisch. Aber nicht, weil hier auch Frauen verkauft werden, sondern weil Besucher ein zusätzliches Geschäft einbringen: Trinkgelder für Fotos, größere Trinkgelder für eine Führung. Wer gut Arabisch spricht und stolz, aber höflich auftritt, erntet statt Sprüche Respekt. Auf einem Viehmarkt im Bayerischen Wald wäre es nicht anders.

Wer sagt, dass er Kamele mag, gerne Kamelmilch trinkt und auch schon Kamelfleisch gegessen hat, dem wird nicht einmal mehr ein Trinkgeld abgeknöpft. Die Händler nicken anerkennend. Dann zeigt einer noch etwas ganz Besonderes: ein erst drei Stunden altes Fohlen, das auf wackeligen Beinen steht und am Euter der Mama eifrig trinkt. Das Fohlen ist schwarz und hat lockiges Fell. »So niedlich!«, sagt der Händler. Er lächelt.

Wiedersehen im Übermorgenland

In den Vereinigten Arabischen Emiraten, vor allem in Dubai und Abu Dhabi, sei alles künstlich, heißt es oft. Gemeint ist, dass es sich bei den Gebäuden in den Städten am Golf fast ausschließlich um Neubauten handelt, die man aus der Sicht des kulturverwöhnten Europäers nicht für sehenswert erachtet. Der europäische Geist tut sich – noch – schwer damit, die Boomtowns des Mittleren und Fernen Ostens mit über Jahrhunderte gewachsenen Metropolen wie Paris oder London zu vergleichen, geschweige denn, sie als gleichwertig zu würdigen. Das Image der am Reißbrett geplanten gesichts- und charakterlosen Retortenvorstadt, in der es nichts zu sehen gibt, haftet weiterhin an Dubai.

Dabei halten Dubai und Abu Dhabi dem Vergleich mit Venedig durchaus stand: Alle drei Städte wurden in kurzer Zeit mit hohem technischen Aufwand und mit großen finanziellen Investitionen aus dem scheinbaren Nichts errichtet, um die Welt fortan als Wunder der menschlichen Kultur zu begeistern. Als Venedig erbaut wurde, wäre niemand auf die Idee gekommen, es künstlich zu nennen – es war schon immer ein Meisterwerk.

Dubai und Abu Dhabi sind ebensolche architektonischen Meisterwerke. Der Burj Khalifa und die Scheich-Zayed-Moschee werden Besucher auch in 200 Jahren noch staunen lassen. Die Kultur dieser Städte definiert sich aus dem Kulturenmix ihrer Bewohner, aus deren Träumen und Visionen – die bereits verwirklichten ebenso wie jene, die die Menschen noch in sich tragen und die die Vereinigten Arabischen Emirate in die Zukunft führen werden. Das Beste aus allen Welten zu versammeln und daraus gemeinsam etwas Neues zu bauen – diese Haltung hat die Emirate groß gemacht. Das in den Emiraten als Bestes Empfundene kann klein sein: ein Gericht wie Biryani aus Indien, Klimaanlagen aus dem Westen oder Frauenfitnessklubs aus Saudi-Arabien. Es kann groß sein wie der westliche Gedanke der Nachhaltigkeit oder die islamische Scharia. Das Beste kann auch einheimisch sein. Die Schmährede, dass es in den Emiraten keine eigene Kultur gebe, ist ebenso unsinnig wie die von der Künstlichkeit der Städte am Golf.

Jede Stadt ist künstlich. Jede Kultur ist es auch. Beides ist von Menschen gemacht, und die Qualität von beidem misst sich daran, wie vielen anderen Menschen es Freude bereitet, ob es bei ihnen Gefühle weckt, ihnen etwas sagt, kurz, ihnen als lebenswert gilt. Und daran, ob es die Zeiten überstehen kann oder doch nur auf Sand gebaut ist. Das Öl in den Emiraten wird enden, doch längst haben die Emirate ihre Zukunftspläne gemacht und sogar begonnen, sie in die Tat umzusetzen. Dubai, Abu Dhabi und die anderen Städte sind gekommen, um zu bleiben. Wie Venedig. Wie die einstigen Goldgräberstädte Los Angeles und San Francisco.

Im Jahr 2020 werden die Emirate der Welt zeigen, was Zukunft ist, und die Welt wird zu Gast in den Emiraten sein. Die Weltausstellung Expo findet in Dubai und den Emiraten statt. 25 Millionen Gäste werden erwartet. Die Themen haben die Emirate bereits festgelegt: Nachhaltigkeit bei der Energie- und Wasserversorgung, Mobilität mit intelligenten Systemen bei Transport und Logistik sowie die Gelegenheit, neue Wege der wirtschaftlichen Entwicklung zu gehen. Auch die eigene Rolle beim Weg der Welt hat Dubai im Kontext der Expo bereits definiert: Man will große Geister verbinden, um eine gemeinsame Zukunft zu erschaffen. Schließlich habe man in der Geschichte des Landes bereits eine Tradition darin, Menschen aus aller Welt zusammenzubringen und neue Ideen auszuprobieren. Nun sind die Emirate gespannt, welche klugen Köpfe bei der Expo zusammentreffen und welche Ideen dabei entstehen, wenn neue Ideen in die Stadt gebracht werden. Die Tore stehen weit offen. Willkommen im Übermorgenland!

Bereits erschienen:
Gebrauchsanweisung für ...

01/0001/20/R

01/0002/20/L

Salzburg und
das Salzburger Land
von Adrian Seidelbast
Sardinien
von Henning Klüver
Schottland
von Heinz Ohff
Schwaben
von Anton Hunger
den Schwarzwald
von Jens Schäfer
Schweden
von Antje Rávic Strubel
die Schweiz
von Thomas Küng
Sizilien mit den
Liparischen Inseln
von Constanze Neumann
Spanien
von Paul Ingendaay
Stuttgart
von Elisabeth Kabatek
Südfrankreich
von Birgit Vanderbeke
Südtirol
von Reinhold Messner
Sylt
von Silke von Bremen
Thailand
von Martin Schacht
Thüringen
von Ulf Annel
Tibet
von Uli Franz
die Toskana
von Barbara Bronnen
die Türkei
von Iris Alanyali
Umbrien
von Patricia Clough

die USA
von Adriano Sack
den Vatikan
von Rainer Stephan
Venedig mit Palladio und
den Brenta-Villen
von Dorette Deutsch
Vietnam, Laos
und Kambodscha
von Benjamin Prüfer
Washington
**von Tom Buhrow
und Sabine Stamer**
die Welt
von Andreas Altmann
Wien
von Monika Czernin
Zürich
von Milena Moser

und außerdem für ...
das Boxen
von Bertram Job
die Deutsche Bahn
von Mark Spörrle
den FC Bayern
von Helmut Krausser
die Formel 1
von Jürgen Roth
Kreuzfahrten
von Thomas Blubacher
das Münchner
Oktoberfest
von Bruno Jonas
das Schwimmen
von John von Düffel
das Segeln
von Marc Bielefeld
das Skifahren
von Antje Rávic Strubel

01/0003/20/R

»Eines der eigenwilligsten und schönsten Wüstenbücher überhaupt.«

DIE WELT

*Cover- und Preisänderungen vorbehalten

Wilfred Thesiger

Die Brunnen der Wüste

Mit den Beduinen durch das
unbekannte Arabien.
Mit 25 Abbildungen und 3 Karten

Aus dem Englischen von
Peter Stadelmayer
Piper Taschenbuch, 384 Seiten
€ 12,95 [D], € 13,40 [A], sFr 18,90*
ISBN 978-3-492-21407-0

Als einer der ersten Europäer hat Wilfred Thesiger die Wüste Rub al-Khali durchquert: das »Leere Viertel« auf der arabischen Halbinsel, 780 000 Quadratkilometer Sand. Zwischen 1947 und 1950 durchstreifte er sie, ständig bedroht von Wassermangel und Stammesfehden. Er lebte mit den Beduinen und ahnte den Untergang ihrer traditionellen Kultur, der Nomadenkarawanen und Falkenjagd. Das Dokument eines der letzten Entdecker zählt wie »Die sieben Säulen der Weisheit« zur großen Abenteuerliteratur.

PIPER

Leseproben, E-Books und mehr unter www.piper.de